감성의 시간

하기노 고키 저
윤영수 역

한림대학교 출판부

목 차

서문

'인권과 현대복지'라는 강의를 하던 도중에, 일부러 학생의 발을 힘껏 밟은 적이 있다. "아픈가요?", "교수님, 아파요." 라는 대답이 돌아왔다. 즉 밟힌 사람의 아픔은, 밟은 사람은 알지 못한다.

일본은 역사적으로, 여러 외국에 대하여, 밟힌 사람의 마음에 조금이라도 가까워지는 마음을 가져야 한다.... 설령 과거의 역사일지라도, 그 책임을 마음 속에 늘 간직해 두어야 한다고 생각한다.

이번에 한림대학교 출판부의 후의에 힘입어, 졸저 『감성의 시간(感性のとき)』을 한국의 여러분들께 소개하게 되어 무엇보다 기쁘게 생각합니다. 본서는 다행히 많은 분들로부터 호평을 받아, 일본에서 약 10 만 부를 판매하게 되었습니다.

지난 2011 년 3 월 11 일 14 시 46 분에 일어난 동일본대진재大震災에 의해, 일본은 말로는 형언할 수 없는 큰 불행을 경험했습니다. 그러한 일본을 위해 세계 191 개국으로부터 고마운 여러 가지의 지원을 받았는데, 그 중에서도 가장 먼저 따뜻한 손을 내밀어 준 한국민들을 향한 고마움을, 우리 일본인은 영원히 잊지 못할 것입니다.

쓰나미나 원자력발전소의 피해자에 비하면 미미한 것일지 모르겠지만, 저 자신 고희의 나이를 넘어 오랫동안 살아 정들었던 집을 지진으로 잃고, 현재 '가설주택'에서 임시로 생활하고 있습니다. 동북지역은 재난 직후에도 몇 번이고 철에 맞지 않게 많은 눈이 내리거나, 여진 등으로 인해, 설상가상으로 원자력발전소의 사고도 겹쳐

극한상황 속에 놓여 있었습니다. 천재天災는 자연현상입니다만, 원전사고는 인간이 만들어낸 엄연한 인재人災인 것이 분명합니다. 당시의 처절한 기분을 본서 마지바쿠후분 '3 월 11 일 14 시 46 분의 기억'에 담아 보았습니다. 재난을 당하신 분들이 고립감, 절망감에 휩싸여 절망의 구렁텅이 속에서 삶의 의미를 잃어 가고 있을 때, 한국이 맨 처음으로 구원대를 파견해 주셨고, 국민들이 앞장서 성금을 모아 보내 주셨습니다. 이로 인해 저희들은 자신들이 버려진 건 아니다, 라는 것을 깨닫게 되었고, 절망의 바닥으로부터 뛰쳐나와 부흥을 향하는 용기를 되살릴 수 있게 되었습니다. 마음속 깊은 곳에서부터 감사드리는 바입니다.

제가 학장으로 근무하고 있는 도호쿠후쿠시대학東北福祉大學은 재난 희생자가 가장 많았던 미야기현에 위치하고 있습니다. 본교에서도 9 명의 재학생이 목숨을 잃었으며, 부모와 살 곳, 일터를 잃은 교직원, 재학생의 수는 500 여 명이 넘습니다. 졸업생을 합하면 그 희생자의 수는 셀 수도 없어집니다. 그런데 저희 대학의 교직원과 학생들은 한국의 아동양호시설의 운동환경 정비나 용구대여, 기술지도 등에 오래 전부터 힘을 써왔습니다. 본교의 그러한 노력이 '마음의 영양'의 장에서도 제기한 문제에 대해, 한국의 아동들에게도 다소나마 힘이 된다면 더할 나위 없이 기쁠 것입니다. 이러한 활동 때문인지 과거 한국의 대통령으로부터 감사패를 받은 적도 있습니다. 또한 이러한 활동을 계기로 저희들과 깊은 인연을 맺게 된 한국의 많은 교수님이나 학생들이, 이번 재난 때, 저희들에게 용기를 북돋는 온정이 담긴 의연금을 보내주신 점에 대해서도 진정으로 감사드리는 바입니다. 물론 그 의연금은 피해학생의 생활지원에 사용됐습니다. 거듭 말씀드리건대 정말 감사합니다.

도호쿠후쿠시대학은 단일 종파로는 일본 전통불교 최대 종파인 조동종曹洞宗에 의해 설립된 대학이며, 저 또한 조동종의 승려입니다. 일본을 이해하기 위해서는, 그 정신이나 문화 속에 자연스레 내재화되어 있는 불교에 대한 이해가 불가결하다고 생각합니다. '시들어 가는 꽃의 아름다움', '일본적인 것을 생각하다', '믿고, 행하고, 기원하기-도겐과 신란'의 장에서도 다루었는데, 일본의 전통불교가 백제로부터 전파된 것처럼 한국과 일본과의 인연은 깊을 뿐만 아니라, 이번 재난 때에도 한국의 조계종과 일본의 조동종이 센다이에 모여 합동위령법요를 거행하기도 했습니다.

불교나 성리학뿐만이 아니라, 한반도를 통해 일본에 전해진 많은 사상, 예술, 기술, 물건은 일본의 토착문화와 융합되어 일본 특유의 '감성'을 만들어냈습니다. 그래서인지 한국과 일본에는 공통요소도 많으며, 그 근저에는 공통의 아시아가 존재한다고 생각합니다. '동양과 서양', '동양-그 정신적 풍토'의 장에서도 언급했듯, 학창시절에 학술조사차 방문했던 아시아에서 보았던 한 풍경이 지금도 저의 뇌리에 남아 있습니다. 그것은 아주 평범한 한 농촌을 방문했을 때의 일입니다. 저녁 노을을 등진 채 땀을 흘리면서 있는 힘을 다해 밭을 갈고 있는 농부의 모습을 본 순간, 저는 강하게 어디선가 본 듯한 착각에 빠졌습니다. 제가 태어난 시골의 풍경이 떠오름과 동시에, 수만 년, 수천 년 전부터 아시아의 민족은 이러한 풍토 속에서 자연과 융화하면서, 꿋꿋하게 하루하루의 현실을 살아왔다는 것을 통감했던 것입니다. 이 감각은 지금도 변함이 없습니다. 우리들은 아직도 헤겔이나 마르크스가 아시아의 역사의 정체성停滯性이라 잘라버린 것들이 숨쉬고 있는 세계 속에서 살고 있습니다. 그것은 20세기라는 글로벌한 세계를 관통하는, 돈(money)과 능률을 모든 것의 공통분모로 하는 세계와는 또 다른 세계입니다. 21 세기를 통해 느끼는 이 감각은, 한국에 계신 분들도 깊이 공유하실 거라 믿습니다.

한국과 일본은 이웃나라로서 오랜 역사를 함께 걸어왔기 때문에, 이 지구상에서도 서로의 감성을 가장 잘 공유할 수 있는 파트너일 것입니다. 21 세기가 되어, 양국의 공통과제나 상호의존은 점점 더 커지고 있습니다. '국제사회의 풍파 위에 표류하는 일본'의 장에서 언급했던 글로벌화 문제도 그 중 하나입니다. 글로벌화와 지역통합과 에쓰노내셔널리즘(ethno-nationalism) 등이 동시 진행되고 있는 복잡한 21 세기의 세계. TPP, EPA, 환경문제 등 일본이 현재 안고 있는 제반 문제들은, 마치 한국에서의 FTA 와 같은 중요한 문제임에 틀림없습니다. 이러한 흐름은, 일본에서도 격차사회를 심화시키고 있습니다. 이것이 단순한 경제격차로 머무르지 않을 것이라는 것이 저의 문제의식이며, '새로운 사회계급의 출현'의 장을 쓴 것도 이런 이유에서였습니다. 이러한 점은 한국도 다르지 않으리라 생각합니다. 이와 같은 사회의 스트레스는 작고 연약한 어린아이들을 괴롭힙니다. 이지메 문제는, 아이들의 비통한 신음임에 틀림없습니다. 21 세기라고 하는 사회에서는, 어른들조차 그 중압감을 이기지 못 하여, 자살이 커다란 사회문제화되고 있습니다. 선진국들 중에 젊은이들의 사망원인 1 위가 자살인 것은 일본과 한국뿐입니다. '아이들의 비명', '지금, 무엇이 교육의 문제인가', '꿈과 아이의 죽음'의 부분은, 한국분들께서도 꼭 읽어주셨으면 합니다.

또한 한국과 일본뿐 아니라, 모든 나라에서 공유하는 문제가 고령사회 문제입니다. 저희 대학에서도 한국의 학생, 연구자, 실무자들과 함께 장시간에 걸쳐 이 문제에 대해 연구해 왔습니다. 고령화사회가 고령사회로 이행되었던 속도가 일본이 세계 1 위였고, 서구

선진국과 비교하면 이 사실이 문제를 더욱 심화시키고 있습니다. 한국은 속도 면에서 일본을 빠르게 따라잡고 있으며, 2018 년에는 앞지를 것으로 전망됩니다. 복지국가의 동아시아 모델이 주창되고 있는 것에서 보이는 것처럼, 한국과 일본은 이러한 점에서도 닮아 있습니다. 제가 '고령사회를 살다'의 장에서 말씀 드린 일본의 경험이, 조금이나마 한국에 도움이 되면 좋겠습니다.

이와 같이, 21 세기는 한국과 일본은 손을 잡고 나아가지 않으면 안되는 시대입니다. 그러나 한국과 일본의 긴 역사 속에는 슬픈 역사도 있습니다. 저는 학생들에게 '피를 피로 씻는 전쟁만한 악(惡)은 없다' 라고 가르쳐 왔습니다. 이것은 '오키나와의 진실-전쟁의 교훈'의 장에서 말씀드린 것처럼, 오키나와의 강연에서 만난 자식의 목숨을 제 손으로 끊을 수밖에 없었던 노부인의 통곡을 통해서도 알 수 있습니다. 이와 같은 슬픈 과거를 희생으로 삼아, 저희들은 어떤 사회를 만들어 왔습니까? '전후를 되돌아볼 때'의 장에서는, 그 문제에 대처하는 일본에 관한 저의 기분을 그려 보았습니다. 저출산 문제가 일본 이상으로 심각한 한국 분들은 어떤 기분이 들지 궁금합니다.

본서는 제 삶의 마음의 움직임을 그린 에세이 형식이지, 학술논문과 같이 시종일관되게 논리적이고 체계적으로 구성되지 않았습니다. 제시한 각종 사회문제와 각 장과의 관계도, 엄밀하게 대응한 것도 아니며, 중복이나 반복이 많습니다. 그러나 인간은 반드시 모든 것에 논리적, 체계적인 존재가 아니며, 오히려 애매하거나 쓸데없는 부분이야말로 인간의 마음을 거꾸로 감동시키는 경우가 많이 있습니다. 본서의 에센스를 종합한 '21 세기를 사는 지혜'의 장에서 언급한 것처럼, 혼돈하는 21 세기에 있어서는, 서양적 사유로부터 생겨나는 합리적 추구인 "Why, Why?"만이 아니라, 동양적 지혜에서 우러나오는 어떻게 현실을 극복할 수 있을까인 "How to live?"가 필요해집니다. "관용"의 정신에 입각한, "양"에서 "질"로의 발상의 전환(new ways of thinking)을 통해, "지식"을 "지혜"로 승화시키지 않으면 안됩니다. 단순한 지식의 축적이 지혜로 연결되지는 않습니다. 현대사회를 풍요롭게 해준 "있는 그대로의 현실(to be)"을 직시하는 인간의 이성·과학적 자세와 더불어, 21 세기에는 "그렇게 되어야만 할 미래(ought to be)"를 철학하는 자세가 필요합니다. 그러기 위해서는 인간이 본래 지니고 있는 "이성"의 근원인 "감성"을 재평가하여, "지혜"를 활용하지 않으면 안된다고 생각합니다. 그래서 본서를 일부러 그렇게 구성한 점에 대해 이해를 해 주셨으면 하는 바입니다.

세계에서 가장 일본과 공통점이 많은 한국의 여러분들께서는, 저의 그러한 생각을 이해해 주실 거라 믿고 있습니다. 본서에서도 수차례 반복했습니다만, 역사는 인간이 만들어내는 것입니다.

본서가 한국의 여러분들께 읽힘으로써 일본에의 이해가 깊어지고, 지혜를 공유함으로써 21 세기 이후의 한국과 일본의 역사가 보다 좋은 것이 되기를 바라면서, 한국어판 서문에 가름합니다.

합장

도호쿠후쿠시대학 학장
철학박사 하기노 고키

21 세기를 사는 지혜

핫짱(八つあん)이 탄 성난 말이 여기저기 차대며 맹속도로 달리고 있다.

“이봐, 핫짱! 그렇게 급하게 어딜 가?”

“나도 몰라! 부탁이니 말한테 물어봐!”

모두들 보이지 않는 채찍을 두려워하며, 경쟁을 위한 경쟁의 가치밖에 모르는 채, 정말로 중요한 것이 무엇인지 잊고 단지 하릴없이 달려만 간다.

인간은 홀로 태어나
인간은 홀로 죽어간다.
그렇게 바쁘게 어디에 가나.
한 순간의 삶 한 순간의 죽음
천천히 가자
이 시끄러운 세상

‘자신을 움직여 만법萬法을 수증修證하는 것이 미혹(迷)이며, 만법으로 나아가 자신을 수증하는 것이 깨달음이라’ (『정법안장正法眼藏』)

(좁고 한계가 있는 자신의 일천한 경험을 척도로, 대자연·대우주의 섭리를 보려고 한다면 길을 잃고 헤매게 되며, 거꾸로 대자연·대우주의 섭리로 자신을 보면, 미래에의 길이 보이게 된다.)

‘철학·윤리·신념이 없는 인간·사회는 나침반을 잃은 배와 같고, 과학기술·정책이 없는 인간·사회는 돛을 잃은 배이다.’

정치경제에 우롱되고 있는 현실이, 깜깜하고 거친 바다에 떠 있는 나침반을 잃은 한 척의 배로 보인다.

인류는 무엇을 기축으로, 무엇을 믿고 21 세기를 살아가려고 하는가? 철학과 첨단 과학기술은 현재를 움직이고 미래를 정하는 인간 사회의 양륜兩輪이다. 모든 면에 있어서 '삶의 지혜'를 사람들은 추구한다. 또한, 사람들은 모두 '위안'을 찾는다.

'시대는 과제의 제출자'라고 했던 고전철학의 총괄자인 헤겔(C. W. Hegel)의 말이 진실되게 들린다.

민주주의 성립의 대전제는 자기실현을 추구하는 자율적 개인·자율적 인간의 존재이다. 이 존엄한 자율적 개인이라고 하는 전제가 무너지게 되면, 무책임하고 혼란스러운 사회가 되어 붕괴과정을 거치는 되는데, 이는 역사가 보여 주고 있다.

20 세기에는 당연시되어 통용되고 믿어졌던 가치의 패러다임이, 비명을 지르며 무너져가고 있는 것을 느낀다. 예컨대 자유와 평등, 인권, 휴머니즘, 개인주의, 민주주의 등이 과연 21 세기에도 믿어지고 의심받지 않을 것인가?

혼돈 속의 현실 앞에서, 정치에도, 경제에도 철학이 필요하다고 사람들은 말한다. 항간에서는 '경기, 경기景氣'라는 비장한 말밖엔 들리지 않는다. 편리하고 능률적이며 또한 물질적으로 풍요롭기만 하면 행복해질 수 있다고 달려 왔지만, 결국 그 빚이 원자력발전소 사고를 통해 우왕좌왕하는 일본에 그리고 세계에 청구된 셈이다. 이미 커다란 왜곡이 곳곳에서 보여지며, 부負의 면이 나타나고 있다는 사실을 알아차릴 수 있다.

아직까지도 정의라는 이름을 앞세운 물리적 강제력에 의존하는 세계. 매스미디어에 의한 멘탈 조작이 가능한 사회. 옴진리교 사건에서 보여지듯, 너무도 간단하게 수상한 종교에 빠져드는 지식이 풍부한 젊은이들의 세계. 땀흘리지 않고 게임감각으로 금융조작에 의존하는 사회. 또한 현대사회의 질병의 80% 이상이 스트레스 집적에 그 원인이 있다고 보고되고 있다. 모든 것에 '불안'과 '혼돈'이라는 두 글자가 등장한다. 현대인은 스트레스와 불안 속에서 살 수밖에 없다. 인간도 세계도 믿을 수 있는 것을 찾아 헤매고 있는 현실이다.

심각한 경제적 좌절에 의해 죽음을 향해 치닫는 중년층이 급격히 늘었다. 최근 십수 년, 삼만 명이 넘는 자살자를 낳은 일본의 현실을 직시하지 않으면 안된다. 성장 일변도의 경제신화를 너무 믿었던 건 아닐까? 인간의 지력과 생산력을 과신했던 건 아닌가?

지금, 무엇을 되새기고, 무슨 목표를 향해 달리고, 무엇을 차세대에 건네줄 것인지에 대한 아슬아슬한 선택의 순간에 서 있다. 인간들은 리더십과, 마치 자신과는 관계없다는 듯이 리더를 찾고 있지만, 그렇게 의지만 하는 자신은 어떤 인간인지 의문을 갖는 게 첫 번째이다. '당신은 지금 어떠십니까?'

금융빅뱅이나 파생상품에 의한 경제환경의 변화가 경제활동을 뿌리부터 흔들고 있다. 땀흘려 일하지 않고, 주식이나 통화의 변동에 일희일비一喜一悲하며, 머니게임적 돈벌이에 휘말리고 있는 경제의 실태. 인간으로서 마음의 중심에 두었던 자기실현과 경제생활이 불균형하게 되었다.

구조적 금융피로로부터 흔들리는 정치와 경제의 현실. 편리와 풍요로움을 추구한 대가로, 대량생산·대량소비로 인해 산처럼 쏟아져 나오는 쓰레기로부터 발생하는 다이옥신 또는 방사능 등으로부터 생기는 새로운 지구환경 오염.

20 세기는 이미 수만 종에 이르는 새로운 화학물질을 이 지구에 출현시켰다. 화학약품에 찌들어 있다고 해도 과언이 아니다. 이 비좁은 지구에서 살아가는 생물들이 악영향을 받지 않을 리가 없다.

모든 것에서 이득을 얻을 권리를 인간이 갖는 것일까?

인체에 영향을 끼치는 환경호르몬은 인간의 생식기능을 뒤틀어, 인간생존 그 자체를 위협하고 있다. 산소를 만드는 아마존의 삼림이나 아시아의 맹그로브의 전멸 위기, 또한 원래 유기적으로 살아오고 있었던 대지의 죽음, 급격한 사막화, 그리고 방사능을 포함한 지구적 오염문제.

사회적으로는 쉽게 '화내는' 증후군으로 상징되는 범죄의 급증, 그리고 꿈이 없는 어린아이들과 나약한 노인들의 자살. 아이들의 자살도 어른들의 자살도 너무 많아서, 뉴스의 가치를 잃어 어둠 속으로 파묻혀 버리는 무서운 현실.

피로 피를 씻는 민족분쟁이나 테러는 끝을 모른다. 외향적으로는 물리적 강제력의 궁극으로서의 '핵'과, 내향적으로는 '클론'이라고 하는 인간개조술에 의한 장기의 상품화.

모두 '마음'이 부재하는 세계. 남녀노소를 불문하고 불안 속에서 '마음의 영양', '위안'을 찾고 있다. 경제로는 잴 수 없는 가치를 찾아내어, 인간이 본래 가지고 있었던 삶의 '감성'을 되찾아야만 한다. 먹을 것의 영양보다는 '마음의 영양'을 잃어 가고 있다. 인간이 인간답게 살아가는 지식뿐만이 아니라, 삶의 지혜를 찾지 않으면 안 된다.

한 쪽만 이익이 되는 관계는 오래갈 수 없고 언젠가 붕괴하는 것이 자연의 섭리이다. 수억 광년의 우주의 별들의 시간과 비교하면, 인간을 포함한 모든 포유류 동물은, 아무리 첨단의학에 의지한다 할지라도, 평생 단 오억 번 정도의 호흡밖에 하지 못하고 죽음을 맞이한다. 인간은 겨우 백 년 정도의 생애를 이 지구상에서 보내는 짧은 여행객에 불과하다. 이야기가 달라지지만, 일본은 역사적으로도, 메이지시대까지는 토지가 원래 개인의 것이 아니라 만인의 것이라는 의식이 어딘가에 있었다고 할 수 있다.

일본경제는 수 년 동안, 본디 개인의 것이 아닌 토지를 중심으로, 천조 엔 이상의 원래 없었던 것을 있는 것으로 착각해 부동산 가격을 올렸으며, 또 주식을 오백조 엔까지 부풀려 거품경제의 길을 걸었다. 거품경제가 외압으로 인해 생겨났다는 의견에 일리가 없는 건 아니다. 그렇지만 외압이란 국제사회에서는 당연한 것이다. 특히 아시아의 많은 나라들은 항상 각오하지 않으면 안된다.

그러나 일본의 토지와 주식에의 과잉투기, 그리고 브레이크 없는 금융은, 토지와 주식을 팽창시켰고 임계臨界를 넘어 터져버렸던 것이다. 그 결과 불량채권이 다량으로 발생했고, 그것이 기업도산으로 이어져 후세에 빚더미를 남기게 되었으며, 지금까지도 계속되는 경제혼란의 원인이 되었다. 지금 모든 면에서 이러한 현실사회에 대한 반성과 미래에 대한 책임을 져야 한다.

현대의 대중을 '자신을 의심하지 않는 존재'로 본 스페인의 호세 오르테가(José Ortega y Gasset)의 날카로운 지적이 생각난다. 그의 견해에 한마디 덧붙인다면, 자율적 인간이란 '자신을 의심하고 책임을 지는 존재'이다. 국민 한 사람 한 사람이 책임 전가가 아닌, 먼저 자신을 의심하고 지금까지의 삶을 되돌아보며, 지금이 바로, 용기를 가지고 무엇을 할 것인가에 대한 책임을 질 때인 것이다. 빠르고 용기있는 미래에의 정책이 모든 면에서 요구된다. 인간은 항상 뜻을 원대히 품고, 눈은 항상 삼보三步 앞을 향하지 않으면 안된다. 정치는 실질적이며 신속해야만 한다. 왜냐하면 생명과 생활이 지구

전체와 관련이 있기 때문이다. 옛말에 '각하조고脚下照顧'라는 말이 있지 않은가.

'독화살의 비유'라는 석가모니의 가르침(아함경)이 있다.

어떤 남자가 독이 묻은 화살에 맞았다. 그것을 보고 달려온 한 바라문이, '왜, 언제' 화살을 맞았는지, 또 '누구에게', '어떻게' 맞았는지, 라며 '왜, 왜'라고 계속 묻는 것이었다.

석가모니께서는 "왜, 왜는 두 번째 문제이다. 지금 서둘러 해야 할 건 무엇인가?" 라고 하셨다.

"먼저 독묻은 화살을 빨리 뽑아낸 뒤, 네 입으로 독을 빨아내라. 그리고서 천천히 원인을 찾은 후에, 그것을 다음을 위해 써야 할 것이다"라고 말씀하신 것이다.

우리들의 삶에 있어 서양적 사유로부터 나온 합리적 추구인 '왜, 왜…? (Why, Why…?)'가 아니라, 이번의 대지진·방사능의 현실처럼 주사위가 던져졌다는 사실이라는 것을 인식하는 동양적 현실인식이 전적으로 필요한 때이다. 인간으로서 맺어진 인연을 바탕으로 서로 돕고 의지했던 것과 비교해 정치·경제·행정·정보의 대응에는 안타까움을 금할 수 없다.

즉 어떻게 현실을 극복하여, '어떻게 살 것인가? (How to live?)'라고 하는 동양적 사유로부터 나오는 지혜로운 삶의 방법에 대한 궁리가, 지금이야말로 중요한 것이다. 아무튼, 현실사회가 아무리 괴롭고 어렵다 하더라도 도망칠 수는 없다. 이 현실이 우리들이 서야 할 지점이며, 출발점이라는 것을 잊어선 안된다. 지진·쓰나미도 원자력발전소도 미래에의 출발점인데, 특히 원자력발전소 사고에 대한 대응은 너무 늦었다.

나는 학생시절에 학술친선 모임의 일원으로 약 1 년 동안 아시아의 여러 나라를 돌아본 적이 있다. 제 2 차 세계대전이 끝난 후, 다행히도 대학이나 선배들 덕분에 학생 신분으로 해외조사에 참가한 제 1 호였다. 당시 일본은 막 폐허로부터 벗어난 개발도상국이어서 재정적으로 매우 어려웠으며, 비누 한 개를 쓰더라도 도항심의회渡航審議會의 심사를 받지 않으면 안되는 때였다.

동양에 대한 이해는 일반적으로 서양에 비해 '비역사성', '비생산성', '전제성'을 지니고 있다라고 하는 헤겔이나 막스 베버, 엥겔스 그리고 마르크스의 생각이 주류였다. 이러한 동양에 대한 관점이 어느 정도 진실성을 가지고 있는 것은 사실이다. 그러나 그것은 이미 발전을 이룬, '자유를 획득한 측에서 본 논리'가 그 중심에 자리잡고 있다는 생각이다.

비좁은 지구상에서의 인류의 공존·공영을 가능케 하기 위해, 지구의 입장으로선 글로벌리제이션(globalization)은 당연히 진전시켜야 할 문제이다. 그러나 지금 진행되고 있는 글로벌리제이션의 이념이 발목을 잡고 있다.

오늘날의 글로벌리제이션에 담겨 있는 글로벌스탠다드(global standard)란, 아마 여러 가지 변화는 있겠지만, 그 기준이 아메리칸스탠다드(american standarad) 혹은 앵글로색슨·유로스탠다드(anglosaxen·euro standard)이며, 그 기본적 저류에 있는 것은 일신교·이원론의 앵글로색슨스탠다드인 것이다.

21 세기에서의 올바른 글로벌리제이션의 실현을 위해, 지금까지는 가볍게 여겨져 왔지만, 아직 그 본질적 가치가 평가되지 못했던 동양의 다원적 가치에 주목할 필요가 있다. 다원적 가치, 거기로부터 나오는 '관용'의 정신을 적극적으로 도입하는 것이야말로 우리들이 살아남는 길이 아닌가 싶다.

'세상에서의 최대의 사회악은 무엇인가?'라는 질문을 한 학생으로부터 받았을 때, 엉겁결이긴 했지만 자신있게 대답했다.

첫 번째는 '피로 피를 씻는 전쟁'이며, 두 번째가 '살기 위해 일하려 하는 사람에게 일자리를 주지 않는 사회'라고.

물론 장애·질병 때문에 그냥 살아남고자 하는 것이 전부일지라도, 그것이야말로 노동이며, 거기에서 평화와 공생 그리고 복지의 원점을 깨닫는 것이 인간의 참모습인 것이다.

피를 피로 씻는 일은 불가능하다. 깨끗한 물이야말로 피를 씻어낼 수 있다.

걱정되는 것은 유목민이 그 원점인 일신교인 '유대교', '기독교'와, 그 아랍 버전인 '이슬람교'이다. 이들 일신교 간의 싸움은 끝이 없다. 이것은 인간의 긴 역사가 증명해 주고 있다. 안타깝게도 일신교 간의 싸움은, 피로 피를 씻는 끝을 모르는 싸움이다. 이스라엘과 팔레스타인 그리고 시리아의 문제는 정말로 그 전형이라 할 수 있겠다.

지금 이 순간, 이 작은 지구에서 불길한 징조를 느끼는 것은 나뿐 일까?

21 세기에 평화와 공생공존의 탑을 쌓으려고 한다면, 지금이야말로 자연과의 순환적 공생의 풍토로부터 생겨난 '다신교적 세계관·인생관'에 눈을 돌리지 않으면 안된다.

그 다원론, 다신교의 근저에 흐르고 있는 것이 바로 '관용'이다. 이 '관용'에 눈을 뜨지 않고서는 평화도 공존도 없다고 확신한다.

이 에세이에 흐르고 있는 '관용의 정신'이 미래의 활로를 찾아내는데 일조할 것을 기원하며, 천학비재淺學非才를 반성하면서 펜을 잡고있다.

각각 다른 풍토로부터 생겨난 가치관의 융합 없이는 평화는 영원히 찾아오지 않는다.

가치관, 인생관, 종교관도 풍토를 매개로 생겨났다. 그러나 언젠가는 모두가 융합하여 자연의 대해大海로 돌아간다는 섭리를 인간이 체득하여 각성하는 것이야말로 모든 것의 해결책이 될 것이다.

탁한 물, 행운유수行雲流水로 맑다

말레이반도에서의 일이다. 석양을 가득 등에 업고 땀을 흘리며 있는 힘을 다해 밭을 가는 농부의 모습을 보았을 때, 내가 태어난 시골이 떠오름과 동시에, 수만 년, 수천 년 전부터 사람들은 이 풍토 속에서 자연과 융합하며, 부지런히 하루하루라는 현실을 살아왔다는 것을 실감했다. 모든 것의 공통분모로 돈과 능률을 생각하는 세계와는 전혀 다른 세계로 보였던 것이다.

역사의 표면에 등장하진 않았지만, 역사의 심층에서 도도히 흐르고 있다는 느낌이다. 그것은 과학기술문명에서 추구했던 편리함과 물질적 풍요로움과는 다른 다원적 가치인 것이다. 즉 '동양적 지혜'이다. 지금 생각해 보면, 왠지 잊혀지고 있는 중요한 가치라는 생각을 떨칠 수 없다. 이와 같은 오래되었지만 새로운 가치관이 동서문명·문화 융합의 지혜가 되는 건 아닐까?

오늘날의 인간·사회의 현실은 이미 말한 대로, '나침반'을 잃은 배와 같다. 그러나 우리들은 나아갈 방향을 잃었을 때, 자신을 의심하고, 되돌아보며, 책임을 지는 것만이 재기再起의 원점이라는 것을 잊어서는 안된다.

19, 20 세기 가치의 바탕에는 '양量'과 '능률'이라는 것이 있었다.

인간에 있어서 경쟁지향은 살아가는 본능이며, 활력의 원동력이 된다는 것을 부정할 수는 없다. 그러나 양과 능률에 너무 무게를 두었기 때문에 '경쟁을 위한 경쟁'밖에 모르는 병적인 면을 내포한 사회로 만들었다는 반성을 하지 않으면 안된다. 또한 지식도 양도 지나치게 능률로만 계산하고 있다. 그 전형적 예가 올바른 직업선택에 도움이 되지 않는 학력·점수 교육 등이다. 수단가치와 목적가치의 차이는 인간의 자기실현을 위해 명확히 구별되지 않으면 안됨에도 불구하고, 오늘날 그것이 혼동되고 있다. 그러한 왜곡은 교육에서 뚜렷하게 보여진다.

수단가치를 아무리 늘리고 발전시키더라도 인간을 위한 목적가치가 되지는 않는다. 왜냐하면 칸트의 말을 차치하고서라도 '인간이란 목적이지 수단이 아니기' 때문이다.

지식을 아무리 양으로 재더라도 지식은 지식일 뿐, 결코 '지혜智慧'가 되지 않는다.

이렇게 중요한 것을 잊은 것이 내일을 짊어질 젊은이들의 마음을 편협하게 만든 원인이다. 지금 구할 것은 지식만이 아니라 지식을 살릴 지혜이며, 그 근저에 있는 감성을 되살리는 것이다.

일본의 전통 속에는 노자老子의 '지족知足'의 삶이 있었다. '지족'의 전통을 무너뜨린 것이 '대량생산과 대량소비'이다. 더불어 돈을 공통분모로, 돈으로 환산할 수 없는, 환산해서는 안될 것까지 돈으로 환산해 가치를 정한 후, 돈을 위해서라면 무엇이든 해버리는 지금의 현실을 만들어낸 것이다. 사람들이 '양'과 '질'을 구별할 수 있는 감성까지도 잃어버린 것이다.

대량생산, 대량소비란, 바꾸어 말하면, '물건'을 쓸모없게 만들자는 운동이다. '물건'을 쓸모없게 하자라는 것은 '물건'을 만들어내는 인간의 노동을 쓸모없게 하자는 것이다. 인간의 노동을 쓸모없게 하자는 것은, 인간 그 자체를 쓸모없게 하자는 것이 된다. 이것은 인간의 생활뿐만이 아니라 천연자원도 쓸모없게 하고, 자연의 생태계, 공생의 순화체계를 짓밟아, 살아있는 것을 포함한 환경의 파괴로 이어진다.

지금이야말로 '발상의 전환(new ways of thinking)'이 필요한 때이다. 앞으로는 모든 면에서 '양(quantity)'으로부터 '질(quality)'로 변화하는 시대이다. '지식'으로부터 '지혜'로의 전환이다.

산업에 있어서도 이제까지의 양적 생산에서 질적 생산으로 바뀌어야만 하는 시기에 다달았다. 'Large is good'에서 'Small is beautiful', 'Slow is beautiful'로 가치관이 변할 필요가 있다. 왜냐하면 인간이 살고 있는 이 지구는 한없이 작고 또한 약하기 때문이다.

유목이 아닌 농경중심으로 살아온 동양의 민족, 특히 일본민족은 제약이 있는 환경 속에서 살아온 생활의 지혜를 잠재된 능력으로써 가지고 있다. 풍토와 전통 속에서 길러온 잠재능력을 미래를 위해 되살려야 한다.

앞으로는 질 높은 생활, 질이 있는 삶의 실현, 즉 모든 면에서 QOE·QOL (Quality of Experience·Quality of Life)이 추구되는 사회가 될 것이다. 단순히 오래 살 수 있는 것만이 인생은 아니다.

대자연의 섭리와 조화할 수 있는 질 높은 자기실현이 인생의 가치이기도 하다.

또한 21세기에는 지금까지의 인간중심의 세계관으로는 모든 면에서 한계에 부닥칠 것이다. 인간중심의 사상은 17 세기의 근대철학의 아버지인 데카르트나 프란시스 베이컨 등 많은 철학자에 의해 깊어졌다. 그러나 인간중심의 사상은 개인주의적으로 기울어진 채 지금에 이르렀다. 이와 같은 흐름이 인간과 지구환경과의 사이에 마찰을 불러일으켜 왔다.

어쨌든지 간에 인류는 지구라고 하는 작은 혹성 위에서 다른 생물들과 함께 살아가지 않으면 안되는 숙명을 지닌 존재이다. 이러한 대전제에 대한 자각이 필요한 시대인 것이다.

예컨대 태고적부터 중국에서는 인간을 파악하기 위한 전제로, 우주가 불·물·공기·흙의 4 대 물질로 이루어졌다는 '인식'이 있었다. 그리고 '산'과 '강'을 상징적으로 인생의 중심에 넣어, '도道'를 인생의 궁극으로 삼아, 인간과 자연과의 융합을 꾀했다. 또한 '사람'을 개인으로서 파악하지 않고 '인간人間'으로 불렀다. 그것은 '개인적 사람'이 아니라, 자연의 순환 속에서 비로소 존재하는 '사람'이며 '인간'이기 때문이다.

대자연 속에서 다른 살아있는 존재들과 함께 공존하는 인간으로 파악하지 않는 한, 언젠가 인간의 존재 그 자체를 부정할 수밖에 없다. 인간과 자연과의 융합은 불교의 인생관에, 그리고 일본의 전통적 신앙이나 아이누 민족의 생활 속에도 살아 있다. 이원적 서양의 개인주의적 철학은 너무 개인을 추구한 나머지 '자연 속의 인간, 유한적 존재로서의 인간'이라는 인식이 희박해진 것은 아닐까?

또한 오늘날 아무런 의심없이 받아들이고 있는 휴머니즘(인도人道·인간중심주의)이라는 개념이 있다. 실존철학자 사르트르도 마지막에 도달한 곳이 결국 휴머니즘이었다고 할 수 있다. 그러나 철저한 합리추구의 '인간중심주의'만으로 인류가 21 세기를 살아갈 수 있다고는 말할 수 없는 상황이 벌어지고 있다.

'이성'에 대해, 그 이성의 근원인 '감성'을 성찰할 필요가 있다. 절대시되어 왔던 휴머니즘에도 한계가 있다는 것을 알지 않으면 안된다. 인간은 지구적 자연환경, 자연생태계 시스템 안에서 비로소 그 생존이 허락된다는 것을 재인식할 필요가 있다. 지구환경 속에서 함께 존재할 수 있는 인간사회가 아니면 안된다.

살아있는 존재들이 공존하고 그 순환 속에서 살아가는 것을 으뜸으로 삼아야 할 시기가 되었다. 지금까지 만물이 인간을 위해서 존재한다고 생각한 인도중심주의로는 인간 그 자체를 파괴하고 부정하게 될 것이다.

빠르건 늦건 21 세기는 현재의 휴머니즘, 또는 물질적 문명사회를 만든 앵글로색슨류의 일신이원론一神二元論만으로는 한계가 있다는 생각이다.

앞으로의 세계관은 다원적인 동양이나 혹은 다종다양한 이문화異文化나 종교를 보는 '관용'과 '자연과의 일체적 감성'으로부터 생겨나는 우주관에도 겸허히 시야를 넓힐 필요가 있다.

' 색즉시공공즉시색色卽是空空卽是色 ' 의 우주관으로부터 나오는 '반야般若의 지혜'가 필요할지도 모르겠다.

인간중심, 자기중심의 세계관으로부터가 아닌, 대자연, 대우주의 섭리를 투영해보는 것이 보다 더 중요하지는 않을까? 오늘날의 과학기술문명의 은혜를 부정하는 것은 아니다. 이 과학기술을 올바로 인간에게 연결시키지 않으면 안된다. 과학은 본래 선악을 갖지 않는다. 선하게 만드는 것도 악하게 만드는 것도 인간이다.

서양이 낳은 이원적·합리적 과학기술의 가치 있는 역사적 소산과 동양의 자연과의 일체감으로부터 우러나는 세계관이 통합 (aufheben, intergrate)되고, 그리고 '융합'하는 지혜가 필요한 시대가 되었다.

스페이스셔틀에서 지구를 보면, 우주비행사의 눈에 먼저 '저기가 일본이다', '저기가 미국이다', '저것이 만리장성이다'라는 식으로 비춰진다고 한다. 그러나 지구를 몇 바퀴 선회하는 동안에 '저기가 일본이다'라는 생각은 없어지고, 대기에 쌓인 어머니인 바다와 녹음으로 뒤덮인 하나의 지구로 보인다고 한다.

그 대기의 두께는, 인간으로 치자면, 약하고 아주 복잡한 피부보다 얇은 두께에 불과하다. 그 무엇과도 바꿀 수 없는 대기인 것을 보다 깊게 느끼고 소중하게 생각하지 않으면 안된다.

21 세기에는, 이 작은 혹성, 얇은 대기로 둘러싸인 지구에서 인간은 살아 있는 모든 생물들과 함께 살아가지 않으면 안된다. 서양이라든지 동양이라든지의 세계를 넘어 글로벌한 지구적 발상을 바탕으로 하지 않으면 안된다. 또한 국가도 앞으로는 한 국가만이 독자적으로 존재하는 것은 당연히 용서되지 않을 것이다. 항상 전지구적全地球的 발상이 전제된 시대가 되었다고 할 수 있다.

인간은 제각각 다른 풍토 위에서 생긴 문화체계 속에서, 독자적인 가치관을 가지고 살아왔다. 그러나 21 세기의 새로운 가치관·세계관은 이문화의 교류, 융합 속에서 처음으로 창조된다는 것을 알아야만 한다. 그 전제는 먼저 이문화가 갖는 각각의 가치를 서로 확실히 인정하는 관용으로부터 시작한다.

세계는 이 한 세기 동안 물리적으로는 가속도적으로 좁아졌고, 동시에 인류가 공존·공생하는 물리적 조건은 이미 충분히 갖추어졌다. 그러나 물리적 조건에 대한 정신적인, 즉 '마음의 조건'이 안타깝게도 아직까지 갖추어지지 않고 있다.

인류는 공존·공생의 철학·이념, 그리고 새로운 세계관·우주관을 뚜렷하게 마음속에 심지 않으면 안된다. 그리고 대기에 싸인 자연체계 속에서의 인간존재를 알지 못하면 21 세기로의 새로운 인생관·세계관은 태어나지 않을 것이다.

인간이 나아갈 길을 잃었을 때, 작은 자기로부터가 아닌 대우주, 대자연의 섭리로부터 거꾸로 자신을 비춰보고, 되돌아보고, 책임을 지는 실천을 함으로써 비로소 내일의 길이 열릴 것이다.

지금이야말로 있는 그대로의 현실(to be)을 직시할 수 있는 본래 인간에게 갖춰진 이성적·과학적인 자세와, 그렇게 되어야만 할 미래(ought to be)를 철학하는 자세가 필요하다. 그러기 위해서는 먼저 인간이 본래 가지고 있는 이성의 근원인 감성을 자각하여 지혜를 발휘하지 않으면 안된다. 그렇게 하면 저절로 길이 열린다.

21 세기에 통하는 세계관·우주관의 창조를 지금, 시대가 필요로 하고 있다.

정보와 감성과 지혜

'형태'와 '색', '냄새'도 그리고 '무게'도 없는, 게다가 '넓이', '크기'도 없는 것이, 시대와 인간을 용서없이 조정하기 시작했다. 미래는 도대체 어찌 될 것인가? 지식으로는 잴 수 없는 것을 보는 눈, 즉 감성·지혜야말로 내일의 생명이다. 세상의 모든 것이 감성과 지혜를 통해 시뮬레이트(simulate)되어, 지금껏 없었던 전혀 새로운 것을 창조할 시대가 도래했다.

지금까지의 세계는 반드시 어찌됐건 측정이 가능했다. 쌀을 재는 한 말, 한 되, 한 홉 등이 수십 년 전까지만 하더라도 사용되었다. '쌀'을 '형태'로 본 것이다. 그 후 천칭을 사용해 '무게', '양'을 재기 시작했다.

그러나 '형태', '양'도 현대에 이르러 충분한 저울 역할을 할 수 없게 되었고, 모든 '사물'이 '정보'로 변화했고, '사물'을 보는 견해가 경제·정치를, 인간 그 자체를 근본부터 변화시키고 있다.

과거의 전쟁의 역사에 있어서도, 절대 침몰하지 않는다고 여겨졌던 전함 야마토大和가 침몰했다. 'The large is beautiful'은 과거의 영광이 되었다. 정보가 사물을 대신하게 되었다.

된장국을 뜨는데 스푼은 비능률적이다. 국자가 편리하다. 그러나 커피에 설탕을 넣을 때는 국자처럼 불편하고 도움이 되지 않는 건 없다. 'The small is beautiful' 시대의 도래다. 지금까지의 척도, 지금까지의 저울을 바꾸는 지혜야말로 현대를 살아가는 키워드인 것이다.

내 지도학생들의 취직상황을 보면, 이 1-2 년 사이에 수 년 전에는 생각할 수 없었던 수백 배 경쟁률의 회사에 의외로 손쉽게 채용되는 경우가 속출했다. 마찬가지로 여학생의 경우도 예외는 아니다.

즉 회사의 인사전형 방침이 명백히 달라지기 시작한 것이다. 이른바 일류회사에 입사한 그들의 대학입시 당시의 점수를 조사해 봐도 결코 높다고는 할 수 없고, 명문고 졸업생이 아닌 경우도 많다. 또 대학성적도 그다지 좋지 않다. 그렇다고 해서 내가 별도로 매스컴이나 일류기업·관청 취직을 위한 채용시험 특훈을 시킨 것도 아니다. 분명히 채용하는 측의 인재를 뽑는 척도가 변한 것이다. 지금까지와는 달리 대학에서의 '성적'은 일체 보지 않고 결정을 한다고 봐도 되겠다. 인간력, 사회력이 중시되는 시대에 들어선 것이다. 문부과학성의 통지를 보면 성적증명서도 추천서도 4-5 월부터 발급할 수 없게 되었다.

또한 지금까지와는 달리 필기시험은 거의 없어질 전망이다. 그렇다면 무엇을 척도로 할 것인가? 사회는 평점의 고저로 잴 수 없는 것, 지식의 양으로는 알 수 없는 것, 즉 바이털리티(vitality) 그리고 젊은 리비도(libido, 잠재 활력)로부터 생겨난 새로운 시대를 꿰뚫어볼 수 있는 감성과 지혜를 필요로 하고 있다, 고 나는 확신하고 있다. 아무튼 다음 세대는 젊은 그들의 지혜에 맡길 수밖에 없다. 보신적 발상은 더 이상 통하지 않는다는 것을 사회도 깨닫기 시작한 것이다.

옳고 그름은 차치하고서라도, 한마디로 결론을 내리자면 일본의 정보발신지와 패션이 도쿄에 있는 것이고, 정보발신지를 향해 움직이는 것이 인간의 행동패턴인 것이다.

런던에서 생활하면서 체험한 것인데, 길을 잃어도 별로 걱정이 안되는 것은, 모든 교통기관 또는 '길'이 피카딜리 Piccadilly 로 향하고 있기 때문이다. 따라서 사람들의 발걸음도 그 곳을 향한다. 피카딜리라고 하면 옛날부터 서커스 Circus 가 유명하다. 그곳엔 인간 본연의 기쁨, 즐거움이 있고 또 스릴과 슬픔이 있다. 즉 그곳에 본래 인간이 가지고 태어난 감성이라고 하는 것을 자극하고 만족시키는 무언가가 있는 것이다. 인간과 인간과의 컨택트·커뮤니케이션이 발생하여, 기쁨도 슬픔도 스릴도 그리고 패션도 에로스도 빵도 항간의 인간관계로부터 만들어지는 것이다. 거기에서 여러 가지의 정보가 합류하고 새로운 발상도 생겨난다.

아담 스미스도 스피노자, 스펜서도 또한 홉스, 로크도 프랑스의 몽테스키외도 런던에서 살았고 시민들의 생활을 관찰했다. 그리고 칼 마르크스가 당시 런던의 노동자의 평균수명이 열다섯 살 밖에 되지 않는 비참한 현실을 보고 『자본론』을 저술한 건 당연한 것이며, 케인즈는 혼합경제를 통해 수정자본주의라는 근대경제를 생각해냈다.

옛부터 인간이 도시에 집중했던 것은 역사가 보여주고 있지만, 고대 아테네도 로마도 거기에서 인간이 즐거움과 유행과 일할 곳을 추구했기 때문에 번성했음에 틀림없다.

사람들은 말한다, 지금은 전자통신망이 구축되어 인공위성을 통해 세계 어느 곳에 있던지 동시에 커뮤니케이션이 가능하다고. 그런데도 왜 인간은, 또 기업은 정보의 발신지로 모이는 것일까? 그것은 인간은 타인보다 조금이라도 빨리 리얼(real)한 정보를 얻고 싶어 하기 때문이다. 즉 늦은 정보는 그 가치가 반감되고, 경우에 따라서는 무가치한 것이 되고, 나아가 생명에 위협을 받을 수도 있기 때문이다.

예가 적절하진 않지만, 마권을 살 때, 출주마의 당일 상태를 아는 것과 알지 못하는 것과는 그 결과가 명백하다. 마작에서 패를 쌓아 놓고 시기를 놓쳐 지는 격이다. 오늘날의 국제관계를 일컬어 평화와 공포의 균형이라고들 한다. 노골적으로 말하면, 상대국 간에 서로의 심장에 피스톨을 겨누고 있는 것과 같다. 서로 피스톨의 방아쇠에 검지 손가락을 걸어 놓고 있는 형국이다. 미사일에 의한 핵전쟁은 버튼전쟁인 것이다. 실로 공포의 세력균형(balance of powers)이며, 승자는 정보와 그 스피드에 의해 결정되는 시대이다.

진정으로 손에 넣고 싶은 정보란, 일반사회에 떠돌고 있는 정보가 아니다. 한번 일반사회를 떠돈 정보는 이미 늦은 것이다. 그래서 인간은 전파나 광케이블이 현재 가장 빠르다는 것을 알면서도 정보의 발원지에 본능적으로 달려가는 것이다. 인간의 본능이 그렇게 시키고 있는지도 모르겠다.

정보시대는 또한 지금까지의 인간사회 생활 속에서 전혀 볼 수 없었던 현상을 만들어냈다. 그것은 '가치의 다양화'이다. 가치의 다양화란, 한 가지의 것이 모든 것을 결정하는 사회가 아님을 의미한다. 모든 것은 상호, 상관관계로 결정된다. 즉 상황의 함수(F)로 정해진다고 할 수 있다. 그러나 이처럼 도시중심형 문화론이 만연하고 있지만 나무의 뿌리에 해당하는 지방에 빛을 비추는 일에 결코 게을리해서는 안된다. 손, 발, 손가락 등의 모세혈관이야말로 중요한 것이다.

지금 일본은 미국, 유럽뿐만 아니라, 예를 들어 제 3 세계인 아시아, 아프리카, 중근동 등, 지금까지 빛을 보지 못했던 나라, 민족들에 대해 신중하게 생각하지 않으면 안될 시기에 왔다. 이것은 21 세기, 22 세기에 있어서 대단히 중요한 것임을 명심하지 않으면 안된다.

“감성으로부터 지혜가 태어난다, 고 말씀하시는데 구체적으로 말씀해 주십시오.” 이와 같은 질문에 대해 어떻게 대답해야 할지 늘 고민한다. 형태도 없고 양도 없어 보이는 것도, 일단 구체화되기 시작하면 멋진 모습이 되기도 하고, 육중한 무게도 있고, 아름다운 색채를 띠며 향기마저 난다.

한 장의 종이는 앞도 뒤도 모두 한 장의 종이이다. 어떤 이는 앞만 보고 종이라고 하고, 또 뒤부터 본 사람도 종이라 한다. ‘움직임 속에 정적이 있고, 정적 속에 움직임이 있다(動中靜靜中動)’라는 말이 있는데, 이 말에 대해 학생들에게 의견을 묻자, 다양한 대답이 나와 재미있었다.

‘팽이’가 잘 돌 때는 움직임이 없어 보인다. 비틀비틀 이상하게 돌때는 돌고 있다는 것을 잘 보여준다. 매스컴을 통해 어떤 사람이 정보를 흘리면 우리들은 마치 그것이 진실인 것처럼 여겨 종종 실수를 하기도 한다. 뉴욕에서의 주식폭락이 한 예이다. 매스컴, 컴퓨터, 책임없는 논평(comment)에 대부분의 사람들이 움직인다. 인간은 허상과 컴퓨터의 노예가 되어선 안된다.

고령화 시대라고 일컬어져 왔지만 지금은 이미 완전한 고령사회이다. 아쉽게도 비관적으로 고령사회를 바라보고 있는 사람들도 있다. 고령자 니즈(needs, 필요)가 어떻고 하는 것은 이미 낡은 발상이다. 고령자의 니즈에 눈을 돌리는 것은 뒤늦게 따라가는 시대착오적 발상이다. 니즈만으로는 생활감, 활력, 센스, 감성 면에서 부족하다. 지금 필요한 것은 원츠(wants, 욕망)이며, 이 원츠야말로 주목해야 할 부분이다.

사회가, 세계가 허상에 의해 동요되고 있는 지금, 조용히 변화를 주시할 수 있는, 진실을 보는 눈 – '안력眼力'이 어느 시대보다도 필요한 것이다. 새로운 발상은 대체로 새롭게 보일지라도 옛 것이 그 바탕을 이루고 있다. 우리 집의 오래된 토렌스사社의 벨트플레이어나, 백이십 살 먹은 태엽을 감아 밥을 주는 커다란 벽시계도 한 순간 한 순간을 지금도 가고 있다.

일본에는 동양의 지혜를 가늠하는 감성이라는 게 있다. 그것은 사계절의 은총을 받은 몬순기후의 풍토 속에서 몇 십만, 몇 만의 시간 동안 길러져 온 것이다.

'봄은 꽃, 여름은 소쩍새, 가을은 달, 겨울 눈 내려 시원하구나' (도겐道元)

대상을 한쪽 면으로부터, 또한 변화를 주지 않고 고정적으로 보는 것은 안된다. 변동을 주시하는 눈, 즉 죽음을 즉시 하는 것이 인생인 것이다.

꽃은 언젠가 시들 운명이기 때문에, 우리들은 그 유한의 미美에 감동을 받는다. 그야말로 무상無常의 미인 것이다. 생명이 있는 것은 반드시 죽는다. 조직·기업도 영원히 지속될 거라고 생각한 순간, 그 조직체는 이미 위험하다. 쌀이 영원하다고 생각한 에도바쿠후江戶幕府가 쓰러졌고, 영원하다고 믿었던 철鐵도 몰락했다. '철은 침몰한다'인 것이다. 과학기술은 소재 하나를 보더라도, 철을 신소재, 초전도체로까지 변화시켰고 앞으로도 변할 것이다. 그러나 역사와 과학을 과신해서는 안된다. 그 예로 이번의 원자력발전소 문제는, 미래를 위해서도 절대 잊어서는 안되며 미래를 위한 거름으로 한 가지 한 가지 마음에 새겨야만 한다.

어떻게 살 것인가(How to live?)에 대한 답은, 모든 것이 영구, 영원할 수 없다고 의심하며, 지금을, 오늘을 위해 노력하는 것이라 할 수 있다. 무상관無常觀을 가지고 인생, 조직체, 산업사회구조, 자치체, 국가, 세계, 그리고 지구에 대응해야 할 시대가 되었다.

정보·소프트·서비스 시대는 형태도 없고 무게도 없는 것이, 제 1 차 산업, 제 2 차 산업에 커다란 영향을 미치는 시대이다. 한편, 환경에너지, 정보·소프트·서비스 시대는, 모든 무한의 가능성을 낳는 미지의 시대라고도 할 수 있다. 궁지에 몰려도 비관적이 되어서는 안된다. 극한 상황 속에서야말로 새로운 발상이 생겨난다.

발상의 전환이야말로 정보·소프트·서비스 시대에서 살아가는 생활방법이며, 살아나서, 살아남는 길이다.

반복하지만, 앞으로는 분석적 지식의 양이 아니라, 감성을 바탕으로 하는 지혜의 시대이다. 이 지혜는 반야般若의 지혜라고 할 수 있다. 생각해 보니 소프트·서비스 시대는 '색즉시공공즉시색色卽是空空卽是色'이자 '유즉무무즉유有卽無無卽有'의 세계이다. 무無로부터 무한히 유有가 나오며, 유는 또 무로 돌아가는 경우도 있다. 모든 것이 시뮬레이트되어 만들어지는 시대라고도 할 수 있다.

감성에 의한 지혜의 개발을 통해 여기저기를 수놓는, 과학과 지혜 시대의 도래라 할 수 있겠다.

마음의 영양 — 감성교육

지금 필요한 것은 듣기에 좋지만 애매한 말인 '마음의 교육'이 아니라 '마음의 영양'의 공급이다. '마음의 영양'을 위해선 인간으로서 풍부한 '감성'을 기르는 환경에 비중을 두지 않으면 안된다.

아기들은 새로운 것을 접할 때, 그 동작과 감각과의 관계를 학습하고 경험을 축적한다. 이것이 감성을 길러주며 인간으로서 인간답게 성장할 수 있도록 해 주는 바탕이 된다는 것을 잊어서는 안된다. 감성에 대한 개념규정은 어렵다.

칸트는 '이성理性·오성悟性·감성感性'이라는 어휘를 사용하고 있는데, 거기에는 깊은 의미가 담겨져 있다. '감성'이란 일반적으로 이해되고 있는 단순한 감각의 뛰어남이나 감수성, 감정의 예민함을 말하는 것이 아니다. 물론 자신이 외계外界를 느끼기 위해서는 '보기', '듣기', '만지기', '냄새 맡기', '맛보기' 등, 즉 오감五感에 의지하게 된다.

그러나 단지 감각적으로 느끼는 것이 아니라, 중요한 것은 '어떻게' 또는 '어떤 방법으로' 느끼는가가 감성과 많은 관계가 있다. 현상계現象界에서 감동을 가지고 사상事象을 가치 있는 것으로 소박하게 받아들이는 감수성이 '감성'에 가까운 개념이다.

가치가 있다고 느끼면 저절로 마음이 움직인다. 마음이 움직이면 또 저절로 감동이 생겨난다. 감동이 생겨나면 사람은 그것을 다른 사람에게 전하고 싶어 한다.

즉 모든 감동은 자신의 내부에서 소화됨과 동시에 사회화되지 않으면 안된다. 예수, 부처, 공자도 자신들이 추구한 궁극적인 길을 사회화한다는 자세를 취하고 있다.

자신의 감동을 타인에게 전달하기 위해서는, 개인으로서의 개성있는 가치의 창조가 먼저 이루어질 것이며, 자연스레 어떤 형태로든 표현이 형성된다. 그리고 개성있는 개인의 표현이 타인에게 전해진다. 즉 커뮤니케이션(communication)의 세계가 넓어지게 되고, 그 결과 타인과 함께하는 감동, 타인과의 공감이 태어나는 것이다. 그로부터 공생共生에의 길이 열리게 되고, 감동이 충만해지며, 삶의 보람을 느끼게 된다.

또한 감성에 의한 감동은 인간이 사회생활을 영위하는데 있어 중요한 커뮤니케이션 기능을 하는 원천이 되기도 한다. 최근 감성교육이 주목받기 시작했는데 너무 늦은 감이 없지 않다. 교육의 바탕으로서 감성교육이 빠져서는 안된다.

감성을 풍부하게 하기 위해서는, 물론 자기 자신의 본연의 자세를 갖추는 것은 말할 필요도 없겠지만, 그냥 그대로 두어 단지 자연스럽게 자라날 거라 생각해서는 안된다. 풍부한 감성이 개개인의 청소년들 속에서 자라나도록 하기 위해, 선인先人들은 그 노력을 게을리하지 않았다. 그것은 살아가는 지혜를 가르치는 일이라 할 수 있을지 모른다. 그렇다면 오늘날 풍부한 감성을 기르지 못 하게 하는 저해요소로 작용하고 있는 것은 무엇일까?

풍부한 감성을 기르는데 중요한 것은, 첫째 여유있게 천천히 흐르는 '시간時間'과, 둘째 자연과 어울려지는 '공간空間', 마지막으로 자유롭게 사귀며 서로 절차탁마切磋琢磨할 수 있는 '친구(나카마仲間; 일본어로 친구, 동료를 의미)'이다. 이미 이러한 것들은 중요시되어 왔지만, 오늘날에 이르러서는 가볍게 생각되는 경향이 있다.

이 세 가지 사이(間)가 약해지는 원인을 제공하고, 또 그것을 어린 아이들로부터 빼앗은 장본인은 바로 어른들이라는 책임을 느끼지 않으면 안된다. '사이(間)'야말로 노는 것을 익히게 하며, 살아가는 활력을 불어넣어 주는 장場 인 것이다.

이 세 가지 사이(間)의 결락이 '마음의 영양'의 공급을 중단시키는 커다란 원인이라 할 수 있다.

넘어지면 위험한 아스팔트가 깔린 교정, 단단하고 따스함이 없는 콘크리트 교사校舍, 그리고 차가운 철제鐵製 책상과 의자. 모두 생명감이 없다. 목조木造에서 콘크리트 건물로 바뀐 후부터 의무교육에 변화가 생기기 시작했다고 하는 교사敎師들이 많다.

정비되어지고, 너무나 인공적으로 만들어진 공원. 콘크리트로 나무 모양을 본떠 만든 벤치. 맨손으로 만져보면, 차갑거나 뜨거운, 멋지게 만들어진 인공의 세계이며, 자연의 생명과는 무연無緣의 세계인 어린 아이들을 둘러싼 환경이다. 멋진 인공보다는 아름다운 생명을 느끼는 마음을 기르지 않으면 안된다.

도시에도 설령 작을지언정 자연 그대로의 공터로 이루어진 공원을 만든다면 어떨까 하는 생각이 든다. 물웅덩이가 있고, 흙과 나무가 있는 공원이라면 벌레들도 윙윙거릴 것이며 매미도 울 것이다. 약간의 위험이 있을지라도 모험심을 길러줌과 동시에, 마음에 영양을 공급함으로써 아이들의 마음을 넉넉하게 해 줄 것이다. 들리는 바에 의하면 세타가야구世田谷區에 어머니들이 모여 만든 자연공원이 있는데, 성공을 거두고 있다고 한다. 기쁜 일이 아닐 수 없다.

꽃은 피고, 또 언제가 시들어 사라져 간다. 짧은 시간의 생명이지만 목청껏 울어대는 매미를 보라!

수필가 린드(Robert Lynd)는 그 에세이의 한 구절에서 다음과 같이 이야기한다. '시인은 한 송이의 꽃을 바라보는 그 순간에도, 그 꽃의 시듦을 알기 때문에, 한층 더 그 꽃을 어여쁘게 생각하는 것이다.' (나는 학생들에게 말한다, '꽃은 지기 때문에 아름답다'고.)

또한 바쇼芭蕉(하이쿠俳句시인)는 '언젠가 죽어 모습은 사라지고 매미소리만(やがて死ぬ　景色は見えず　蟬の聲)'이라고 읊었다.

한 순간의 삶과 한 순간의 죽음. 혹 내일을 알 수 없는 생명이라 할지라도 지금 이 한 순간을 있는 힘껏 울고 있다. 모든 것이 삶과 연관이 있으며, 모든 것에 대한 무상감이 절절하게 와 닿는다.

설령 다소 위험이 따른다 하더라도, 아이들을 자연과 보다 친해지도록 하고 싶다. 아무리 인간이 생각한다 한들 인간이 아는 세계는 저절로 한계에 부딪히게 되며, 자연이야말로 최고의 선생님이자, 자연의 섭리야말로 교육의 원점인 것을 잊어서는 안된다.

인공적으로 만들어진 놀이터가 아닌 자연을 살린 놀이터에는, 자연의 시간時間의 흐름과 공간空間이 존재하고, 친구(仲間)들과 어울려

놀 수 있게 된다. 그리고 그곳에는 무상감無常感이 존재하여, 생명의 고동과 어린아이 본래의 감성이 어우러진 가운데, 몸을 통해 그것을 체득하게 된다.

시간과 공간이 교차하는 점에서 "한 순간의 삶과 한 순간의 죽음"을 어린아이 나름대로 체득하게 될 것이다. 인간존재의 실재實在와 영원은 시간과 공간의 한 순간 한 순간의 교차점에 있기 때문이다.

어른들의 '편리함·능률·양적' 가치관에 의해 만들어진 세계는, 생명적 감동과는 무연의 세계이며, 생명이 있는 감성의 세계라고 할 수 없다.

편리하고 능률적이며 또한 물적으로 풍요로우면 '행복'이 실현될 수 있다는 20 세기의 어른들의 가치관으로부터 벗어나지 않는다면 미래를 짊어질 어린아이들을 올바로 기를 순 없을 것이다.

지적 장애를 가진 한 어린아이와 선생님과의 일이다. 선생님은 학생들을 데리고 매일 아침 산책을 했는데, 그 아이는 정해진 한 장소에 가기만 하면 넘어졌고, 그곳에서 움직이려 하질 않았다.

곤란해진 선생님은 처음엔 달래보기도 하고, 주의도 줘보고, 혼을 내기도 했다. 그러던 어느 날 앞뒤 생각하지 않고 함께 나뒹굴어 보았다.

그러자 지금까지 들리지 않았던 나무가 흔들리는 소리, 멀리서 강물이 졸졸 흐르는 소리, 작은 새들의 지저귐까지 들리는 것이 아닌가!

'아, 이 아이는 이걸 듣고 있었구나!' 이걸로 선생님은 충분히 납득할 수 있었다고 한다. 자신의 안에서 약해졌었던 감성이 되살아나는 느낌을 받았다고 술회하고 있다.

아이들의 비명

교통사고 사망자가 연간 육천 명을 밑돌았지만, 이유야 어찌됐건 자살자 수가 놀랍게도 12 년 동안 줄곧 연간 삼만 명을 넘고 있다. 게다가 자살미수자는 그 다섯 배에 이른다는 것에 정말 놀라울 따름이다. 뭔가가 이상하다. 어른도 청소년도 아이들도 뭔가 잘못되어 가고 있다.

'행복하지도 않은데 행복한 세계를 그릴 수는 없다. 부자도 아닌데 풍요로운 사회를 말할 순 없다. 꿈이 없는데 꿈을 팔 수 없다.'

인간을 죽이는데 무기는 필요 없다. 인간으로부터 꿈을 빼앗으면 인간은 죽음을 선택할 것이다.

일본의 아동자살자 수는, 세계에서 그 예를 찾아볼 수 없다. 청소년의 죽음의 실태를 보면 0 세부터 4 세까지는 기형이나 염색체 이상이 약 30%를 차지하고, 15 세부터 24 세의 경우 자동차 등에 의한 사고사가 17%로 1 위이다. 그러나 놀랍게도 2 위가 12%로 자살이다. 아이들도 어른들도 안타깝지만 자살이 늘고 있다는 것은 확실하다. 일본의 장래에 대해 불길함을 느낀다. 지금의 어른들이 정말 어떻게든 해야 할 가장 중대한 문제의 하나이다.

일본 아이들의 학력, 영양은 충분하다. 그러나 명백히 '마음의 영양' 실조에 걸려 있다. 아이들은 직감적으로 어른들이 만든 현실사회의 미래에 대해 불안과 의문을 느끼고 있는 것이다.

20 여 년 전, 공해문제가 클로즈업 되었을 때인데, 당시 같이 불거진 청소년의 마음의 문제가 여기저기서 다루어졌다.

그러나 개선이 된 것은 '보이는 공해'였지, 눈에 '보이지 않는 공해'는 방치되어, 아마도 공해가 점점 더 심각해지지 않았나 싶다.

오늘날 청소년들을 둘러싼 여러 문제, 특히 교육문제가 '보이지 않는 공해'인 것이다.

그 당시 일본의 경제발전과 더불어 파생된 공해문제에 대해, 외국에선 '일본은 세계의 카나리아다'라고 했었다. 잘 알려진 사실로, 옛부터 카나리아는 광산의 유독가스 발생이나 산소결핍을 알려주는데 이용되어 왔다. 카나리아가 퍼드덕거리는 것은 경고신호의 발신과 같다.

국가의 미래에 대해 본능적으로 경고하는 카나리아가 바로 지금의 어린아이들일지 모른다. 아이들이 어른사회에 보내는 경고시그널을 제대로 수신하지 않으면 안된다. 그런데 퍼드덕대는 카나리아를 눌러 묶으려 하고 있지는 않은가? 지금, 현대사회가 만들어낸 병의 본질에 대해 해결하려는 노력을 하지 않으면 일본의 미래는 없을 것이다.

이지메, 폭력, 자살, 타살 등은 오늘날의 현실사회에 대한 아이들의 경고시그널이며, '바로잡아 주세요'라는 진심어린 의사표시임을 부인할 수가 없다.

최종적 행위인 자살, 타살을 화약의 폭발로 생각해 보자. 지금까지 '이지메'나 '아동자살'에 대해 전문가나 평론가는 '너무 관대하다', '과잉보호', '아이들의 인내부족' 등이 원인이므로, 그 해결책으로 '응석받아 주지 않기', '과다한 관심갖지 않기', '인내력을 기르도록' 그리고 '이지메당하지 않도록 궁리해야 한다' 고 말해 왔다.

틀림없이 전문가, 평론가의 코멘트는 나름대로 정당성을 지니고 있다. 그러나 최종적 행위인 자살, 타살을 화약이라 한다면, 전문가, 평론가의 코멘트, 논의는 피상적이며 도화선이나 방아쇠에 지나지 않는다. 문제의 본질을 파고드는 논의가 필요하다.

'어떻게 하면 이지메당하지 않을까' 라는 소극론이 아닌 '이지메가 없는 사회', '씩씩하고, 활기차게 살아가는 아이들'에 대한 논의가 필요하다.

애석하게도 화약 자체를 없애는 논의, 이론이 빠져 있는 것이다.

자살한 아이가 갸륵하게 마지막으로 남긴 글들 몇 개를 분석해 보니, 세 가지 공통점이 보였다. 하나는 '꿈의 결락', 또 하나는 '삶과 죽음', 즉 '생명'에 대해 잘 알지 못하는 것이었고, 마지막으로 '사회적 존재로서의 인간'에 대한 체험적 인식의 결락이었다.

지식이 아닌 체험을 통해서 얻어져야 할 것의 결락이 자신을 죽음으로 몰아세우고, 또한 타인의 생명을 간단히 앗아 버리게 하는 중대한 원인이라고 확신한다.

아이들의 미래가 없고 꿈이 없는 세계에, 미래란 오지 않는다. 일본의 미래는 지금의 아이들의 삶의 모습이며, 아이들이 미래를 보는 유일한 창은 자신보다 나이가 많은 사람들의 살아가는 모습이다. 어른들이 품고 있는 가치관에 아이들은 민감하게 반응하는 것이다.

본디 아이들은 연상의 형이나 누나들을 보고 빨리 그렇게 되었으면 하고 생각한다. 옛날에는 빨리 학교에 가고 싶다거나 빨리 학년이 높아졌으면 하고 생각했었다. 지금은 중학교에 입학하는 게 걱정인 초등학생이 많다. 무엇이 아이들로부터 성장의 기쁨을 앗아갔을까?

아이들이 자신의 장래에 대해 꿈을 가질지 아닐지는, 연상의 형이나 누나, 부모, 조부모의 삶을 보고 정하는 것이다.

아이들이 미지의 불안한 미래를 들여다볼 수 있는 유일한 창, 거울은 자신들보다 나이기 많은 사람들의 생활, 삶 그것인 것이다.

아이들의 자살의 원인에 대해서는 여러 가지 생각할 수 있지만, 이미 말한 대로 어려서 자신의 생명을 끊은 아이가 서투르지만 있는 힘을 다해 호소하고 있는 것은, 뭐니 뭐니 해도 '꿈의 결락'과, 두 번 다시없는 '생명의 존귀함'을 배워 체득하고 있지 않다는 것이다.

고베神戸에서 지적장애아 살인사건을 일으킨 열네 살 소년이 '즐거울 때는 게임을 하고 있을 때뿐'이라고 말한 것처럼 '생명관이 없는', '마음이 없는' 무기적 사회 환경을 만들어내고 있는 이 사회의 가치관에 대해 다시 한 번 생각해야 할 때가 된 것이다. 한발 잘못 짚으면, 자살과 타살이 서로 등지고 있는 가장 위험한 선 위에 서게 되는 것이다.

그것은 우리 어른들이 지지 않으면 안될 중대한 책임이라 말하지 않을 수 없다. 우리들이 아이들에게 보여주지 않으면 안되는 것은, 먼저 절차탁마切磋琢磨의 경쟁이 살아가기 위한 자기구원(self-help)의 뿌리가 된다는 것이다. 이것을 철저히 인식하지 않으면 안된다. 그러나

거기엔 능률과 물질에 지나치게 치우친 '경쟁을 위한 경쟁가치'만 가르쳐 왔다 라는 반성이 동시에 있어야만 한다. 그렇다 하더라도 '여유교육(유토리교육, ゆとり教育)'이라 하여 너무 방만하며 또한 획일적으로 하는 교육은 모두에게 좋지 않다.

아무튼 아이들에게 꿈이 없는 사회에 내일은 없다. 몸의 영양이 필요한 것처럼 마음에도 영양이 필요하다. 지금이야말로 '마음의 풍요로움', '마음의 상냥함', '마음의 강직함'을 기르는 감성교육이 필요하다.

교육문제를 생각할 때, 지식 이외에 다음과 같은 두 가지 염두에 두어야 할 것이 있다. '마음의 영양'과 '복지의 마음'이다. '마음의 영양'이란 '풍요롭고 넉넉한 마음', '따뜻한 마음'이며, '복지의 마음'이란 타인의 아픔을 이해하면서 '자신의 행복, 세상의 행복'을 추구하는 마음이다. 이 '마음의 영양'과 '복지의 마음'은 서로 보완관계에 있다고 할 수 있다. 마음의 영양은 교육의 원천이다.

최근 '마음의 교육'이라는 말이 사용되고 있다. '마음'이란 일반적으로 지知·정情·의意가 모여 성립된다고 한다. 특히 지금 중요한 것은 '정'과 '의(will)'이다.

'정'과 '의'는 '감성'과의 관계로 따지면 감동으로서 커지고 깊어지는 것이다. 또한 '마음의 영양'과 '복지의 마음'은 '감성'과 아주 많은 관계가 있다는 것을 잊으면 안된다.

'교육'이란 영어로는 education 이다. 타인이 의도적으로 가르치고 키운다는 것이 일반적인 해석이다. 그러나 education 속에는 아이들로부터 '숨겨진 능력을 찾아낸다'는 깊고도 중요한 의미가 포함되어 있다.

한자의 어원으로서의 '교육'의 의미는 일반적으로 알려진 것과는 상당한 거리가 있다. '교육'이라는 어휘는 중국의 맹자가 처음으로 사용했다. 맹자가 의도한 교육이란, '가르치는 것(教)'에 중점을 두는 것이 아니라, '배우는(習)' 것에 무게가 실려 있다. '배우기', '학습'이란 옛부터 전해져 내려온 동양적 교육관이다. 즉 '머리', '몸', '마음'의 학습인 것이다.

이미 말한 대로, 인간은 사회적 동물이며, 태어나면서부터 생활을 할 수 있는 것이 아니라, 타자로부터의 학습을 통해 비로소 인간이 되는 것이다. 즉 인간은 '사람'에서 학습이라는 매개를 통해, 사회생활이 가능한 '인간'이 된다.

사회적 존재이기 때문에, 어릴 적부터 생활습관을 몸에 배도록 하지 않으면 안된다. 어쨌든 어른으로서 의연히 선악을 분명히 하고, 견실한 '교육'을 행하지 않으면 안된다. 그러나 단지 하릴없이 무리한 주입식 교육을 행하는 것이 아니라, 배우고, 스스로 자연스럽게 학습하여, 스스로를 키우며 살아갈 수 있는 환경을 만들어 주는 것이 교육의 본래의 모습인 것을 잊어서는 안된다.

'친親'이라는 글자는, 부모의 본연의 자세를 표현하는 글자이다. 부모(親)란 '나무(木)' 위에 '서(立)'서 '보는(見)' 것이다. 즉 아이를 '성급하고, 곰상스럽게' 다루는 것이 아니라, 대범하고 높고 넓은 시야로 지켜보고, 아이가 가지고 태어난 특질을, 예컨대 장애를 가지고 있을지라도, 그것을 그 아이의 특징으로 생각하여 보다 잘 살 수 있는 환경을 만들어 주는 것이 '부모(親)'이며, 교육의 본 모습인 것이다.

옛부터 '자식은 부모의 뒷모습을 보고 자란다'라고 했다. 신문사의 의뢰로 '이지메는 어른사회의 축도'라는 제목으로 이지메와 자살에 관해 글을 쓴 적이 있는데, 그 생각은 더욱 강해지고만 있다. 지금이야말로 어른들의 교육에 대한 진정한 책임과 자세가 요구되어지는 때라 생각한다. 이 같은 관점에서, 최근 제기되고 있는 '마음의 교육'이란, 어른들이 책임지고 젊은이들에게 '마음의 영양'을 공급하는 것이라 생각한다.

감성과 복지

복지라는 말이 자주 사용되고 있는데, 복지란 인간의 '행복'에의 소박하고 끝없는 추구이며 존엄한 자기실현에의 발걸음이다.

복지가 향하는 곳은 살아가는 기쁨에 충만한 인간생활의 실현에 있다. 복지를 향한 발걸음이란 건강한 사람도 그렇지 못한 사람도 인간이 보다 낳은 삶을 위해 환경, 신체, 정신 그리고 사회체계를 재구축하여, 타자와 공생할 수 있도록 노력하는 것을 말한다.

이 목적달성을 위해서는 인간의 '감성'에 주목할 필요가 있다. 그리고 인간은 절대적인 존재가 아니기에 자연과학적 방법을 기초로 인문·사회과학, 게다가 예술·철학·종교까지 시야에 넣은 새로운 감성복지교육의 연구가 이루어질 필요가 있다고 생각한다. 방사능·쓰나미 피해자들의 심정을 생각하면 중요한 문제임을 알 수 있다.

현대사회에서 일어나는 많은 '마음'과 관련한 문제들의 뿌리를 보면, 인간이 본래 가지고 있던 '감성'의 쇠약에서 기인한다는 것을 알 수 있다. 그렇기 때문에 잊혀져 가고 있는 '감성'을 되살리고 인간으로서 인간다운 삶을 영위할 수 있도록 노력하는 게 불가결하다. 지금이야말로 '감성의 시간'인 것이다.

『감성의 시간(INSIDE JAPAN Bilingual Edition)』(교세이 출판)을 출판한 이래, '감성'이라는 용어가 널리 퍼지고 있지만, 지금이야말로 마음의 '위안'과 새로운 '가치의 창조'라는 면에서 '감성'이 필요하다고 절실히 느끼는 바이다.

일본인은 '감성적'이라 할 수 있다. 예를 들면 짧은 열일곱 글자로 이루어진 하이쿠俳句에서는 기고季語(계절을암시하는 어휘)가 하이쿠에 생명을 불어넣는다. 그것은 일본 특유의 풍토에서 생겨난 감성이라 생각한다.

일본의 '히라가나', '가타가나'를 보라. 중국으로부터 '한자'가 들어오자 일본 특유의 풍토 속에서 생활하는 일본인은 '감성'을 통해 '히라가나', '가타가나'를 만들어냈다. 이와 같은 '감성'에 의한 '궁리'가 가능한 민족은 거의 찾기가 힘들다. 일본인이 지니는 감성을 소중히 함으로써 21 세기의 새로운 가치창조의 기틀로 삼고 싶다.

현실이 아무리 냉엄하고 혹독하다고 할지라도, 우리들은 미래에 대해 비관적일 필요는 없다. 나는 믿는다, '감성'과 '궁리'에 의한 '지혜'를 가지고, 아직은 약간이나마 남아 있는 전통의 불씨를 통해 반드시 새로운 활로를 찾아낼 것이라고.

인도에서 출발한 불교의 전래를 보더라도, 일본의 풍토와 융화되었다. 인도에서의 불교는 현저하게 분석·철학적이다. 중국의 그것은 유교나 도교의 영향을 받아 실리적이며, 또한 도덕·윤리적이라고 할 수 있다.

인도와 중국의 강한 영향을 받은 일본의 불교는, 사계절이 뚜렷한 풍토 속에서의 생활을 통해 '감성'적인 일본의 종교, 특히 가마쿠라鎌倉불교로 동화되어 꽃을 피웠다고 볼 수 있다.

'봄은 꽃, 여름은 두견, 가을은 달, 겨울 눈 내려 시원하구나' (도겐道元)

이 시는 가와바타 야스나리川端康成씨가 스톡홀름에서 거행된 노벨문학상 수상식 기념강연의 모두冒頭에서 사용한 것이다.

이 한 구句로부터 왠지 담담함 속에 저절로 감성적인, 잊어서는 안될 일본의 전통으로서의 풍부한 자연과 관용의 '마음'이 절절히 전해온다. 일본이 세계를 향해 발신할 수 있는 동양적인 '마음'인 것이다.

장애를 가진 사람들의 입장에 서서 생각하라든지, 같은 눈높이에서 봐야 한다고 해도, 자신이 타인이 되지 않는 이상, 거기엔 엄연히 한계가 존재한다. 그 한계가 인간존재의 있는 그대로의 모습이라는 것을 깨닫지 않으면 안된다.

눈과 귀, 손발에 장애가 있는 사람들, 생활연령은 성인이 되었지만 심신의 발달이 늦은 사람들과 접할 때를 생각해 보자. 장애를 갖고 있지만 있는 힘을 다해 살아가려고 하는 사람들의 어느 부분까지 다가가서, 제대로 이해하고, 공감하여 같이 기쁨을 나눌 수 있을 것인가?

안타깝게도 정상인과 장애인 사이에 거리감이 존재하는 것이 사실일지도 모른다. 정상인 측의 논리는 어차피 정상인의 논리이며, 장애자가 되지 않는 이상 차별적인 견해를 갖는 것이다. 먼저 나 자신을 의심하는 데서부터 복지의 첫걸음이 시작된다.

그러나 같이 살고, 같이 공감하는 기쁨을 나눌 수 있는 인간이라는 것을 망각하기는 싫다. 동양적인 사유방법과 서양적 사유방법에는 풍토에서 기인하는 거라 생각되는 커다란 차이가 있다. 동양의 옛 가르침에는, 다른 사람으로 바뀌지 않더라도 한없이 다른 사람의 안으로부터 보려고 해야 한다는 것이 있다.

석가모니와의 대화를 기록한 숫타니파타(Sutta_nipāta)에는 ‘크더라도, 작더라도, 보이는 것이라도, 보이지 않는 것이라도 모든 살아가는 것에는 그 나름대로의 다른 것과는 바꿀 수 없는 존엄이 있다’라는 의미의 말이 강조되어 실려 있다.

또한 『마쿠라노소시枕草子』에 다음과 같은 말이 있다. ‘아무리 작고 하찮은 것일지라도 모두 아름답다.’

비록 약하고, 작은 생명일지라도 살아있는 것에 마음이 가는 것이 인간일 것이다. 이 ‘아름답다(美)’는 표현은 원래 ‘사랑스럽다(愛)’는 말에서 유래한 것으로, 즉 무한한 ‘생명’에 대한 자애의 마음을 잘 나타내고 있다. 생활 속에서의 가까운 것, 작은 생명에의 ‘사랑’은 대상과 함께 어우러지는 마음이며, 자비의 마음, 복지의 마음의 원점이기도 하다.

작고 작은 일이 사람의 마음을 기쁘게 하고, 작고 작은 일이 사람의 마음을 슬프게 하기 때문이다.

복지의 실천기록 속에는 눈물 없이는 말할 수 없는 이야기가 많다. 클라이언트(client)를 대하면서 자신의 능력의 한계를 느끼는 사람도 많다. 클라이언트를 위해 아무 것도 할 수 없고, 할 수 있는 것이란 그저 기도를 하는 것밖에 없는, 단지 고통스러워하고 있는 곳에, 가만히 손을 얹는 수밖에 방법이 없다고 고백한다. 나도 그렇다.

옛부터 일본에서 있어 왔던 간절한 기원을 담은 '손을 얹는' 마음이야말로 인간의 한계행위였다. 그 한계로부터 인간은 벗어날 수 없다.

동양적 사유의 한가지로 인도의 우파니샤드(Upanishad) 철학이 있다. '우파니샤드'란 '옆에 앉아 한없이 가까이 다가선'다는 의미를 가지고 있다. 여기에 인간의 무한한 타자와의 융합을 향한 자세가 보인다. 이 어휘 속에서 대상으로서의 자신과 타자와의 공감을 통한 공유의 생명관이 느껴진다.

지적 장애를 가진 지인인 야마다 미키山田ミキ(생활연령 30세)의 일이다.

베란다에서 미키의 여동생이 학교숙제로 키우던 토마토가 여름이 되어서야 빨갛게 되었다. 이것을 본 미키가 뭐라고 했을까?

"토마토가 피었다. 토마토가 피었다"라고 기뻐하며 계속해서 소리쳤다.

또 미키는 호수에 두 사람의 젊은이가 열심히 젓고 있는 보트가 떠 있는 걸 보고 기쁨의 탄성을 질렀다. "저거 봐, 저기에 보트가 헤엄치고 있어, 봐봐 보트가 천천히 헤엄치고 있어!"

수백 권의 철학서를 읽기 보다는, 그 어떤 학식이 있는 사람의 이야기를 듣기 보다는, "토마토가 피었다", "보트가 천천히 헤엄친다."라는 말이, 왠지 감성적이며 마음 깊은 곳으로부터 울린다. 그 울림이야말로 우리가 잊고 있는 중요한 것이라 생각한다.

'자유와 구속', '자기와 타자', '합리와 불합리', '목적과 수단'을 넘은 세계이다.

"이 아이에게 세상의 빛을"이 아니라 "이 아이로부터 세상의 빛을"이라고 말하고 싶다.

'지시와 합리성', '능률과 물욕'으로 머릿속이 가득찬 현대인에게 '일갈一喝'하여, 잊고 있는 것을 되살리도록 하기에 충분한 감성의 말이다.

과학기술문명과 현실

메이지시대의 성공은 근대유럽의 합리적 과학기술문명의 도입에 있었다고 해도 과언이 아니다.

식민지화되는 것을 막기 위해 서둘러 근대화, 합리화, 산업화를 도모하지 않으면 안되었다. 당시 일의 진행을 서두르기 위해 서양 과학기술의 일본도입에 한 가지 필터를 씌웠다.

'실리와 편리(Utility and Benefit)'였다. 이 필터를 적용함으로써 20 년이 채 안되는 시간에 서구를 따라잡을 수 있었다. 그러나 중요한 것 한 가지를 '실리'라고 하는 필터를 씌움으로 인해 놓치고 말았다. 그것은 철학이다.

원래 과학은 두 가지 것을 포함시키지 않으면 안되도록 발전해 왔다. 왜냐하면 과학 그 자체에는 선악이 없기 때문이다.

그 한 가지가 '실증적' 세계이며 '있는 그대로(to be)'의 모습을 끝까지 분석, 규명하는 DNA 나 나노이론까지 낳은 자연과학의 진전이다. 그 결과 과학기술의 진보는 달나라에 인간을 보내게 되었고, 핵분열을 전쟁이나 발전에 사용하도록 했다. 마음만 먹으면 조물주를 넘어 클론인간을 만들어낼 수도 있는 경지까지 도달해 있다.

또 한 가지는 과학기술을 인간에게 관련짓는 것으로, 그것이 '당연히 그래야만 하는 모습(ought to be)'을 추구하는 끊임없는 자세이다. 즉 철학하는 자세인 것이다.

일본을 비롯하여 모든 아시아의 나라들은, 철학하는 것을 빼고 서구의 과학기술을 받아들여 왔다. 특히 일본은 과학기술 면에서 완전히 서구를 따라잡아 선두대열에 서 있다고 말할 수 있다. 이미 캐치업(catch-up)에서 프런트런너(front runner)로 바뀌었다는 것을 자각하지 않으면 안된다.

그러나 과학기술을 인간과 관련짓는 철학은 어떨까?

메이지시대 이후, 서구의 과학기술로 대표되는 근대화와의 결정적 만남 속에서, 서구가 과학에 포함시키고 있었던 철학을 버렸을 뿐만이 아니라, 동양 특유의 전통에서 기인한 철학, 세계관까지 잃어버린 채로, 그에 대한 반성도 없이 오늘날의 현실을 만들어버린 건 아닐까?

즉 합리적 세계를 추구한 나머지, 서구적 근대화에 성공한 현실사회와 일본의 전통적 문화유산 사이의 갭(gap)을 메우고 극복하기 보다는, 문제를 뒤로 미루고 단절된 채 지금에 이르렀다고 생각한다. 그 대표적인 예가 원자력발전소이며 방사능이다. 이러한 커다란 과제를 뒤로 한 채 오늘날의 현실에 맞닥뜨려 있다. 이 단절을 메우지 않고서는 미래는 없다.

눈을 돌려 오늘날의 세계의 현상을 보면, 20 세기와는 전혀라고 말해도 좋을 만큼 다른 상황이 연출되고 있다는 것을 알 수 있다. 일본이라는 배의 키(舵)를 쥐고 있는 정치가 먼저 눈을 뜨고, 국민도 각성하지 않으면 안된다.

위에서 언급했듯, 합리적 인간을 추구하는 '인간중심주의', 휴머니즘(humanism), 그리고 개인, 자기본위의 이기주의로 인해, 인류가 지구상의 다른 존재들과 공존할 수 있다는 보장은 어디에도 없다.

20 세기에 들어 과학기술 진보의 커다란 결과물로써의 대량생산·대량소비에 의한 인간생활의 폭발적인 비대화가 있었다. 피로 피를 씻어낸 두 번에 걸친 세계전쟁. 핵의 '분열'을 이용한 원자폭탄과 원자력발전 사고. 달나라에의 인류도달 등 이루 손으로 꼽을 수가 없을 정도다.

달나라에의 인류도달을 인간의 달나라 정복이라고 말하는 사람도 있다. 그러나 인간의 교만 이외에는 아무 것도 아닌 게 아닌가. 인간의 과학적 예지 덕분에 대자연의 섭리에 따를 수 있게 된 것에 불과하다. 인간의 한계를 잊은 인간의 사고와 행동은 위험한 길을 걷게 되는 것이며 이 또한 자연의 섭리인 것이다. 제 2 차 세계대전도 마찬가지이다. 방사능 문제도 그렇다.

이러한 인간의 업적에 대한 자세는, 지금까지 무한의 세계에 있었던 것을 유한의 세계로 끌어들임으로써, 인간은 존재의 유한성을 망각하고 서로 의지하며 서야만 하는 것을 잊은, 끈 떨어진 연과 같이 되어버린 건 아닐까?

무한을 추구함과 동시에 인간존재의 유한성에도 겸허하게 눈을 뜨지 않으면 안되는 시대라는 생각을 감출 수 없다.

인간은 이제껏 한 사람의 개인으로 자립할 수 있도록 추구해 왔지만, 오늘날의 복잡다기한 정보과잉 상태의 다양한 가치 앞에 멈춰 선 채, 불안에 떨고 있다. 그리하여 스트레스는 단지 쌓이기만 할 뿐 배출할 곳을 알지 못한다. 안전이라고 하는 불확실한 이름 앞에서, 방사능의 최종처리 방법도 무시한 채 진행해 왔던 빚을 떠안게 된 셈이다.

이 같은 현실에 직면해 있는 우리는, 심리학자의 표현대로라면, 지금 아노미(Anomie) 상태에 빠져 있을 지도 모른다. 철학자들은 세계내世界內 존재로서의 자기상실이라고 말할 것이다.

어쨌든 현대인은 자신이 서 있는 현실에 불안에 떨며 자신감을 상실해 가고 있다. 스스로 설 수 있는 아이덴티티(identity)를 추구하는 것이야말로 현대인의 소박한 모습이 아닐까?

세계를 동시에 휩쓰는 홍수와 같은 정보과다 속에서, 개인이 자신을 확립하고, 안심하고 살아가는 것은 지극히 어려운 일이다. 허상과 실상이 혼재되어 있는 미디어의 세계 속에서, 항상 불안에 쫓겨 살지 않으면 안된다. 어떻게든 하지 않으면 안될 벼랑 끝에 서 있는 것이 분명하다.

정보선택의 지혜가 없다면 정보의 소용돌이 속에서 자신이 소멸되고 만다. 인터넷을 유용하게 사용하는 것도, 자신을 매몰시키는 도구로 사용하는 것도 인간의 지혜에 달려있다. 인터넷에는 선악이 없다. 정확하게 전달할 뿐, '마음'이 없다.

대중사회 내의 매스컴을 통해, 한 사람의 생각, 한 사람의 발언은 동시에 수백만, 수천만, 아니 경우에 따라서는 수억 명에게까지 영향을 미칠 수 있다.

현대사회에서는 자신의 존재는 자기주장을 통해 비로소 실현되기 때문에, 개인의 주장에 무게가 실린다. 그래서 자연히 자기주장이 선善이라 생각하는 경향이 있다. 더군다나 미디어에 의해 한없이 증폭된 주장은, 정말로 사실인 것처럼 비춰지고, 정당화되어 힘을 얻게 되면, 마치 정확한 사실인 것처럼 되어 버린다. 허상과 실상이 역전될 수 있는 것도 현대인 것이다.

그래서 논의(debate)를 잘 못하거나, 혹은 논의에 미숙한 인간은 그 가치가 낮게 평가되는 경향이 있다. '침묵은 금이다'라는 말은 오늘날 어디론가 사라진 지 오래다. 그러나 오래된 어록 안에 다음과 같은 심금을 울리는 말이 있다.

'말로 말하지 말며, 마음으로 재지 말며, 말도 마음도 놓아주고 잊어라'

— 정법안장正法眼藏

지금, 무엇이 교육의 문제인가?

'더 이상 날 힘들게 하지 마', 마지막 힘을 다해 유서를 남기고 자살한 미토水戸의 중학교 2 학년 여학생. 학내에서의 이지메를 견디다 못해 가스 자살한 이와테岩手의 역시 중2의 남학생.

뭐라 말로도 할 수 없는, 새해 벽두부터 동시에 신문지상에 올라온 두 건의 자살보도로, 이를 기억하고 있는 사람들이 많으리라 생각한다.

오사카시 교육위원회가 「청소년의 전화」를 개설하자 일주일도 채 되기 전에 무려 이백 수십 건의 상담이 있었고, 그 상담전화의 대부분이 이지메 문제였으며, '죽고 싶다, 상담해 달라'라는 죽음 일보직전의 상담도 많았다고 한다.

이 두 건의 이지메에 의한 중학생 자살은 빙산의 일각일 뿐, 자살미수 사건의 실제 숫자는 그 다섯 배 이상으로, 죽음의 일보직전에 서 있는 아이들이 이 일본에 셀 수 없을 정도로 많다는 사실을 명확히 인식하지 않으면 안된다.

연이어 계속되는 나이 어린 아이들의 '죽음을 통한 외침'에, 지금 나는 무엇을 할 수 있을까?

이미 7 년도 넘게 전의 일인데, 아주 놀랐다기 보다는 전율을 느꼈던 적이 있었다. 그것은 내가 담당하고 있었던 학생들에 의한 「최근의 아이들의 놀이」에 관한 조사 보고였다.

그 보고는 학생들이 실제로 초등학교 학생 한 사람 한 사람과 면접을 통해 수집한 귀중한 조사결과였다. 당시의 보고서는 지금 찾을 수 없지만 실로 놀라운 보고였기에, 그 기억은 아직도 선명하다.

내용은 현재 어린아이들이 가장 재미있게 노는 놀이의 순위에 관한 것이었다. 그런데 이미 10 년 전부터 '약한 친구 괴롭히기'가 2 위였고, '자살놀이'가 4 위인가 5 위인가였다.

두 건의 중학생 자살에 관한 기사를 본 순간, 나는 그 조사보고의 대상이 되었던 초등학생이 지금은 중고등학생이 되었다는 것을 떠올렸고, 당시 느꼈던 공포감이 현실로 나타난 것에 대해 개탄하지 않을 수 없었다. 그리고 '따돌리기(말을 걸지도 않고, 걸어도 대꾸도 하지 않기)'에 대해서 슬픔을 느꼈다.

예전부터 '이지메'는 있어 왔고, 그것을 참고 이겨내 왔다고 말하는 사람도 있다. 물론 옛날부터 이지메는 있었고, 나 자신도 경험이 있다. 당시의 일을 잊을 수는 없다.

그러나 현재 귀로 듣고 실제로 벌어지고 있는 이지메는, 예컨대 컴퍼스의 뾰족한 부분으로 계속해서 찔러댔다는 사실로 미루어, 정말로 음습하며 옛날의 그것과는 질적으로 다르다. 어딘가 혹은 무언가가 미쳐있다. 나는 거기에 무언가 중대한 문제가 존재한다고 생각한다.

성인을 포함해, '이지메'에 의한 '청소년자살'은, 연간 그 수가 총 삼만 명을 넘었고, 십수 년 계속되고 있다는 사실은, 현재의 일본사회가 만들어낸 새로운 대문제인 것임에 틀림없으며, 우리들은 이 문제로부터 결코 자유로울 수 없다. 보다 깊고 신중하게 대처하지 않으면 안된다. 왜냐하면 내일의 일본은, 말할 필요도 없이, 지금의 아이들이 만들어가는 사회이기 때문이다. 그 표본이 어른들의 삶의 방식이며 어른들이 만들어낸 사회이기 때문이다. 아이들에게 희망이 없는 나라엔 미래도 없다.

'학내폭력', '이지메', '청소년자살' 등 뒤를 이어 사건이 발생한다. 그러면 그것과 관련한 즉효약 같은 해결이 요구되어지고, 또한 그것에 대한 피상적인 대책안이 논의되기도 한다. 그 중에서 눈에 띄는 것은 '어떻게 하면 괴롭힘을 당하지 않을 수 있을까?' 등의 방법론만 많을 뿐, 문제의 본질에 접근하는 논의는 적다.

한 예를 들면, 어떤 교수는 "가정교육을 통해 이지메당하는 아이들을 고칠 수 있다. 이지메를 당하는 아이들의 케이스를 보면 동작이 굼뜬 아이들이 많은데 부모의 주의를 통해 상당부분 좋아질 수 있다"고 했다.

또한 TV 나 라디오에 자주 등장하는 모某교육평론가는 "아무튼 물고 늘어져야 한다. 똑같은 방법으로 괴롭히면 된다"라고 이야기한다.

물론 지금 당장 이지메를 당하고 괴로워하며 자살까지 생각하고 있을지 모르는 아이들이나 그 부모 입장에서는, 현실에 대처하기 위한 그러한 방어책이 구원의 손길일지도 모른다. 그러나 방어책은 어디까지나 방어책일 뿐, 간과해서는 안될 것은 이지매하는 측의 논리가 만들어낸 이지메에서 도망가기 위한 방어책에 불과하다는 것이다. 더군다나 그것은 '복수살인'을 이지메당한 아이에게 시킨 셈이 되었다.

내가 초등학교 4 학년 때였는데 운동회에서의 행진을 잘할 수 없었다. 오른손과 오른발, 왼손과 왼발이 동시에 나가 버리는 것이다. 모두가 보는 가운데 교정에서 혼자 운동장 일주를 하게 되었고, 그때 느낀 창피함과 억울함은 지금도 잊을 수가 없다. 왜 손과 발이 동시에 나가면 안되는지를 생각하면서 운동장을 돌았다. 운동장이 얼마나 넓게 느껴졌던지, 그 시간이 얼마나 길고도 외롭게 느껴졌던지…. 또 매무새도 덜렁덜렁했고, 옷의 소매가 커서 헐렁하게 입고 다니던 소년이었다. 그 당시의 소년이 지금도 아련하다. 그렇지만 그 행진은 지금 내가 복지를 생각하는데 있어 결정적 역할을 하게 되었는지도 모르겠다.

당연한 것이지만, 인간은 힘이나 형태, 양, 능률 등으론 잴 수 없는 존재여야만 한다. 그런데 언제부턴가, 무슨 이유에선가 그것이 잘못되어 온 것 같다.

앞에서 언급한 두 지식인의 주장에는 중요한 것이 빠져 있다. 동작이 굼떠서 이지메의 대상이 되는 것은 어쩔 수 없다는 전제가 바탕에 깔려 있다.

즉 어디까진 건 이지메를 하는 측의 논리이자, 그 행위로 인해 이지메를 당하는 측의 방위론이며, 본질적인 문제의 해결은 되지 않는다.

센다이仙台에서 '청소년 비행방지'에 대한 연구회가 있었는데, 강연을 부탁받은 적이 있다. 강연제목은 「비행방지에 대하여」였다. 나는 그 강연을 할 수 없다고 거절했다. 이유를 묻길래 '비행'이라고 하는

데 무엇이 비행인지 나로선 잘 이해할 수 없기 때문에, 라고 대답했다.

결국 「어른들의 책임」이라는 제목으로 청소년 문제에 대한 강연을 하게 되었는데, 왜 '어른들의 책임'이라고 하는 타이틀을 고집했는가 하면, 최근 수년 간 현재의 일본사회는, 책임전가의 천국이 되어 버렸다는 생각을 떨쳐 버릴 수 없었기 때문이었다. 정치가·관료들이 가장 문제이다.

자신만의 안전, 즉 '노 트라이, 노 에러(No Try, No Error)'로 살아가는 방식이 최선이 되어 버렸다.

수년 전 잠시 영국에 체재하다가 오랜만에 귀국을 하게 되었는데, 최근 유행하는 말이 뭐냐고 아들에게 물어 보았더니 "빨간불, 모두 함께 건너면 무섭지 않다"라고 했다.

사회 전체가 그것이 그르다는 규범을 정했을 때엔, 블랙유머 즉 역설적 표현으로 생각하면 재미있을지는 모르겠다. 그런데 무슨 속인지 아이들에게도 어른들에게도 지금도 "빨간불, 모두 함께 건너면 무섭지 않다"가 상식이 되어버린 듯한 느낌이 든다.

아이들도 어른들도, 혼자서는 아무것도 할 수 없고, 다수가 되면 그 어떤 그릇된 일이라 할지라도 괜찮다는 새로운 풍조가 일본에서 생겨나고 있다.

또한 인터넷상에서는 한발 더 나아가, 다수를 설득하기 위해서는 얼굴은 반드시 보여줄 필요도 없이 희생양(scapegoat)을 만들어내는 사회가 되어 가고 있다는 사실이 나를 쓸쓸하게 한다.

다수를 설득하기 위해서 역사적으로도 희생양이 필요했을지도 모른다. 그런데 왠지 이것이 이지메와 관계가 있다는 생각이다.

제 2 차 세계대전 전과 후의 일본의 과도기에, 희생양을 내세움으로써 책임전가에 성공했다고 생각한다. 일본을 전쟁으로 몰아넣고 멸망시킨 후, 전쟁이 끝난 뒤에도 물질적으로는 대국이 되었지만, 정신적 영양실조로 허덕이는 국가를 만든 것은 책임전가라고 하는 월급도둑 근성에 다름 아니다.

나는 전쟁 후 초등학교에 입학했다. 우리들은 집단의 힘, 대중의 힘, 사회의 힘의 중요성과 위대함에 대한 교육을 받았다. 그런데 대중사회 민주주의가 확립되었다고 일컬어지고 있는 현재, 이 대중의 힘이나 미디어가 전달하고 있는 것이 진정한 힘인지 아닌지 의심해 봐야 할 시기에 이르렀다고 생각한다.

20 세기에 성립한 대중사회는 교양면, 경제면에서 19 세기류의 대중 개념으로는 설명할 수 없게 되었다. 그런 이유에서도 현대사회에 있어서 대중이라는 개념을 다시 직시해 볼 필요가 있다.

현대의 일본 대중사회는 '다수의 힘', '대중의 힘'을 과신하고 있는 듯 하는 느낌이 든다. 그보다는 개성의 특질에 눈을 돌려야만 한다. 대중사회를 구성하고 있는 개인이, 자신이 서야 할 자리를 잃고, 자신을 되돌아보고 반성하는 자세를 게을리할 때, 원래 주인공이 되어야 할 개인은 대중사회에 그 자리를 빼앗기고 만다. 그 결과 국민 전체가 전통적 고유의 가치에 시점을 두는 것을 잊고, 대중이 만들어낸 대중적 가치에 속박되어 흘러가 버린다.

덧붙이자면, 대중이 책임을 진 예를 역사 속에서 발견하기란 지극히 어렵다.

앞에서 현재의 일본은 책임전가의 천국이라 했는데, 프랑스의 토크빌(Alexis de Tocqueville)의 말을 빌려 일본을 평하자면 '대중의 천국'이라 할 수 있겠다. 그리고 스페인의 오르테가(José Ortega y Gasset)류로 말하자면 현대는 미디어, 인터넷의 힘을 빌려 복면을 한 채 자신을 되돌아보는 것을 잊은 대중이 지배하는 대중사회일지도 모르겠다.

그러나 우리들이 생활하고 있는 사회는 대중사회이자, 그 대중사회를 전제로 성립되어 있다. 그것을 구성하는 한 사람 한 사람이 현재의 사회현상 및 미래에 대해 자신을 직시하고 어떻게 책임을 질 것인지를 생각하는 것이 중요하다 할 수 있겠다.

청소년이 자신의 생명을 끊는 사회는 이상한 병리사회라 할 수 있다. 인간에게서 꿈을 빼앗는다면, 인간은 스스로 죽음을 택할지도 모른다. 죽음을 통해 호소하고 있는 '자살'이라는 현실의 깊은 곳에 숨어 있는 사회가 갖는 병의 뿌리에 대해서, 어떻게 어른들이 책임을 질 것인지가 앞으로의 문제인 것이다. 정신적, 경제적으로 몰려서 죽음을 선택하는 어른사회가 아이들에게 얼마나 불안을 조장하고 있는지를 생각하지 않으면 안된다.

제 2 차 세계대전 후, 어른들은 있는 힘을 다해 일을 해 왔고, 아이들은 아이들 나름대로 교육받는 것에 대한 노력을 해 왔다. 모두들 전심전력으로 달려왔지만, '무엇을 위해' 노력해야 하는지에 대한 목표가 없었다.

경쟁을 위한 경쟁의 가치밖에 모르는 현재의 대중사회를 만든 그 책임이, 지금 한 사람 한 사람에게 지워지고 있는 것이다.

중고등학교, 입시학원, 대학, 대학원 등 50 여 년에 걸친 교원생활의 마지막에 대학 4 학년 학생들에게 행했던 고별강연에서 '늘 자신을 의심하고, 되돌아볼 것이며, 그리하여 항상 책임을 지자'라고 말을 맺을 수밖에 없었다.

그것은 다름 아닌 내 자신에게 한 말이었다.

꿈과 아이의 죽음

'행복하지도 않은데 행복한 세계를 그릴 수는 없다. 부자도 아닌데 풍요로운 사회를 말할 순 없다. 꿈이 없는데 꿈을 팔 수 없다.'

텔레비전 광고의 귀재 스기야마 토시杉山登志의 유언이다. 그는 36세의 나이에 스스로 세상을 떠났다. 인간을 죽이는데 무기는 필요치 않다. 인간으로부터 꿈을 빼앗으면 인간은 죽음을 선택할 것이다.

일본의 아동자살자 수는 세계에 그 예가 없을 정도다. 몇 년 전 망년회 석상에서, 이제부터 자살이 사회문제가 된다, 라고 사회동향에 밝은 기자인 친구가 말했다. 그 다음해 3 월 어느 날, 그 해의 1 월에 발생한 어린아이들의 자살집계가 신문의 한 구석에 실렸다. 놀랍게도 103 명의 아이들이 자살을 했다. 일본에서 십수 년 동안 일 년에 삼만 명 이상의 자살자가 나오고 있다는 사실은 정말로 어처구니없는 일이다

1959 년과 1960 년은 자살자가 많았던 해로 시끄러웠지만, 아동자살의 케이스는 거의 없었다. 그런데 한 달 동안에 백 명이 넘는 아이들이 자살하는 지금의 일본은, 도대체 어떻게 된 것인가? 올해는 드디어 1959 년을 넘어서 자살자 수가 최고치에 달했다. 일본의 내일을 책임질 청소년의 자살은 일본의 장래에 불길함을 안겨 준다.

그 해 4 월 나는 영국에 갔다. 영국에서 아이들의 자살에 관한 이야기를 해 보았지만 별로 관심을 갖지 않는 듯이 보였다. 당시의 영국에선 실업자, 인플레이션과 디플레이션 등 영국병이라 하는 커다란 문제를 안고 있었지만, 아동자살은 문제가 되지 않고 있었다.

GDP 상위국인 풍요로운 일본은 GDP 에 비례하여 아이들의 자살수가 증가하는 나라가 되었다. 하이드파크에서 다람쥐와 뛰어노는 아이들. 아이들의 과자에 팔려 모여드는 참새 떼. 석양을 등지고 풀로 장난을 치며 놀고 있는 아이들의 모습을 보자, 학원에 다니느라 여념이 없을 일본의 아이들이 한없이 가여워졌다.

일본의 아이들은 학력, 지식은 충분하다. 영양도 충분하다. 하지만 마음은 영양실조 상태이다. 그것을 증명하듯 청소년의 자살이 늘고 있다. 어른, 노인은 물론 아이들의 자살수를 살펴보는 것만으로도, 얼마나 일본이 병적인 국가인지 진단할 수 있다.

특히 아이들은 직감적으로 미래에 대한 불안감을 안고 있는 것이다.

오늘날 일본의 놀랄만한 경제성장은 편리한 생활을 가져다 주었다. 그러나 동시에 왜곡도 낳았다. 십수 년 계속되고 있는 삼만 명을 넘는 자살자가 그것을 증명한다.

또 한 가지는 원자력발전소를 포함한 공해문제이다. 공해는 현대사회의 병리인데, 보이는 공해(visible pollution)와 보이지 않는 공해(invisible pollution)로 나누어 생각할 수 있다.

보이는 공해는, 예컨대 자동차 배기가스 공해처럼, 과학기술의 노력에 의해, 처음엔 불가능한 것으로 생각되었지만, 충분히 개량의 성과가 보여지고 있다. 그리고 강에 은어, 연어, 송어 등이 돌아와 조금씩이긴 하지만 자연이 회복되고 있다.

그런데 방사능으로 대표되는 보이지 않는 공해는, 말 그대로 눈에 보이지 않는다. 즉 청소년문제, 교육문제 등이 보이지 않는 공해이며, '마음' 속까지 침식해 가고 있다.

학내폭력, 가정내폭력에 관한 뉴스는, 미국에서 이미 30 여 년 전에 신문지상을 떠들썩하게 했다. 당시 일본은 남의 집 일이라 여겼지만, 사실 일본은 잠복상태였던 것이다.

얼마 전, 미국 미시건대학의 심리학자 스티븐슨 교수와 만날 기회가 있었다. 공동연구회가 끝난 후 회식자리에서였다. 예전에 떠들썩했던 학내폭력이 지금은 어떻게 되었는지 물어보았다. 그러자 숫자상으로 지금은 상당히 줄었다는 대답이었다. 그러나 정말로 해결되었는지 어떤지는 잘 모르겠다고 했다.

더 물었다. 어떤 방법으로 어떻게 해결했는지. 그러자 놀랄만한 답이 돌아왔다. 각 학교가 자신들의 손으로, 주로 전직 경찰관을 고용해

문제를 일으킬만한 학생을 사전에 체크하고 있다고 했다. 지금의 일본은 어떤지에 대해 생각해 볼 필요가 있다.

일본의 공해문제를 보고, 세계는 '일본은 세계의 카나리아다'라고 했다. 주지하듯, 카나리아는 옛부터 광산의 유독가스나 산소결핍을 알아내는데 이용되었다. 유독가스나 산소결핍이 발생하면 카나리아가 퍼드덕대며 날개짓을 한다.

미국에서 지금 안정을 되찾고 있다고 하는 학내폭력은, 퍼드덕대는 카나리아를 눌러 조여 매고 있는 건 아닌지, 스티븐슨 교수의 이야기를 들으며 생각했다.

아니다. 아마 일본이 하려고 하는 청소년문제의 해결책도 같은 방향을 향하고 있다는 걱정을 한 것이다. 제도를 아무리 개선해도 발본적인 문제해결은 되지 않는다.

아동자살로 대표되는 보이지 않는 공해를, 어떻게 우리 일본인들이 받아들여야 하는가가 문제이다.

학내폭력, 가정내폭력, 부모의 폭력, 그리고 자살 등은 오늘의 사회병리를 '개선하라'는 경고시그널인 것이다. 카나리아가 산소결핍과 유독가스를 알리려고 하는 것처럼, 일본사회 내의 유독성있는 가치관과 결락되어 있는 모든 것에 대해 아이들이 경고하고 있는 것이다.

앞서 말한 대로, 당시 영국에서 생활하는 동안 일본의 아이들의 자살이 머릿속에서 떠나질 않았다. 영국 아이들을 보면 볼수록 일본이 문제라는 확신이 더욱 또렷해졌다.

귀국 후 학생들의 손을 빌려 신문에 보도된 아동자살의 사례를 조사했다. 전부는 아니었지만 많은 사례를 찾을 수 있었다. 또한 계속되는 아이들의 자살에 관한 코멘트가 기사와 함께 실려 있었다.

아동자살에 대해서 그 분야의 전문가는 '부모의 무조건적인 관용', '과보호', '아동의 인내력 부족' 등을 원인으로 들어, 해결책으로는 '응석 받아주지 않기', '과다한 관심갖지 않기', '아동의 인내력 기르기'를 들었다.

이러한 코멘트는 확실히 정당성이 있으며 말 그대로라고 생각한다. 그러나 근본적인 문제 해결책은 되지 않는다.

예를 들어 최종적 행위인 자살을 화약이라고 한다면, 도화선, 방아쇠의 안전장치에 대한 논의, 코멘트이지, 화약을 없애자는 논의가 결락되어 있다고 해도 과언이 아니다.

그래서 나는 아동자살이라고 하는 일본이 떠안고 있는 문제를 화약이라 하면, 그 화약을 없앨 방법을 찾지 않으면 안되겠다고 생각하기 시작했다.

자살한 어린아이들이 남긴 글들을 분석해보니, 세 가지의 공통점을 찾을 수 있었다. 그 첫 번째가 '삶의 희망의 결락'이었고, 또 한 가지는 '삶과 죽음'에 대해서 잘 알지 못했으며, 자신의 불만을 자기보다 약한 아이나 동물들에게 표출했다. 마지막으로 '인간은 사회적 동물'이라는 인식의 결여였다.

지식으로서가 아니라 체득하고 있어야만 할 이 세 가지의 결락이 아이들을 죽음으로 몰아세웠으며, 타인의 심지어 동물의 목숨을 간단히 앗아버리는 원인이었다는 확신을 가질 수 있었다.

심리학자의 해설을 기다릴 필요도 없이, 인간은 자신의 생활, 삶의 방식을 규제하는 방법을, 태어나면서부터, 그리고 학습이라고 하는 체험을 통해, 몸으로 배우는 것이다.

사례의 분석을 통해 알아낸 첫 번째, '희망의 결락'에 대해 생각해보도록 하자. 아이들에게서 꿈이 없어진 이유를 생각할 때, 아이들이라고 하는 것은 아무리 몸집이 크다 하더라도 아이는 아이라는 것을 어른들이 충분히 인식하지 않으면 안된다. 아이들에게 아무리 꿈을 가지라고 해도 아무런 효과도 기대할 수 없다. 아이들에게 있어서의 꿈은 자신들보다 나이가 많은 사람들의 생활이며, 그들의 꿈의 '근원'인 것이다.

옛날에는 아이들이 빨리 어른이 되고 싶다는 생각을 하는 게 당연했다. 그래서 설날이 되어 나이를 먹는 게 즐거웠다.

어른이 되면 저런 것도 가질 수 있어, 어른이 되면 아빠처럼 많이 먹을 수도 있어, 라고 생각했던 게 옛날의 아이들이었다. 지금은 생일을 즐거워하고, 한 학년 올라가는 것을 기뻐하는 건 초등학교 4 학년까지이고, 중학생이 되는 것이 걱정이라는 초등학생이 적지 않다. 중학교에 들어가면 '성적'과 '이지메'에 어떻게 대응해야 할지 불안으로 가득하다.

본래 아이들은 자신보다 나이가 많은 형이나 언니를 보고 빨리 저렇게 되고 싶다는 꿈을 갖는 게 정상이다. 그러나 형과 언니를 보더라도 희망이 없어 보이고, 성적 때문에 부모로부터, 선생님으로부터 늘 뭔가 이야기를 듣고 있는 모습만이 있을 뿐이다.

한 아이가 자신의 장래의 꿈을 가질지 않을지는, 그 아이 자신보다는 그의 형이나 언니, 부모, 조부모의 생활태도에 달려 있는 것이다. 아이들이 알지 못하는 불안한 미래에 대해 들여다볼 수 있는 유일한 거울은, 자신보다 나이가 많은 이들의 생활 그것인 것이다.

어려서 사신의 생명을 끊은 어린아이들의 서투르지만 최대한으로 호소하고 있는 유서로부터 발견하는 첫 번째의 것은, 역시 희망의 결락이다. 이것은 모든 것과 통한다고 할 수 있다.

이 책임을 결코 아이들에게 전가해서는 안될 것이며, 어른들이 지지 않으면 안될 것이다.

우리들이 아이들에게 보여주지 않으면 안되는 것은 무엇일까? 그것의 원점은 능률과 물질로 지나치게 치우쳐진 현실에의 반성일 것이다. 어른들이 최선을 다해 살아오지 않았다고는 말할 수 없다. 틀림없이 모두들에게 '수고 하셨습니다'라고 말하고 싶다. 단지 무엇을 실현하기 위해 최선을 다해 걸어왔는지를, 지금 이 순간, 되돌아볼 때가 되었다. 어른들 자신부터 '살만한 가치가 있는 인생'이란 무엇인가를 자문하지 않으면 안된다.

아이들에게 희망을 주는 것은, 어른들의 희망이며, 그 희망은 주어지는 것이 아니라 미래를 향해 스스로 노력하여 창조하는 것임을 어른들이 자각해야만 한다.

그런데 우리들은 너무나 능률과 물질의 현실에 빠져 낭만적 유토피아를 잃고 있다. 그리고 그 빚이 아이들에게 떠넘겨지고 있다.

지금 자신이 할 수 있는 것이 무엇인가를 되돌아보는 것이야말로, 현대를 살아가는 어른들의 책임인 것이다. 아이들의 꿈이 없는 사회에 내일은 없다. 몸에 영양이 필요한 것처럼 마음에도 영양이 필요한 것이다.

오리새끼 – 믿고, 믿어져야 할 것

어디선가 주운, 말라비틀어진 2 미터 정도의 대나무를 왼손으로 끌면서, 오른손으로는 봉인된 편지봉투를 꽉 쥔 채, 늦가을의 '가부かぶ언덕'을 올라가고 있었다. 저녁하늘을 올려다보며 뭔가 생각에 빠지는 것은 소년에게는 항상 있는 일이다.

일 년 반 전에 어머니의 곁을 떠나온 이 아홉 살 소년은, 쓰와노津和野로부터 약 10 킬로미터 정도 떨어진 산촌의 고향 하타가소코畑迫를 향하고 있었다. 태양은 이미 산에 가려지고 있었다. 석양은 왜 이렇게 아름다운 것일까? …모든 것과 '이별'을 하기… 때문일까?

쓰와노는 니시 아마네西周, 모리 오가이森鷗外가 다감多感했던 소년시대를 보냈던 곳이다. 이 산길을 걷고 있는 소년은 바로 나이며, 학교에서 문제를 일으켜 선생님께 호되게 꾸지람을 들은 뒤, 그 까닭을 적은 편지를 들고 집으로 향하는 길이었다. 별 생각없이 한 장난이었는데, 악질적인 장난이라 여긴 선생님은 화가 날대로 나 있었다.

빠른 길인 산길 정상 근처에 쇼와昭和 초기에 만들어진 터널이 있었다. 안쪽은 아무렇게나 파서 울퉁불퉁하게 바위가 튀어나와 있었다 낮에도 깜깜하다. 때때로 박쥐들이 휙 하고 이상한 소리를 내며 내 옆을 스쳐 날아간다. 아주 무서웠다.

왼손으로 끌고 있었던 대나무 작대기가 유일한 생명줄이다. 출구를 확인했을 때는 바깥엔 이미 해가 지고 어둠이 깔려 있었다. 겨우 터널을 빠져나와 마을의 집들에서 비추는 빛이 하나 둘 보이기 시작했을 때엔 '이제 살았구나'라고 감격했던 것이 지금도 잊혀지지 않는다.

어머니를 향하는 발걸음이 갑자기 가벼워졌다. 그러나 집이 가까워지자 편지가 신경이 쓰이기 시작했다. 집에 도착하자마자 밤이 깊었는데도 불구하고, 집에 오게 된 연유를 간단히 설명한 다음 선생님으로부터 받은 편지를 어머니, 누나, 자형 앞에 내놓았다. 왠일인지 한마디도 화를 내지 않았다. 자형으로부터 얼른 밥먹고 씻은 뒤, 자라는 말만 들었다.

다음날 어머니와 함께 하루에 한 번밖에 없는 읍내에 있는 소학교를 향하는 버스에 올랐다. 어머니가 담임선생님께 무조건 용서를 빌었다는 이야기를 들은 건 중학교 1 학년이 돼서였다. 어머니도 누나도 자형도 나를 나무라지 않았다. 누군가 자신을 믿어 준다는 것은, 아이로서는 무엇보다 기쁜 일이다.

살고, 살아지는 원점은 '믿어지는 것과 믿는 것'이며, 그것이 아이들의 성장에는 특히 필요한 것임을 지금도 확신하고 있다.

하타가소코는 쓰와노 중심에서 멀리 떨어져 있어서, 멧돼지나 원숭이도 나오는 완전한 산골짜기이다. 어린 나는 뒷산에 혼자 오르는 버릇이 있었다. 산꼭대기에서는 멀리 구름으로 싸인 산과 산으로 이어지는 야마구치山口현의 도쿠사德佐가 보였고, 그걸 보고 있노라면 미지의 별천지, 꿈의 세계에 젖어 들었다. 움직이지 않는 먼 산, 흐르는 구름, 어머니인 바다를 향하는 구비구비 흐르는 강물, 이러한 것들이 소년의 마음에 무언가를 심어 주었다. 산에는 크고 작은 것들이 모두 함께 어우러져, 쓸모 없는 것은 아무 것도 없다.

산천초목 실개성불 일체중생 실유불성
山川草木 悉皆成佛 一切衆生 悉有佛性

산정山頂에서 내려다보면, 버스가 겨우 지나갈 수 있는 길 하나가 쓰와노의 중심으로 이어져 있었다. 집에서 길게 내려간 돌계단을 내려서면 버스정거장이 있었다. 나는 매일 아침 그 버스정거장에서 버스를 타는 게 아니라, 출발하는 버스를 보내는 것이다.

거기에는 이유가 있다. 흥성스러운 쓰와노로 향한다는 동경과, 지금은 아는 사람도 적으리라 생각하지만 본닛버스(bonnet-bus)의 머플러가 쏟아내는 파란색을 띈 뭐라 말로 표현할 수 없는 '좋은 냄새' 때문이었다. 내가 처음으로 과학기술문명을 알게 된 냄새이다. 많은 사람들을 태우고 저 번화한 읍내를 향하는, 진정한 문명의 상징으로 생각했다. 나는 버스를 보낸 후 눈 깜짝할 사이에 뒷산에 올라, 정상에서 읍내를 향하는 버스를 내려다보며 마치 내 자신이 그 버스를 운전하는 듯한 착각에 빠지곤 했다.

평소에는 산이나 들, 강에서 놀고, 닭이나 오리, 토끼, 산양을 키우는 동물을 좋아하는 소년이었다. 소학교 2 학년 때, 오리에게 이상하리만치 많은 관심을 가지게 되었다. 읍내를 향하는 버스의 창밖으로 쓱쓱 쓰와노의 강을 자유롭게 헤엄치는 오리의 모습을 보았다.

어떻게 해서든 오리를 키워 보고 싶어서, 나는 그 오리의 주인인 읍내 가까이에 있는 와시바라鷲原에 사는 나카무라 고이치中村悟市 씨의 집을 찾았다. 고이치 씨는 "그렇게 오리를 키우고 싶거든 오리알을 줄게. 그런데 네가 키우고 있는 닭은 어떤 닭이지?"라고 물었다. "잘 모르겠지만, 알을 품는 닭은 갈색 잡종입니다"라고 대답하자, "어쩌면 부화시킬 수 있겠다"며 오리알 세 개를 주셨다. 고이치 씨로부터 다음과 같은 주의를 받았다. 26 일이나 27 일 정도에 부화를 할 텐데, 닭이 힘내도록….

알 품는 갈색 닭에게 내 보물인 오리알 세 개를 품게 했다. 닭은 확실하게 세 개의 알을 날개 밑에서 조금씩 움직여 가며 품고 있었다. 학교에 가기 전에, 또 돌아오면 곧바로 닭장으로 가 닭을 살폈다. 그러나 20 일인가 21 일이 지나자 큰일이 벌어졌다.

내 닭이 세 개의 알을 둔 채 내가 볏짚으로 만들어준 둥지에서 없어진 것이었다. 바로 그 닭을 잡아서 알을 품게 했다. 그러자 다시 제대로 알을 품었기 때문에 안심했다.

그러나 다음날 아침, 또 둥지에서 나와 있었다. 닭을 잡아 다시 따뜻하게 했다. 그러나 눈을 돌리면 도망가려고 한다. 학교에 가야 할 시간이 벌써 지나 버렸다. 내가 곁에 있으면 닭은 얌전히 소중한 알을 품었다.

어머니께 들켜, 학교에 가지 않았다고 호된 꾸지람을 들어야만 했다. 하지만 다음날도 닭을 지키고 앉아 있을 결의를 이미 하고 있었다. 아침에 서둘러 닭장에 가보니 닭은 닭장에 없었다. 닭을 잡아 알을 품게 했다. 그러나 어쩔 수 없이 학교에 갈 수밖에 없었지만 공부가 될 리가 없다. 학교가 끝나자마자 닭장을 향해 달렸다. 역시 닭은 없었다. 다시 억지로 알을 품게 했다. 이렇게 반복하는 것에는 한계가 있었다.

삼 일째라고 생각한다. 학교에서 돌아와 알을 만져 보자 차갑게 식어 있었다. 두려움에 떨면서 알을 깨 보았다. 놀랍게도 오리새끼의 모습을 하고 있었다. 그러나 차가워져 있었다. 눈물을 참지 못한 채 어찌 할 도리도 없이 닭장 앞에 주저앉아 버렸다.

집에서 초와 향을 들고 나와 탑처럼 쌓은 후, 외운지 얼마 안된 불경 '사리예문舍利禮文'을 세 번 독경했다. 새끼오리가 되기도 전에 차갑게 식어 버린 알 속의 오리새끼를 가만히 땅 속에 묻었다. 죽은 오리새끼가 그 후 몇 번이고 꿈에 나타났다.

오리를 키우고 싶다는 생각은, 세 마리의 오리새끼를 죽게 했는데도 불구하고 시간이 지날수록 깊어져, 또다시 고이치 씨를 찾았다. 나는 세 개의 소중한 알에 대해, 일의 전말을 상세하게 보고를 한 다음, 다시 한 번 알을 달라고 부탁했다. 고이치 씨는 "애야, 참 안됐구나. 불쌍하게, 오리새끼가…"라고 말한 뒤, "그 닭으로는 또 실패할거야. '자보'라고 하는 작은 닭을 알지? 먼저 자보를 기르거라. 그런 후 알을 품을 때 쯤 되면 다시 오거라, 알을 줄 테니. 오늘은 그냥 가거라"며 친절하게 말해 주었다.

그 후, 자세한 것은 생략하지만, 자보를 손에 넣었고 드디어 알을 품게 되었다. 고이치 씨의 집을 향했다. 자보는 작은 닭이기 때문에 실패하지 않도록 두 개의 오리알을 받아 애지중지하며 집으로 돌아왔다. 자보에겐 미안했지만, 알을 품게 된 날부터 이틀째 되던 날에, 품고 있던 닭의 알과 오리의 알을 바꿨다. 숫자와 크기를 모르는 자보는 오리 알을 자신의 알로 생각하고 소중히 알을 품어 주었다.

눈 깜짝할 사이에 닭의 부화기간인 20일, 21일이 지났다. 작은 자보는 착실히 오리 알을 품고 있었다. 안심하고 학교에 갈 수 있었다. 24일째도 닭은 두 개의 알을 품고 있었다. 나는 호기심에 알을 꺼내어 귀에 대보았다. 따뜻했고, 움직임이 있었다. 그리고 햇빛에 비추어 보자, 커다란 부리를 가진 오리새끼의 뚜렷한 모양을 확인할 수 있었다.

26 일째 되는 날, 날듯이 학교에서 돌아와 닭장으로 향했다. 놀랍게도 닭이 알을 쪼고 있는 것이 아닌가! 닭이 쪼고 있는 바로 그곳에 알 속의 태어나기 직전의 새끼가 부리를 맞대고 있는 것을 확실히 알 수 있었다. 어미 닭과 태어나는 새끼와의, 그 공동 작업은 신비로웠으며 생명 탄생의 감동을 주기에 충분했다.

오리의 습성 때문인지 새끼 오리는 나를 어미라 생각했다. 오리는 태어나서 처음 눈에 들어 오는 움직이는 것을 어미라 생각하는 습성이 강하다. 귀여운 새끼 오리는 자보와 나를 부모라 믿고 있었다.

건강한 두 마리의 오리가 무사히 이 세상에 나왔다. 어미인 자보의 뒤를 따라다니기도 했지만, 내 뒤를 따라 걷기도 했다. 성장과 함께 나를 점점 어미라 생각하는 모양이었다. 새끼오리들을 데리고 자주 냇가에 나갔다. 내 뒤를 따라 뒤뚱뒤뚱 팔자걸음으로 따라오는 모습은 이웃들의 웃음거리가 되었지만, 기쁘고 사랑스러운 추억이다.

나는 세 개의 오리알의 실패를 통해, 생명은 두 개가 아니라는 것을 몸소 체험했다.

알을 낳는 일반적인 흰색의 '레그혼'은 알을 품기 위해 가만히 있질 않는다. 알을 품는 잡종 닭도 21 일이나 22 일 정도로 알을 품는 것을 그만둔다. 닭은 알을 낳게 하기 위하여 인간이 오랜 생활 속에서 만들어낸 새이다. '나고야코친'이나 '브리모스' 등은 아직 다소 야생미가 남아 있지만, 자보의 야생미에는 미치지 못한다.

즉 닭은 인간에 의해서 만들어진 새인 것이다. 오리도 인간이 오랜 시간을 들여서 기러기나 청둥오리로부터 가금家禽으로 만들어낸 물새이다. 인간에 의해서 만들어진 닭도 오리도 본래의 본능·야생을 언제부턴가 잃게 되었다. 인간도 자연의 섭리를 배우고 익히지 않는다면 인간이 인간답지 않게 될 것이다. 모든 교육의 원점이 여기에 있다고 생각한다.

레비스트로스의 『야생의 사고』를 읽었을 때 느낀 점이지만, 너무 많이 만들어지면 인간이 인간답지 않게 되지 않을까 생각했다. 인간이 갖는 오랜 피질皮質인 리비도(libido, 불타는 활력)를 잃어 가고 있는 건 아닐까? 자보가 충실히 26 일간 묵묵히 알을 품어, 무사히 두 개의 알로부터 두 마리의 오리를 탄생시킨 것은, 아직 자보의 속에 본래의 야생의 새가 가지고 있는 중요한 본질을 남기고 있었기 때문임에 틀림없다.

'다마고치'로 상징되는 게임에 몰두하는 현대를 사는 아이들의 환경은 안타깝기 그지없다. 디스플레이 상에서는 활약중인 인간도 버튼 하나로 간단히 지울 수 있다. 또한 게임 속에서의 인간은 죽어도 리셋(reset) 버튼을 누르면 다시 살아난다. 두 번 없는 인생, 그 무엇과도 바꿀 수 없는 목숨과는 전혀 다른 세계에서 아이들이 살고 있다.

현대인은 디지털 세계에서 살 수밖에 없게 되었다. 교실에도 컴퓨터가 놓여 있다. 디지털은 모든 것을 '유와 무', 즉 '0 과 1'로 바꾼다. 모든 것을 0 과 1 로 단순명쾌하게 분석하며, 오늘날엔 10 억 분의 1 까지 해명할 수 있는 나노이론으로까지 발전했다. 그러나 거기엔 연속이 없다. 디지털은 어디까지나 점에 불과하고 연속하지는 않는다. 연속은 마음의 안심과 관련이 있다. 생명의 탄생은 38 억 년 전까지 거슬러 올라간다. 그리고 DNA 를 통해 지금의 우리들이 있다.

인간의 존재와 실재의 세계, 그리고 '마음'의 세계를 0 과 1 로 헤아릴 수 없는 것은, 현대의 물리학자, 심리학자의 설명을 들을 필요도 없다.

지금 우리들에게 주어진 과제는, 진보하는 과학기술에 대한 브레이크가 아니라 인간으로서 살아갈 '지혜'의 필요성에 대한 자각이다. 지식은 아무리 쌓아도 지식인 것이지, 지혜로는 변화하지 않는다. 0 과 1, 즉 디지털과 아날로그의 세계·우주뿐 아니라, '유'와 '무'와 '시간'을 지관止觀하여, 지양止揚하는 인간의 힘·지혜를 믿고 싶다. 그것을 만드는 '장場'을 '감성의 무대'라 말하고 싶다.

칸트 그리고 헤겔이 남긴 과제는 '감성의 소생甦生'이다. 인간이 본래 갖는 삶의 원천인 감성에 눈을 뜨고, 살아가는 지혜를 만들어내지 않으면 살 가치가 없는 것이다.

어미닭 자보의 힘을 빌려 여섯 마리가 된 커다란 오리를 이끌고, 여름에는 집 앞의 냇가에서 함께 헤엄을 쳤다. 한 마리 한 마리 각각 크기나 색깔이 달랐고 특징이 있었다. 그래도 또 제각각 있는 힘을 다해, 물위를 미끄러지듯 헤엄친다.

'파동도 그림자도 없는 물새의 쉴 틈 없이 움직이는 발은 나의 생각일까'(작자미상)라는 시와 당시의 일이 겹쳐진다.

본래 인간이 갖는 야성의 감성을, 어른도 아이도 노인도, 다시 한 번 되살려, 과학과 감성이 융합된 지혜를 추구하지 않으면 안된다고 생각하는 백발의 지금이다.

시들어 가는 꽃의 아름다움

예전에 고향에 귀성했을 때 성인식에 초대받은 적이 있다. 식의 세리머니가 계속되었고 몇 명인가 축사를 했는데, 마지막으로 등장한 분이 70 세를 넘은 부인회의 회장이었다.

“여기에서 여러분을 보니 마치 꽃이 핀 것처럼 아름답군요. 제게도 가능하다면 다시 한 번 여러분처럼 젊어져서…”

부인회장의 축사 후, 사회자가 “이상으로 식전을 마치겠습니다”라고 하는가 했더니, “그럼 계속해서 하기노 선생님으로부터 잠시 이야기를 듣도록 하겠습니다”라고 하는 것이었다.

예상도 못했던 일인지라, 나는 당황했다. 그렇다고 내뺄 수는 없었다. 어쩔 수 없이 단상에 올라, 성인을 맞는 청년들을 보니, 식장이 정말로 꽃이 핀 듯 화려했다. 게다가 여자들의 의상은 한층 더 아름답게 보였다.

경험이 있는 분들도 있겠지만, 갑자기 말을 하라고 하면, 릴레이 경주처럼 앞에 말한 사람의 이야기를 이어가면 어떻게든 넘길 수는 있다. 그래서 고심 끝에 부인회장의 ‘꽃이 핀 것처럼 아름답다’는 말부터 시작하기로 했다.

‘꽃은 왜 아름다운 걸까?’ 영국의 에세이스트 로버트 린드(Robert Lynd)로부터 힌트를 얻어 난 이렇게 대답했다.

“꽃은 시들기 때문에 아름답다”고.

꽃을 보고 있노라면 그 꽃이 ‘시들어 가고 있는’ 것을 알기에, 시인에게는 더욱 그 꽃이 아름답게 보일 것이다.

홀에 장식되어 있는 호화로운 꽃을 보면 누구라도 처음엔 아름답다고 생각할 것이다. 그리고 다가가서 만일 그것이 조화라는 것을 알게 되면, 어떤 생각을 하게 될까?

꽃을 보고 ‘예쁘다(きれい)’, ‘아름답다(美しい)’고 한다면 같은 표현으로 생각할지도 모른다. 그런데 내게는 달라 보인다. 영어의 프리티

(pretty)와 뷰티풀(beautiful)은, 두 개가 거의 같은 말이지만, 일본 풍토에서의 '예쁘다'와 '아름답다'에는 미묘한 차이가 있다.

'예쁘지는 않아도, 아름답게'

라고 나는 늘 학생들에게 말한다. 아름답다는 말에는 생명감이 있다. '이름도 없고 가난하지만 아름다운'이라는 제목을 보더라도, 그 영화의 주인공의 인생관이 전해져 온다.

얼마 전, 마시코益子도자기의 최고봉인 인간국보 시마오카 다쓰조島岡達三 선생과 식사를 하면서 이야기의 꽃을 피웠다. 마시코도자기의 아름다움은 생활 속에서 우러나는 아름다움에 있다, 라는 이야기였다. 사실 '예쁘다' 보다는 '아름답다'인 것이다. 거기에는 생활, 흙의 냄새, 생명의 약동이 있다.

간토이북関東以北의 문화에서는 역사의 표면에는 나타나진 않지만, 그래도 역사의 심층 속에 자리잡은 힘있고 생활에 밀착된 흙의 향기, 생명의 향기의 깊이가 느껴진다.

센다이에서 발행하고 있는 유력 일간지 가호쿠신보河北新報의 제호의 유래에서 보이 듯, 메이지유신 이래 동북지방은 '시라카와 이북은 산 하나가 백 문이다(白河以北一山百文)'라고 경시되어 왔다.

그러나 그러한 동북지방의 풍토에서 나오는 흙의 냄새와 어려운 생활 속에서 태어난 문화에는, 화려한 아름다움이 아닌, 소박하지만 힘있는 생활이 그 바탕에 있다는 것을 안다. 화려하게 역사의 표면에 등장하여 활약하진 못했더라도, 힘있고 진중하게 대지에 뿌리를 내린 생활 속에서 피어난 생명의 고동이야말로 문화의 근원인 것이다.

삶에 대한 사랑, 집착, 인간의 업, 모든 것이 가혹한 하루하루의 생활이 그 토대인 것이다. 거기에서 우러나오는 아름다움이 감동을 부르는 것이다. 동북에서 생활하고, 동북의 '인간과 자연'에 깊숙이 관계하고 접할수록, 절절히 느끼게 된다.

'예쁘지는 않아도, 아름답게'라 했는데, 옛날에 '아름답다(美)'를 '사랑스럽다(愛)'라고 썼고, 본래 사랑스럽다는 '소중하다'는 뜻을 가지고 있다. 자신의 생활에서 가까운 것, 가까운 일에, 게다가 작고, 작은 것에 대한 인간이 갖는 소박한 마음이 '사랑스럽고', '아름다운' 것이다. 무로마치室町시대에 이미 '사랑스럽다'가 '아름답다', 즉 미美라고 하는 일본어로 정착했다.

작고, 작은 것에의 사랑, 그리고 거기에 인간의 감동을 불러일으키는 것, 그것은 도대체 어떤 때일까? 다름 아닌 작은 것, 가까이에 있는 것의 '생명'을 '인간'이 발견하여 그것과 일체가 되는 때이다.

'아름다운 것 … 그것이 뭐든 작은 것은 사랑스럽다'

(마쿠라노소시枕草子)

길가에 떨어진 이파리 하나에 고인 구슬 같은 아침이슬 한 방울에서도 작은 생명을 보고, 작디작은 제비꽃에서도 아름다움을 직관하는 것이 일본인의 감성이 아니었던가.

병적 일본을 상징하는 '이지메', '학내폭력', '가정내폭력', '아동학대' 그리고 '아동자살'. 청소년이 스스로 목숨을 끊는 사회는 병리사회이다. 일본은 경제대국이 되었고 과도한 몸의 영양을 섭취하는 나라가 되었다. 한편 마음의 영양실조로 고민하는 나라라는 현상을 만들고 말았다.

정부도 이제서야 무거운 몸을 움직이게 되었고, '이지메' 대책을 위한 긴급위원회가 만들어졌다. 그러나 과거에 일어났던 일은 피상적 해결에 그쳤고, 이미 언급한 것처럼 화약과 도화선에 빗대어 말한다면, 도화선에 대한 논의의 범주를 벗어나지 못하고 있다.

'이지메'를 야기시킨 청소년문제는 이제 자살문제로 번졌고, 죽음을 통해 호소하고 있는 비통한 언어의 단편으로부터 나는 세 가지의 원인을 파헤쳤다.

그 중 첫 번째인 '희망'에 대해선 이미 다른 글에서 언급했으며, 여기에선 그 두 번째인 '생명'의 결락과 목숨의 중요성에 대해 꽃의 비유를 중심으로 이야기했다.

이 '생명'이란, 초등학생, 중학생이 이과나 도덕 시간에 배우는 것이 아니다. 인간은 '생명'을 학습을 통해서만이 체득할 수 있도록 만들어졌다. 현대인은 자연과 인간, 인간과 과학, 그리고 인간과 인간 등에 대해서, 보다 깊이 알고, 체득할 필요가 있다.

삶을 퍼포먼스(performance, 자기실현)하고, 이그조스트(exhaust, 불사르다)하는 것이 인생이다. 일본은 안타깝게도 퍼포먼스를 하지 못하고, 이그조스트하지 못한 채, 스스로 목숨을 끊는 인간을 만들어내는 대표국이 되었다. 대다수의 코멘트는 그러한 아이들에게 '어리광', '유약자'라는 꼬리표를 붙였다.

살아갈 힘은 어디에서부터 오는 것일까? 인간은, 죽음을 직시할 때만이 '생'을 알게 된다. 인간은 항상 영원을 구하지만, 영원할 수 없는 존재이다.

꽃이여, 아름답게, 영원하라, 고 기원해도, 시들 수밖에 없는 운명, 숙명을 가진 채, 지금 이 한 순간 있는 힘을 다해 피어 있는 것이다. 시들 수밖에 없는 운명이, 아무 말도 없이, 살아 있는 것을, 아름답게 구현하고 있는 것이다.

인간의 죽음을 향하는 발걸음이, 그 자체로 삶의 증명인 것이다. 아무리 장수를 하더라도 인생은 유한하며, 삶과 죽음 사이의 순간순간 속에서도, 인생은 전개된다.

예술세계에서, 셰익스피어는, 죽음을 직시하여 세계를 비극으로 표현했으며, 그 사실을 잊기 위해 희극, 유모어, 위트를 추구했다. 그러나 그의 작품이 사람들에게 감동을 주는 것은, 결국 죽음의 세계를 그리고 있기 때문이다.

사람에 따라서는, 죽음을 향한 발걸음이 일종의 병이 되어, 인생을 절망적으로 생각하는 이도 있다. 그러나 죽음에 대하여 자신의 있는 그대로를 받아들이고, 자신을 항상 적극적으로 살아가는 존재로 전환시켜, 삶을 살아갈 때야 비로소 인생이 펼쳐지는 것이다.

즉 죽음을 아는 것이야말로 현재에서 살아남을 수 있는 방법이다.

그렇다면 도대체 어떻게 하면 아이들에게 '생'과 '사'를 체득하게 할 수 있을까? 이미 언급한대로, 그것은 이과나 도덕 수업에서 배울 수 있는 것이 아니다. 아이들 스스로가 체득하는 방법 이외에는 없다.

그렇다 하더라도, 현실의 환경은 학습의 장으로서 너무도 궁핍하다. 야외학습이 커리큘럼에 편성되거나, 체험학습에 대한 노력이 여기저기서 보인다. 그러나 학교에서 학습할 수 있는 데엔 한계가 있다. 그렇기에 우리들 어른들이, 한 사람만으로도 가능한 일이 있다는 것, 나아가 한 사람 한 사람의 힘을 합하는 것으로 인해, 1 + 1 이 3 도 되고 4 도 될 수 있다는 것을 깨달아야 한다. 한 사람의 힘을 지역의 힘으로 넓히는 것에, 최초의 한걸음이 펼쳐지는 것이다.

얼마 전 자원봉사활동 참가자를 대상으로 하는 강연이 있은 후, 한 노부인으로부터 다음과 같은 질문을 받았다.

"이렇게 늙어서 몸도 충분히 움직일 수 없지만, 저도 생명의 존엄에 대해 아이들에게 가르칠 수 있는 방법이 있을까요?"

나는 "당신의 집 앞을 아이들이 지나가나요?"라고 물었다.

"매일 많은 아이들이 집 앞을 지나 학교에 갑니다."

"집 앞에 계절에 맞는 꽃을 심으세요. 만일 마땅한 장소가 없다면 화분에라도 꽃을 심으세요"라고 나는 대답했다.

"그렇게 하겠습니다."

라며 노부인은 미소를 지었다.

아마도 그 노부인 집 앞에는 봄에는 수선화나 튤립, 여름엔 나팔꽃이, 또 가을이 되면 국화나 코스모스가 온 힘을 다해 아름답게 피어 있을 게 틀림없다.

학교를 오가는 아이들은 꽃망울에 눈을 돌리고, 언젠가 활짝 피어날 꽃에 마음을 빼앗기고, 시들어 가는 꽃에, 지는 꽃에, 작은 그러나 소중한 '생명'을 무의식적으로 체득하게 될 것이다.

처음에 얘기한 '꽃은 왜 아름다운가?'로 돌아가자면, 나는 스무 살 어여쁜 아가씨들 앞에서 다음과 같이 끝을 맺었다.

"조금 전 부인회장께서 여러분들을 보고 '꽃처럼 아름답다'라고 하셨습니다. 저는, 여러분이 부인회장처럼 틀림없이 할머니가 되는 것을 알기 때문에, 한층 더 여러분이 사랑스럽고 아름답게 보입니다."

- 꽃은, 시들기 때문에, 아름답다 -

고령사회를 살다

'노인'이라는 단어가 별로 좋지 않다는 의견이 있어, 다른 호칭을 모집하고 있다는 기사를 신문에서 보았다. 게다가 상금까지 걸려 있다는 말에 열린 입이 닫히질 않았다. 1억 2천만이 넘는 인구의 일본이지만, 얼굴이 모두 제 각각이듯, 생각이나 의견, 느낌이 다 다른 것은 당연한 일이다.

그러한 것에 이견은 없지만, '노인'이라는 말을 바꾼다 해서, 본질적 문제인 '노인사회', '고령사회'를 생각하지 않고, 피상적인 이미지체인지만을 한다고 해서 무슨 해결이 될 것인지 의문이다.

말할 필요도 없이, '노인'이라는 말을 다른 말로 바꾼다 할지라도, 인간은 모두 평등하며 절대적으로 늙어간다는 심원하고 존엄한 살아 있는 모든 것들이 따라야만 하는 섭리라는 것이 있는 것이다.

인간으로 태어났다는 것은, 초에 불이 붙여졌다는 것과 마찬가지이다. 바람이 불어 불이 꺼지듯 젊어서 세상을 떠나는 이들도 있다. 비록 아무리 길게 타더라도 영원히 타는 것은 불가능하다. 그러한 유한성이 있기 때문에 각각의 인간은 드라마를 전개하고, 한 사람 한 사람의 인생이야말로 예술인 것이다.

'노老'라고 하는 글자의 의미는, 중국에서는 '노자老子'의 생략이기도 하며, '노인'이란 '노인성老人星'이라고 하는 용골좌龍骨座의 첫 별이며, 다른 말로 수성壽星이라 하여 뭇사람들의 존경을 받아 왔다.

또한, '노사老師'란 '스승'을 일컫는 말로, 승려들 사이에선 옛부터 '노대老大'라는 말이 사용되어 '노대종사老大宗師'라고 하면 최고의 존칭어로 생각되었다.

도겐道元은 정법안장正法眼蔵의 「계성산색溪聲山色」에서 다음과 같이 '노대'를 사용하고 있다.

'대자비가 깊고, 광도중생의 얼굴의 노대가 됨은'이란 가르침이다. 즉 크고 깊은 자비를 가지고 사회·세계·지구의 복지 실현을 향하는 의지가 충분이 성숙되어 있다면, 이라고 해석된다.

여기서 말하는 노대라 함은 충분히 원숙했다는 의미이며, 경험자 혹은 능숙자 라는 뜻을 포함한다.

앞으로의 시대에는 '노인'을 신생경험인(reborn-experienced man)으로서 어떻게 활용할 것인가가 사회의 명운을 가르는 열쇠가 될 것이다.

즉 '경험', '체험'을 주축으로 지적 능력이 요구되는 시대가 된다. 그 담당자는 고령자가 되지 않으면 안된다.

65 세 이상이라도 85%의 남성이 노동력률을 가지고 있다. 게다가 지적 노동에 대해선 90%는 충분히 뒷받침해 줄 것이다.

여성 노동력률에 관한 정확한 데이터는 없지만, 몇 살이 여성의 노동력의 피크인지에 대해서는 명확한 데이터가 있다.

나 자신도 놀란 일이지만, 독자제현들은 몇 살이라고 추측하고 있을까?

놀랍게도 45 세에서 55 세까지가 피크이다. 이러한 사실을 근거로 생각해 보더라도, 여성의 60 세 정년은 틀림없이 여성노동력을 완전히 낭비하는 것을 의미한다.

여성이라면 60 세라 할지라도 95%의 노동력률은 충분히 확보할 수 있을 것이다. 아니 나는 그 이상일지도 모른다고 생각한다.

내 누이는 55 세에 퇴직을 했다. 오랫동안 보육원의 보모로 일을 했고, 후에 원장을 지내기도 했다. 55 세의 누이는 가장 왕성한 시기였고, 보육에 대해서는 당시가 가장 원숙한 때였다. 자신의 일에 집착을 보였지만 결국 정년퇴직을 할 수밖에 없었다.

보육에 관한 많은 체험을 거쳐, 유아보육에 신명을 다해 일할 나이였던 것이다. 엄청난 사회적 손실이라는 것을 생각하게 한 일이었다.

인간의 수명이 80 세 이상이 된 시대이지만, 그렇다고 한다면 55 세에서 65 세까지의 사람들에게는 아직 20 년 이상 남아있는 것이다. 이 20 년을 어떻게 활용할 것인가가 고령사회의 성패를 결정할 것이다.

1970 년까지의 성장기 시대는 임금이 낮은 청년노동사회였다. 그러나 1980 년 이후는 고령자노동사회가 된다. 즉 종합적인 능력을 가진 인재를 필요로 하는 사회로의 사회변동이 시작된 것이다. 그곳에서는 경험이 풍부한 고령자가 필요한 것이다. 그러므로 내가 주창하는 바대로 신생경험인 탄생의 필연성이 있는 것이다.

그러나 중요한 것은 젊은이들과 고령자들은 당연히 생리적으로도 명백한 차이가 있고, 서로 다르다는 것을 충분히 고려해 가면서, 고령자층과 젊은이들이 유기적으로 연결되지 않으면 안된다.

예컨대, '지속성'의 문제가 있다. 역시 노인에게 과로는 금물이다. 그러나 인터벌을 충분히 갖는다면 집중에 관해서는 오히려 젊은이들 이상의 힘을 발휘할 것이다.

야구를 생각해보자. 이전 일본 프로야구의 우승을 이끌었던 명선수인 에나츠江夏 투수를 떠올리면 이해할 수 있을 것이다.

마지막 투구 21 개가 승패를 갈랐다는 것은 너무도 유명한 이야기이다. 공 한 개 한 개는 그의 경험과 체험을 베이스로 한 지적 능력, 정신력의 결집 이외에는 아무 것도 아니며, 젊은 투수들은 결코 흉내낼 수 없을 것이다. 그러나 2 회 이상 던질 수는 없다.

고령의 야구선수의 경우와 마찬가지로, 고령자의 활용에는 인터벌이 중요하다. 때마침 기업을 비롯한 각 조직체가 주말 2 일제를 향하고 있는 것은, 고령자에게 있어 절호의 인터벌이 될 수 있을 것이다. 스포츠에서의 활약 기간은 짧다고 한다. 그러나 개인적인 일이지만, 도호쿠후쿠시대학東北福祉大學의 제자 가네모토 토모노리金本知憲(히로시마·한신), 사이토 다카시斎藤隆(요코하마·미국메이저리거), 와다 가즈히로和田一浩(주니치) 등은 40 세를 넘었는데도 지금도 현역으로 뛰고 있다. 앞으로도 지속적인 활약을 기대한다.

언젠가 오게 될 고령사회에서는, 자동적으로 고령화에 수반되는 청장년 노동의 부담을 경감시켜줄 노동력을 필요로 할 것이다.

그러기 위해서는 고용구조의 전환이라고 하는 발상이 필요하다. 즉 65 세 이상의 고령자를 적극적으로 유효활용 함으로써 청장년층과 함께 사회적 이익을 얻는 방법을 찾아야 한다.

일례로, 지금, 여성이 주를 이루고 있는 직장인 초·중등학교의 교사를 보자.

교사의 병아리를 기르고 있는 대학교 교원의 한 사람으로서 항상 고민되는 것은, 이 학생을 교사로 만들고 싶어도 직장이 모자라는 현실이다. 특히 초·중학교에서는 출산휴가를 가는 교사를 대신하기 위한 임시교사 자리도 몇 년을 기다려야만 하는 경우도 있다.

나는 예전부터 궁리를 해 왔는데, 여성의 직장으로서의 초·중학교의 교직이 이중二重으로 활용될 수 있지 않을까 싶은 생각이 있다.

여교사가 출산을 할 경우, 왜 소중한 아이를 낳았으면서도 학교를 그만두지 않는 것일까? 그것은 아마도 지금의 생활수준을 떨어뜨리고 싶지 않기 때문이라는 것이 솔직한 대답일지 모르고, 한 번 직장을 떠나면 다시 복직을 하는 게 어렵기 때문일지도 모르겠다. 어쨌든 간에, 그 피해자는 태어난 교사의 아이들이고, 그 교사로부터 배우는 아이들이다. 출산휴가 후의 히스테릭한 여교사의 이야기는 셀 수가 없을 정도다.

그래서 나는 제안한다. 출산휴가는 몇 개월 쉬는 것이 아니라, 몇 년을 쉴 수 있도록 하는 것이다. 그리고 희망교사에게는 복직을 보증한다. 그 기간 동안의 급여는 당연히 정지시키거나 혹은 거기에 가까운 감액을 한다.

이 정책을 실시한다면 몇 가지 이점이 생긴다.

첫째, 출산한 교사는 어머니로서 아이를 안심하고 키울 수 있다. 출생률도 높아질 것이다.

둘째, 장기간의 출산휴가로 인해, 그때까지 대체교사로부터 교육을 받고 있었던 학생들이 입을, 중도에 선생님이 바뀌는 것에서 생기는 폐해를 줄일 수 있다.

셋째, 임시채용이 아닌, 정식으로 채용할 수 있는 젊은 선생님의 수가 는다.

넷째, 몇 년간 어머니로서 체험하고 학습한 경험을 교육현장에서 살릴 수 있다.

이는 교육자원의 재생산이며, 최근 계속해서 문제시되고 있는 인간교육을 변화시킬 수 있는 기회가 될 수 있다.

앞으로의 일본이 고령사회를 염두에 두고 신중하게 준비하지 않으면 안될 중대과제 중의 하나는 고용구조의 전환일 것이다. 그것도 종전의 것을 조금 바꾸는 것이 아니라, 전혀 새로운 방법으로 발상을 전환해야 할 것이다.

그러므로 가장 중요하게 고려해야만 하는 것은, 이미 서구의 많은 나라들에서 문제가 되고 있는 노인과 젊은이들 사이에서 벌어지는 일자리를 둘러싼 비지니스·갭이다. 나는 런던 체재 중에 지하철 통로에서 서성이는 일자리가 없는 많은 젊은이들을 목격했다.

풍토, 문화, 국가에 따라 변화하는 것이야 어쩔 수 없지만, 영국은 이미 완전한 고령사회임에도 불구하고, 젊은이들부터 먼저 일자리를 잃고 있었다. 10%를 넘는 서구 실업자의 대부분은, 일본과는 전혀 다르게, 20 대 젊은이들이라는 것에 놀라움을 금할 수 없었다.

젊은이와 노인을 어떻게 유기적으로 연결시켜 양자를 유효하게 살릴 수 있을까가 지금부터의 일본의 과제이다. 만일 어떤 식으로든 활로를 찾아낼 수 있다면, 서구를 비롯한 선진국이라 불리는 나라들의 시금석이 될 것이다.

과제를 해결하기 위해, 먼저 노인의 파워자원을 재이용해야 할 것이다. 행정면에서도 고령자노동력과 청년노동력을 동시에 활용하여, 새로운 노동자원을 만들어내야 한다. 노동자원개발계획 고용행정을 생각해야 할 때이다.

서구에서는 사람들이 여유있는 노후생활을 위해 노력해 왔다. 그리고 지금, 노후의 여유로운 생활이 실현됐을지도 모른다. 호화여객선을 이용한 해외여행, 퍼스트클래스로 여행하는 노인이 눈에 띈다. 일본도 서구의 부자노인을 닮아 간다.

매주 주말이면 나는 센다이에서 도쿄로 강의를 하러 가는데, 동북신칸센東北新幹線은 저녁 무렵이면 거의 만석이 된다. 하루의 일과로 피곤한 몸을 이끌고 신칸센에 오르면, 오늘도 자리가 없는가 하고 한층 더 피로를 느낀다.

아직 노인들에게 자리를 양보할 나이이기도 해서 그런 마음도 있지만, 이미 신칸센의 좌석은 '노인'분들로 가득차 있다.

모두에 노인이라는 단어가 나쁜 이미지를 주고 있다고 해서 구舊 후생성이 그 명칭을 바꾸려 한다는 것을 비난했는데, 그 책임은 '노인' 자신에게도 있지 않나라는 생각이 들 때도 있다. 오랜 세월 가족을 위해, 국가를 위해 땀을 흘렸기에, 그 수고에 대한 경로의 마음이 없는 것은 않지만, 그렇다고 해서 '노인'이라고 하는 심오한 의미로서의 자기실현을 위해, 노인들은 지금 이 순간에도 노력하고 있는 것일까?

'여생을 소중히', '즐거움을 소중히'의 인생으로부터 한 발짝 전진하여, 현재 일본이 안고 있는 과제에 눈을 돌려 '차세대를 위해 무엇을 배턴터치(baton touch)할 것인가'라는 기개를 가지고, 마지막까지 살아내는 것에 책임을 지는 인생을 보여 주길 바랄 뿐이다. 늙더라도, 언제나 자신의 자존심을 결코 버리지 않는 청년의 기개를 가져야 할 것이다. '늙어서 배우면 죽어서도 썩지 않는다'는 다짐을 늘 마음에 간직하기를. 그것이 막다른 골목에 몰린 서구의 복지, 일본의 복지를 해결할 수 있는 열쇠가 될 것이다.

전후를 되돌아볼 때

약간은 극단론일지 모르겠지만, 일본민족은 이 상태로 라면 400 년이나 500 년 후에 자연소멸할 수 있다는 인구통계학자가 실제로 존재한다.

확실히 선진국들의 출생률은, 주지의 사실처럼, 독일 1.3, 영국 1.4, 프랑스 1.5 까지 내려갔었다. 그러나 현재는 상당히 상승하고 있다. 일본은 이제 1.3 이하가 되려고 한다. 어쨌든 선진국이라 불리는 많은 나라들은 2 명을 넘지 못한다.

고령사회를 만들어낸 원인은 명백히 문명국의 출생률 저하인 셈이다.

1. 여성 고용의 증대와 경제적 자립의 가능성
2. 자신의 즐거움을 소중히 하는 여성의 증가
3. 아이들의 교육환경에 대한 불안 때문에 2 명 이상의 아이는 불필요
4. 이상적인 결혼상대의 남자가 없다

이 네 가지에 대해서는, 내 나름대로의 사견을 포함해 기술했지만, 실제로 교편을 잡고 있는 와세다대학早稲田大學, 도호쿠후쿠시대학東北福祉大學, 교리츠여자대학共立女子大學의 여학생들을 대상으로 실시한 앙케이트를 바탕으로, 새로운 고찰을 해 보도록 하겠다.

앙케이트에 의하면 교리츠여자대학 1.3 명, 도호쿠후쿠시대학 2.0 명, 와세다대학 0.7 명이었다. 만일 이와 같은 출생률이라면 유럽의 경우처럼 1.3 명을 하회하는 결과가 가까운 장래에 벌어질 것이며, 400 년 후에는 일본민족이 멸망한다는 설도 공론이라고는 할 수 없게 된다.

아무튼 이러한 생각은, 내가 알고 있는 한, 아직 연구된 경우가 없다. 약간은 극단론이 될지도 모르겠지만, 독자제현의 솔직한 질책을 바란다.

출생률의 저하는 호모, 레즈비언 등과도 많은 관계가 있다. 의외라고 생각할지도 모르겠지만, 이점에 관해서 나는 문명의 진화와 함수적 관계가 있다고 생각한다.

옛날 나는 런던 체재 중에 가끔 기분전환 삼아 환락가인 소호 Soho에 발걸음을 한 적이 있다. 그러면 거기에서 백인인 영국인이 아니라 흑인, 유색인인 영국인으로 오해를 받곤 했다.

영국의 출생률은 현재 1.4 를 유지하고 있지만, 백인은 이미 0.6 인 이하로 떨어졌다고 영국인으로부터 들었다. 그렇다면 어떻게 영국은 1.4 인의 출생률을 유지할 수 있을까? 그것은 흑인, 유색인이 출생률을 높이고 있기 때문이다.

'Chim chiminey…'로 유명한 굴뚝청소 아이들의 노래가 있다. 옛날에 영국인들은 아프리카에 아동들을 사냥하러 갔었다. 겨울이 살기 힘든 영국에서는 난로가 필요하다. 여름에도 오버코트는 언제든지 꺼내 입을 수 있는 곳에 둔다. 그들의 생활에 난로는 필수불가결하고, 따라서 굴뚝청소는 꼭 필요한 것이었다.

그러나 좁은 미로와 같은 구불구불한 굴뚝을 청소하기 위해 어른들이 들어갈 수는 없다. 그래서 아프리카의 흑인 아동들의 사냥이 행해졌고, 그 아이들이 굴뚝청소에 쓰여졌던 것이다.

까칠까칠한 옷을 입혀 좁은 굴뚝 안으로 어린 흑인들을 몰아넣는 것이다. 귀부인들의 침실에 새까맣게 된 흑인 아이가 갑자기 난로로부터 튀어나오는 장면을 그린 에세이를 학창시절에 읽었던 기억이 난다.

너무나 비인간적, 비인도적이라 해서, 당시의 영국사회의 문제가 되었고, 드디어는 금지령이 내려져, 흑인 아동들은 가까스로 목숨을 구했다. 당시 서구에서는 흑인, 유색인을 인간으로 보지 않았다고 해도 과언이 아니다.

아이러니컬하게도, 백인은 동양의 홍콩에 아편을 들여왔지만, 문명이라고 하는 아편을 너무 많이 피운 백인 자신들은, 결국 아이들을 만들지 않게 된 것이다.

일본에서는, 스캔들이라고 하면, 남자들에게는 여자문제가, 여자들에게는 남자문제가 구설수에 오르는 것이다. 그러나 백인세계에 있어서의 스캔들은 남자와 남자, 여자와 여자 문제이다. 만일 유명인사가 동성과 둘이서 레스토랑이나 호텔에서 식사를 하면, 이상한 눈으로 쳐다본다. 백인사회에서의 최대 스캔들, 사회악의 한 가지가 호모, 레즈비언이라고 한다.

약간은 예언적 발언이지만, 인간의 힘이 미치지 못하는 세계로부터 인류가 컨트롤되고 있지 않나, 라는 생각이 든다. 아담 스미스는 자유주의 경제세계의 미래에 대해서 '보이지 않는 손에 의해서 컨트롤 된다'고 보았다.

그러나 자유주의 경제는 어쩔 수 없이 상당한 수정을 할 수밖에 없었지만, 오늘날 복지국가라고 불리는 돈 많은 북구의 국가들을 만들어냈다. 그런데 일본도 예외는 아니지만, 백인을 중심으로 하는 선진국들로서도 어찌할 도리가 없는 출생률 저하의 문제를 스스로가 끌어안게 된 것이다.

인간으로서는 어떻게 할 수 없는 보이지 않는 섭리가 있어, 그것이 어딘가에서 우리를 컨트롤하고 있는 것은 아닌가 하고 나는 생각하는 것이다.

오늘날 미국, 서구세계에서 가장 문제가 되고 있는 에이즈라고 하는 병은, 호모에게 큰 원인이 있다고 이야기되어지고 있다. 서구화되고 있는 일본을 생각하면 출생률의 저하와 에이즈 문제도 다른 나라 일이 아닌 것이다.

다섯 번째의 출생률 저하의 원인으로 생각되어지는 것은, 기형아, 장애아 출생에 대한 공포이다.

원숭이의 생태관찰에 의하면, 장소에 따라 다르지만 30% 이상이 완전히 기형이라고 증명되었다. 원인은 물론 인간이 만들어낸 살충제를 비롯한 약품공해에 기인한 것이며, 방사능이 추가될 것이다.

예로부터 임산부는 태어날 아기가 오체만족의 상태로 태어나기만을 바랐다. 그러나 오늘날에는 그 위험성이 줄기는커녕 증대되기만 할 뿐이다. 태어나면서부터 십자가를 지고 살아가는 탈리도마이드(thalidomide) 아가 상징하는 것처럼, 오늘날의 여성들이 방사능을 비롯하여, 태어날 아이들에 대해 그 얼마나 공포감을 안고 있는지는 가늠할 수가 없다.

과학적 학설에 의하면, 동물이 정상적으로 태어나는 것은 이상한 일로, 장애를 가지고 태어나는 것이 오히려 당연하다고 한다. 거기에 인간사회가 장애인에 대한 복지라고 하는 개념을 재인식하지 않으면 안 되는 필연성이 있는 것이다. 현대의학의 발전에도 불구하고 여성 자신이 알아차릴 수 없는 염색체의 이상 현상에 의한 유산이 가장 많다고 한다.

이 다섯 번째의 문제로서 내가 지적한 기형아, 장애아 출생에 대한 위험이 아이를 낳지 않는, 더 이상 아이가 필요치 않다고 생각하게 하는 당연한 이유인지도 모르겠다.

이상으로 고령사회의 필연성과 선진국의 출생률 저하의 원인을 내 나름대로 고찰해 보았지만, 사람은 태어나면 반드시 늙어가며, 죽는다. 사람이 태어난다고 하면, 반드시 장애를 가진 아이도 태어난다. 게다가 인생을 살아가면서 장애인이 되는 경우가 있는 것도 당연한 것으로 받아들여야 한다.

심산深山에 들어가면 생각하게 하는 것이 있다.

산에는 알 수 없는 산의 섭리가 있어서, 그 자연적 섭리로부터 나오는 영감을 느끼는 것은 나뿐이 아닐 것이다.

커다란 나무가 있는가 하면, 작디 작은 관목도 있다. 그 밑에는 산죽도 있고, 바위에는 이끼도 살고 있다. 그리고 많은 살아 있는 식물도, 동물도 대자연의 섭리에 따라, 있는 힘을 다해 살아나 그 종을 유지하기 위해 노력하고 있다. 인간의 눈으로 보면 잔혹하게 보이는 세계도 있다.

그것이야말로 자연의 있는 그대로의 섭리가 낳은 식물, 동물, 살아 있는 모든 것들의 '길'인 것이다.

하나의 산을 보고 있노라면, 살아있는 것은 모두, 갸륵하게도 대자연으로부터 받은 역할을 있는 힘껏 수행하고 있고, 서로가 조화를 이루고, 서로의 종을 지켜내면서, 함께 살아가고 있는 것을 느낀다. 거기에 살아가는 식물, 동물 그리고 산으로서의 흙을 바탕으로 한 대자연의 섭리가 존재한다. 그 섭리야말로 대자연에 사는 모든 것을 컨트롤하고 있는 것이다.

태양이 주는 평등한 빛, 하늘이 주는 비, 그리고 대지를 바탕으로 대자연이 조화를 이루는 것이다. 그러나 그것을 파괴하고 있는 종의 동물이 지구상에 존재한다. 그것은 말할 필요도 없이 인간인 것이다.

그 옛날, 백인은 흑인을 인간으로서 취급하지 않았다. 아니 아직까지도 이 문제는 해결되지 않고 있다. 그러나 백인은 스스로의 손으로 자신들의 출생률을 낮추고, 일본은 그것을 뒤따르고 있다. 보이지 않는 손에 의한, 지금까지의 백인 지배, 문명력에 의한 지배라는 사치에 천벌이 내려지고 있는 것처럼 보인다.

부자 나라, 주로 백인. 가난한 나라, 주로 흑인·유색인과의 갭(gap)은, 경제를 중심으로 점점 더 커질 것은 명백하다. 무언가가 도화선이 되어 인류가 멸망할지 모른다. 적어도 그러한 위험성은 충분히 있다.

일본은 메이지明治 이래로 세계에서 살아남기 위해 서구로부터 과학기술을 도입하여, 그럭저럭 식민지가 되는 것은 면했다. 그러나 수많은 희생을 치른 것도 사실이다. 그 가장 큰 것이 제 2 차 세계대전이다. 저 폐허로부터 지금의 경제대국으로 되살아난 일본인의 노력은 훌륭하다고 할 수 있겠다. 동북지역의 미증유의 재해로부터도 일어서기를 바라며, 그렇게 하지 않으면 안된다.

그러나 잃고 또 잊고 만 소중한 것들도 많다는 것을 기억해야만 한다. 편리하고 능률적이며 풍요로워지면 행복해질 거라 믿고 줄기차게 달려왔다. 그러나 편리하고 능률적이며 풍요로운 것이 정말로 인간을 행복하게 해 줄 것인가? 원자력발전, 방사능 문제를 눈앞에 두고 있는 지금이야말로 전후戰後를 되돌아봐야 할 때라고 생각한다.

국제사회의 풍파 위에 표류하는 일본

지금의 일본은 국제사회라고 하는 거친 파도 위에 떠있는 고도孤島라고 하는 사실을 어느 정도 자각하고 있는 것일까?

무역마찰로 대표되는 국제사회, 정보사회, 고령사회, 에너지 문제, 방사능 문제 등 일본을 비롯한 선진국으로 일컬어지는 나라들은, 이러한 문제들에 직면하고 있다. 이러한 과제들에 어떤 식으로 대처할 것인가에 대해 당혹해 하고 있으며, 시행착오를 겪고 있다. 자원이 궁핍하고 국토가 좁은 일본은 그 중에서도 문제를 가장 많이 떠안고 있는 나라이자, 국제사회의 흐름 속에서, 특히 위에서 열거한 모든 문제들과 대결하고 있다.

그러나 한편 일본민족은 세계 속에서도 궁리를 잘하는 민족이라고 알려져 있다. 이미 언급했듯이 중국에서 '한자'가 들어오자 '히라가나', '가타가나'를 만들어낸 민족으로, 세계에도 이런 민족의 예는 찾을 수 없다. 궁리로 따지자면 세계 최고인데, 세계가 불가능하다고 여겼던 자동차 배기가스(머스키법, Muskie Act) 문제를 해결하지 않았던가! 이러한 잠재능력을 현대의 국제사회에 활용하는 것이 무엇보다 중요한 때이다. 지금이야말로 세계가 일본을 주목하고 있다.

그런데 앞으로의 국제사회 속에서 살아남고 존재하기 위해서는, 단순히 '궁리'만으로는 힘들다. 무엇을 더하지 않으면 안될까? 그것은 바로 단호한 '의식혁명'이다. New Ways of Thinking, 즉 '발상의 전환'인 것이다.

고령사회에 관한한, 확실하게 고령자사회가 도래한다는 '주사위'가 이미 던져졌다. 그래서 나는 노인을 신생경험인(reborn-experienced man)으로 생각하여, 인적자원의 재이용에 단호히 발을 내딛어야 한다고 주창해 왔다.

수십 년 동안 인기였던 '밝은 농촌'(NHK)이라고 하는 아침방송이 자취를 감췄다. 나는 아침에 일찍 일어나기 때문에, 종종 그 방송을 보았다. 있는 그대로의 농촌의 영상을 보고 있노라면, 생각하게 하는 것이 많았다. 그러나 이미 '밝은' 것이 아니라, '어두운 농촌'이라는 이미지를 줄 수밖에 없는 것이, 프로그램을 중단한 이유가 아닐까?

현재 나는 동북지역에 살고 있는데, 동북은 다른 지방과는 달리 아직 자연이 많이 남아 있다. 그러나 거기에 사는 주민, 특히 농·산·어촌의 주민들은, 이번의 대재해, 특히 방사능 문제를 떠안은 상황 속에서, 내일의 생활에 당혹해 하고 있고, 현실적으로 한계에 부딪혀 있다. 이미 벌어진 일 보다는 어떻게 극복할 것인가가 중요하다.

그리고 사라질 위기에 있는 '종種'이 사라지게 해서는 안된다. 이 '종'에는 수억, 수만, 수천 년에 걸쳐 인간이 자연 속에서 길러온 역사가 엄연히 존재한다는 것을 잊어서는 안된다. 또한 일본 자체가 신시대에 돌입하려고 하고 있는 지금, 대지에 그 뿌리를 내리는 '종'과 '묘苗'를 단단히 심지 않으면 안된다. 과거의 생활, 풍토로부터 생겨난 '흙' 냄새나는, 진창이 되더라도 끝까지 버티는, 넘어지더라도 그냥은 일어나지 않는 New Ways of Thinking(발상의 전환)을 원한다.

'잃어버린 것', '잃을 위험이 있는 것'을 잘 살펴, 무엇을 남길 것인가를 제대로 생각할 시기이다. 동시에 가장 중요한 것은 '이미 잃어버린 것'을 탄식하지 말고, 아직 '남아 있는 것' 혹은 '파악하지 못한 자원·역할'을 살리는 것이다. 이천 년이 넘는 과거에도 연꽃의 열매가 진흙 속에서 많은 꽃을 피우지 않았던가!

또한 지방행정이 3 할 행정이기 때문에 어떻게 해 볼 도리가 없다고 한탄하는 목소리를 지방에 강연하러 갈 때마다 듣게 된다. 아직도 중앙집권적 구조라는 것이다. 지방행정관이 이제껏 기관위임사무에 쫓겨왔다는 것에는 동정이 간다. 그렇다 하더라도 지방에는 지방행정의 역할이 있으며, 앞으로는 지방정치, '지방행정'이야말로 중대하고 중요하다. 그 지방의 씨앗을 지방정치가와 행정관이 리더가 되어 용기를 가지고 키워, 주민과 더불어 생각하며 발상의 전환을 꾀했으면 한다. 그 떡잎은 나오기 시작했다.

잘 알고 있듯이 헌법 제 92 조는 '지방공공단체의 조직 및 운영에 관한 사항은, 지방자치의 본지本旨를 바탕으로, 법률로 이를 정한다'고 정하고 있다. 이 지방자치의 본지야말로, 지금의 일본에 중요한 것이다. 지방의 본지란, 지역에서 살고 있는 주민의 있는 그대로의 생활에 입각하는 것이다. 이 본지로써 지방자치체가 본래의 모습으로 되살아나, 일본을 움직이고 변화시킬 것이라고 믿는다. 또한 지방자치법은 간결하게 지방자치의 본지를 바탕으로, 주민이란 구역 내에 주소를 갖는 자라고 정하고 있는데, 이것이야말로 중요한 것으로서, 이번 대재해를 계기로 본지를 행동으로 옮기지 않으면 안된다.

국정, 국가의 키잡이의 진정한 담당자는 어디까지나 지역에 사는, 그 지역을 잘 아는 주민의 살아 있는 목소리이다. 지역의 주민, 지방자치체, 그리고 리더로서의 지방행정관, 지방정치가의 책임과 의무에 대한 자각이 요구된다. 일본도 장래에는 도주제道州制를 향해야 할 것이며, 그걸 생각하더라도 지방정치, 지방행정이 지금과 같은 수동적인 상태로라면 미래는 없을 것이다.

일본의 정치형태는 민주주의이다. 그러나 그 형성발전 과정은 유럽과 전혀 다르다. 민주주의의 원점인 주민·시민은 자율적 개인이며, 이러한 힘이 국민을 그리고 국가를 움직인다.

메이지유신은 이념을 바탕으로 한 개혁이 아니었다. '양이攘夷'였던 것이다. 바꾸어 말하면 '구로부네(黑船)'에 놀라, 경외를 하게 된 것이다. 그래서 과학의 경우도 유럽처럼 생성발전의 과정이 인간과 연관된 역사를 갖는 과학이나 교육이 아니라, 부국강병의 슬로건을 걸고, 단순히 효율, 효력에만 중점을 둔, 이념이 결여된 단순한 과학기술로서 들여왔던 것이다. 여기에도 오늘날의 뒤틀림의 원인이 있는 것이다. 그러한 반성 없이는 개혁은 불가능하다.

유럽의 민주주의는 모두 위에서부터가 아니라, 옆에서부터도 아니라, 스스로를 기초로 해서 생성·발전해 왔다. 즉 '자율적 개인', '시민적 자유'이자, '자신의 의사를 갖는' 것이 기본인 것이다. 이것을 길러온 토양은 어떤 것일까? 그것은 지역주민의 살아가는 자세이며, 삶의 모습이고, 주민이 책임을 전가하지 않는, 자신에 대한 엄격한 생활의 역사였던 것이다.

한마디로 말하자면, 주어진 것이 아니라, 스스로의 살아가는 과제로 삼아 피와 땀으로 쟁취한 것이 민주주의인 것이다.

얼마 전, 전에 글에 쓴 'reborn-experienced man(신생경험인)'에 대해 이야기해 달라는 의뢰가 있어 이와테岩手의 산촌을 방문했다. 시간이 없어 천천히 둘러볼 수 없었던 게 아쉬웠다. 다시 방문하겠다는 약속을 남긴 채 당일치기로 돌아와야만 했다.

촌장은 다음과 같이 말했다. "이 지역의 에너지는 이곳의 주민들의 힘에서 찾는 것 외에는 없다는 것을 알았습니다. 주민이 어떻게 살고 싶은가, 무엇을 원하는가를 주체적으로 결정하도록 하는 것이 무엇보다도 우선이라고 생각해, 주민의식의 앙양과 주민자치의 조직화에 전력을 다하겠습니다."

또한 이미 이 지역에서는, 내일을 짊어질 아이들과 청년들을 위해, 특히 국제화, 정보화를 위해 이미 오스트레일리아로부터 두 명의 선생을 모셔 국제교류를 시작한 것에는 놀라움을 금치 못했다.

산촌으로부터 신칸센 역까지 나를 데려다 주는 차 안에서, 꼭 다시 오리라고, 그리고 만일 내가 도울 일이 있다면 협력하리라 다짐했다.

비록 산간벽지라 할지라도, 앞으로 동북지역을 강타한 쓰나미와 같은 국제경제사회의 거센 비바람이 몰려올 것이다. 가장 중요한 것은, 주민이 눈을 뜨는 것이다. 이를 위해서는 지방행정관·지방정치가는 지금이야말로 지역의 진정한 힘이 되지 않으면 안될 시기이다. 낡은 껍데기를 벗고 새로운 발상에 의해 실시된 선거에서 보인 오사카, 나고야에서의 개혁은 일본에 있어서 커다란 물결이 되리라 생각한다. 용기있는 수장의 대개혁 발상이야말로 미래를 밝게 할 것이라 믿는다.

지구사회를, 일본을 어렵게 만드는 것은 'NO ERROR, NO TRY', 보신만을 생각하게 된 급료도둑, 연금도둑인 것이다.

지방행정관도 물론 정치가도, 교육자도 전부가 전부 급료도둑은 아니다. 훌륭한 이념, 정책을 가진 자치단체장도 적지 않다. 나 자신 인재를 키우는 교육자의 한 사람으로서, 무언가의 힘이 되기 위한 자각을 하지 않으면 안된다는 책임을 느낀다.

제 2 차 세계대전 후 60 여 년의 발자취는, 동·서의 지배질서를 염두에 두면서, 일본인 특유의 궁리의 힘으로 어찌어찌 뚫고 나온 역사이다. 구체적으로는 둘 중 하나의 블럭에 포함되는 것이 좋다는 것과, 반反 패권적 평화를 위한 나름대로의 역할을 해야 한다는 것의 대립이었다.

1960 년 미일안보조약 체결 당시부터, 현재 2000 년대 후반에 이르는 일본의 현실을 부감俯瞰하고, 나아가 일본의 미래를 보면, 앞으로의 일본이 나아갈 방향에 상당한 변화가 필요하다는 것을 알 수 있다.

그리고 그러한 선택을 할 수밖에 없는 시대의 도래가 이미 코앞으로 다가와 있다. 예상할 수 없었다는 변명으로는 모든 것이 늦는다.

엔고円高 현상의 문제는 무역마찰과 더불어 새로운 문제를 일으킬 것이다. 현재의 미국과의 무역마찰은 시간이 지나면 서구의 많은 나라들과의 문제로 발전할 것이다. 그리고 앞으로는 중국과의 관계도 중요하게 된다.

일본정부는 국제관계를 위한 노력을 하기 시작했다. 그러나 지금 누가 보더라도, 예를 들면 무역마찰의 경우에도, 해결을 위한 특효약도 처방전도 갖고 있지 않다.

단지, 미래를 직시하고 생각하지 않으면 안될 것은, 동서東西의 대립으로 세계를 보는 구시대적 발상으로는 아무런 해결이 안된다는 것이다. 장기적으로는 아시아의 일본으로서, 동양적 정신풍토를 가진 일본인으로서, 동·서 관계만이 아닌 새로운 중국을, 그리고 남북의 국제관계를 무시한 채로는 어떤 해결도 없다는 것을 인식해야만 한다. 이미 선견이 있는 중소기업이나 지방자치체는 규모는 작지만 독자적인 방법으로 외국과의 깊은 관계를 쌓는 성과를 보이고 있다.

이 문제 대해서는 국민이, 일본의 주민 한 사람 한 사람의 과제로서 생각하지 않으면 안된다. 앞으로 지방정치, 지방행정, 지방주민의 생활은 국제사회와 떼려야 뗄 수 없는 관계가 될 것이다. 그것은 그대로 우리 주민들의 생활이 될 것이며, 생존문제 그 자체이기 때문이다. 그리고 주민, 국민의 자각이 언젠가 반드시 국가를 움직이게 될 것이다.

새로운 사회계급의 출현

칼 마르크스는 역사를 사회과학적으로 고찰하여 자본가와 노동자의 사회구조로 분석한 역사적 법칙을 제시했다. 즉 자본가와 노동자의 대립구조를 가진 명백한 '계급사회'를 강조하고 있다. 물론 이러한 견해는, 지금까지의 자본주의 사회를 비판적으로 생각하는 사회비판론 속에서 일정 정도 논리적 설득력을 갖는 합리적 설명이었다. 그런데 마르크스가 지금의 현실을 보면 뭐라고 말할까?

나도 학창시절에 『자본론』이나 「공산당선언」에 빠져 있었었고, 특히 23 장에는 열광했다. 청년이었던 나에게는 무엇보다도 설득력 있는 사회비판론의 하나였다.

마르크스가 '자본론(Capital)'을 쓸 수밖에 없었던 이유는, 일을 해도 해도 자본가에게 착취당하는 사회, 경제구조를, 당시 자본주의가 가장 발달해 있었던 런던에서, 마르크스 본인이 눈으로 보고, 몸으로 체험했기 때문이다. 참고로 당시, 인클로저(enclosure)의 진전으로 말미암은 공업화를 위한 농지의 축소로 인해, 노동자로 변신하진 않으면 안되었던 노무자 가정의 평균수명은 15 세였다.

이것과 대비해, 자본가, 귀족의 평균수명은 50 세 이상이었다. 이러한 사실로부터도, 당시의 계급사회의 구조적 결함을, 비록 마르크스가 아니었을지라도, 양심이 있는 사람이라면 누구라도 알아차렸을 것이다.

마르크스가 죽은 지 1 세기 이상 지났지만, 아직까지도 노동자의 바이블로 믿고 있는 사람도 있고, 또한 현재에도 유효한 일면이 있을지도 모른다. 그러나 시대는 흘렀고, 상황은 최근 수십 년 동안 급격히 변화했다. 유럽에서는 마르크스, 엥겔스를 대신해 새로운 유로·코뮤니즘(Eurocommunism)도 대두하고 있다.

조금은 예언적이 될지 모르겠지만, 나도 가까운 장래에 반드시 사회구조의 변동이 있을 거라고 믿는 한 사람이다. 근대 선진국가가 같은 길을 걸을 가능성이 커지고 있다.

그것은, '신新 사회계급의 출현'이다. 미리 말해두지만, 칼 마르크스가 생각했던 자본가 대 노동자라는 사회구조가 아닌, 현대사회의 상황을 전제로 한 사론私論이다.

이미 말한 것처럼, 마르크스가 만일 영국사회, 특히 일을 해도 해도 쉽게 살 수 없는 노동자의 생활을 보지 않았더라면, 저 『자본론』은 결코 등장하지 않았을 것이다. 만일 마르크스가 현재의 런던에 살고, 현재의 일본을 목격한다면, 또 미국, 러시아 등의 선진국이라 불리는 나라들을 본다면, 그는 도대체 무얼 생각하고, 어떤 역사과학적 이론을 전개했을까? 나는 런던의 하이드파크를 거닐며, 어쩌면 마르크스가 앉아서 쉬었을지도 모르는 벤치에 앉아, 현재의 상황을 되새겨 본다.

헤겔은 아닐지언정, '시대는 과제의 제출자'라는 말이 절실하게 실감되어 울린다. 철학적으로는 물론이거니와, 이데올로기, 제도, 정책 등에서도, 다시 한 번, 우리들이 놓여 있는 발끝의 상황을 정확하게 파악하여 거기에 입각한 판단을 할 필요가 있고, 그것이야말로 우리 현대인들의 사명이 아닐까 한다.

선진국이라 불렸던 나라들, 미국, 일본, 독일, 러시아, 이탈리아, 프랑스 등 어떤 나라도 예외 없이 천문학적인 누적적자를 안고 있다. 아르헨티나를 시작으로 중남미 국가들이 미국으로부터의 차관의 변제를 거부하게 되면, 미국경제가 큰 혼란에 빠질 것은 불을 보듯 뻔한 일이다. 그러나 대혼란 가지고는 수습되지 않는 훨씬 더 위험한 일이 벌어질 수 있기에 차관에 대한 생각을 바꿨다.

즉 중남미 국가들은, 미국에서 빌린 돈을 갚으려는 생각이 없는 것이다. 알기 쉽게 설명하자면, '고통분담', 즉 빌려준 측에도 책임이 있다는 변명이 표면화된 것이다. 과연 미국은 어떤 식으로 해결할 것인가?

일본도 결코 예외는 아니다. 아니 오히려 누적적자가 줄어들 기미가 보이질 않는다. 거기에 미사여구나 해결의 처방전인 듯 하는 말들이 역대 수상이나 장관들로부터 쏟아져 나왔다.

그러나 거대화한 행정조직을 축소하는 것은 쉽지 않다. 행정·정치가 금속피로金屬疲勞 상태에 빠져 있다고 도코 토시오土光敏夫(前경제단체연합 회장) 씨가 주장했음에도 불구하고, 얽히고설킨 관계 때문에 그 시행이 어려웠다고 말해도 과언은 아니다.

선거에서는 시민의 표를 획득하기 위하여, 매니페스토(manifesto, 선언서) 즉 '그림의 떡'을 제시한다. 그러나 그림의 떡은 그림 속의 떡에 불과한 것이다. 시민들은 조작(manipulate)되고 있다. 시민을 위한 국가의 진로는, 어디까지건 각성된 시민의 눈으로 움직여야 한다는 반성이야말로, 지금 필요한 것이다.

일본의 경우, 지금 이 상태로라면 누적적자가 천문학적인 숫자로 커질 것은 자명하다. 물론 총리나 재무장관은 몇 년 후면 해결된다고 국민을 납득시키려 들 것이다. 그러나 그림의 떡처럼 도대체 먹을 수 없는 것이며, 그렇게 쉽게 해결될 리가 없다.

누적적자를 해소하기 위해서는, 어찌됐건 두 가지 방법 밖에 없다고 생각한다. 하나는 증세이며, 또 하나는 행정개혁이다. 둘 중 어느 한 가지를 혹은 둘 다를 추진하지 않고서는 다른 해결책은 보이지 않는다.

먼저 증세인데, 즉효약을 바란다면, 직접세 즉 소득세로부터 세수를 늘리는 것이다. 그러나 일반시민으로부터 중과세라는 비난을 면치 못할 것은 불 보듯 뻔한 일이다.

그래서 다음은 간접세로부터 세수를 늘리는 방법을 생각해 보자. 이것은 아마도 직접적으로 시민에게 중과세를 느끼도록 하지는 않을 것이다. 그러나 야금야금 그 무게가 생활 속에 파고들어, 언젠가는 탄로가 날 것이다. 시민들은 언제까지건 참고 있지는 않을 것이다.

어쨌든 간에, 누적적자의 해소를 위해, 정치가, 행정부는 증세로부터 그 해결의 길을 모색하지 않으면 안된다고 생각하고 있다는 것은 확실하다. 단지 시민들에게 자극하지 않기 위해, 혀끝의 능란한 표현으로 숨기고 있는 것에 불과하다.

어느 정도의 월수나 연수를 획득하고 있는 사람은, 직접세에 불만을 느낄 것이며, 저소득층도 역시 간접세로 인해 눈에 보이지 않는 곳에서 세금을 뜯기기 때문에, 조금 늦어질 뿐, 중과세를 피부로 느끼게 될 것이다. 그렇다면 행정개혁, 정치개혁이야말로 누적적자를 해소할 열쇠가 된다. 일본의 누적적자는 외국에 의존하고 있지 않고 대부분 어려운 국민이 부담하고 있다. 그렇다고 해서 안심할 수 있는 건 아니기 때문에, 복지·의료·교육·연금을 위한 특별목적회계를 편성하고, 행정, 정치개혁을 통해 국민에게 완전히 공개(disclosure)를 함과 동시에, 더불어 복지목적세를 신설하여 일반회계가 아닌 특별회계에 편성해야만 한다. 이것을 나는 40 여 년 전부터 대학에서 일관되게 주장해 오고 있다. 학생들이 미래에 대한 안심으로 이해하여, 400 명 중 99%가 찬성한 것에 대해선 놀라울 따름이다. 언젠가 내가 말한 방향으로 나아갈 것이다. 특히 서구를 빈번히 방문한 끝에, 그 생각은 점점 강해졌다.

선진국이라고 하는 것은, 모르는 사이에 낭비를 제도화해 버린다. 국가의 신보에 비례해서 낭비의 제도화가 진전되는 것이다. 영국, 미국, 프랑스 등도 항상 그 점에 주의하면서, 낭비의 제도화에 브레이크를 걸며 오늘에 이르렀다.

미리 말해 두지만, 이러한 국가들이 결코 정교하게 낭비의 제도화에 브레이크를 걸고 있다고는 생각하지 않는다. 그러나 적어도 일본보다는 훨씬 주의를 기울이고 있다. 영국에 머물면서 느낀 것인데, 국가를 위해 무엇을 할 것인가를 생각해 일관되게 일을 하는 수상의 자세에서는 배울 것이 적지 않았다. 비록 일부의 시민으로부터 어떤 비난이 있을지언정 영국이라고 하는 국가를 위하여 무엇을 해야 할 것인가라는 원칙이 있기 때문이었다. 브레이크가 제대로 들지 않았던 국가가 그리스이며 그 영향은 이탈리아, 스페인까지 확장되어 EU 를 위태롭게 하지 않으리라는 보장도 없다. 그러나 서로 협력을 아끼지 않을 것을 당부하는 바이다.

영국은 전력, 철도, 광산을 비롯한 주요기업을 국영화함으로써 산업의 사회화, 평등화를 꾀한 복지국가의 선두주자였다. 그러나 지금은, 지금까지의 국영에서 민영화로의 적극적 변화를 꾀하는 국가이기도 하다. 즉 국영은 급료도둑을 제조하는 것이라는 점이 이미 영국에서 증명되었던 것이다.

일본에서도 전전공사(日本電信電話公社), 전매공사(日本專賣公社)의 민영화는 실행되었고, 국철(日本國有鐵道)의 분할민영화도 실행되었다. 그것은 당연한 일이며, 오히려 너무 늦은 감이 있다. 대재해를 기회로 전력문제도 신중히 생각해야만 할 때이다.

오늘 아침도 일찍부터 지방선거에 관련한 후보자들의 목소리가 펜을 들고 있는 내 방에까지 들려온다. 귀를 기울이자, 선거가 끝나면 마치 장미빛 파라다이스의 일본이 약속되어 있는 양 떠들고 있다.

있는 그대로 솔직히 말하자면, 참의원의 현대적 가치를 재고할 필요가 있다. 현재 일본의 낭비의 제도화를 대표하는 것이야말로 형해화된 참의원인 것이다. 참고로 말하자면, 일본의 두 배 이상의 인구를 가진 미국에서, 그것도 일본 이상의 권한을 갖는 상원조차도 의원수는 백 명이다. 중의원의 정수도 크게 삭감해야 한다.

참의원의 가치에 대해 논리를 달자면, 몇 가지의 이점을 들 수가 있을지도 모른다. 그러나 현재의 일본의 상황, 세계적 시점에서 보더라도 지금처럼 가지고는 참의원의 필요성을 재고한다고 해도 어쩔 수 없다.

지금 일본이 어려워하고 있는 누적적자, 그리고 증세를 생각한다면, 먼저 질적인 면으로서의 참의원의 존재 기능과 그 필요성의 유무를, 그리고 중의원의 정수를 생각해야만 할 시기이다.

급료도둑 천국의 대표국은 일본인 것이다. 이 대재해를 계기로 세금을 쓰는 측, 세금을 내는 측의 계급투쟁이 필연적으로 일어날 수도 있다는 것에 대해, 나는 예언해 둔다. 이미 벌써 일어나기 시작했다. 어찌됐든 간에 일본은 변하지 않으면 안된다. EU 의 그리스 문제는, 국민 네 명 중 한 사람이 세금으로 먹고 사는 공무원이라는 데에 있다.

또한 한 표의 격차에 대한, 미디어에서도 다루고 있는데, 최고재판소의 위헌판결에, 나는 커다란 의문을 갖고 있다. 판결에 따르면 모든 것이 도쿄, 오사카 등의 대도시를 중심으로 한 정치가들에 의해 일본이 움직일 수밖에 없게 된다. 일본은, 산도 있고 강도 있는 좁은 국가이다. 홋카이도에는 곰이나 연어, 오키나와에는 오키나와의 생물과 인간이 자연과 함께 살고 있다. 산천초목…안에서, 바다 덕분에 인간이 살고 있는 것을 잊은 정치는, 일본을 멸망시킬 것이라고 나는 생각한다. 미국의 그 막대한 권력을 갖는 상원의 정수는, 인구비례가 아니고, 주州의 크기에 상관없이 항상 두 명씩 뽑아, 전 국토의 균형 있는 발전을 상원에 의탁하고 있는 것이다. 그 의미를 참고하여 철학을 가지고 생각해야 된다고, 나는 강조한다. 또한 영국을 모델로 한 소선거구제도 재고하지 않으면 안된다. 정치는 0 과 1 의 디지털로는 해결되지 않기 때문이다.

인생의 굴레를 넘어서

절망은 희망의 어머니이다.

절벽에 섰을 때 비로소 미래를 향한 서광을 볼 수 있다. 니체도 저 이탈리아의 제노바의 절벽에 서서, 처음으로 자기 자신을 발견했다.

'이게 인생인가, 그렇다면 다시 한 번'이라는 각오가, 그 자신의 새로운 출발점이 되었고, 인생을 예술할 수 있게 한 에너지의 원천이었다고 생각한다.

니체는 당시 사회로부터 완전한 이단아로 여겨졌고, 대중으로부터도, 엘리트로부터도 물론 인정받지 못했다. 그러나 그가 추구하고 대결했던 것은 다른 누구도 아닌 바로 자기 자신이었던 것이다.

그렇다면, 인간은, 허약하고 불안한 자기 자신과의 대결을 피하려고 하는 건 아닐까? 그러나 잊어서는 안될 것은, 약함은 진정한 강함으로 바꿀 수 있다는 것이다. 그런데 나도 그렇지만, 사람은 진실과의 대결을 회피하려 한다. 그것이 인간의 약함의 근본이다.

비록 구역질나고 발광을 하더라도, 진실(reality)과 대결함으로써 자기 자신(identity)의 실현이 가능한 것이다.

인간은 벼랑 끝(edge)에 서는 일 없이 진정한 자기나 자신의 한계를 알기란 어렵다. 그래서 어떻게든 되겠지, 라는 바람을 갖게 된다. 그러나 어떻게든 되겠지라는 것으로는 아무 것도 안된다.

인간, 누구라도 인생을 몇 십 년 이상 살게 되면, 그런 것쯤은 경험을 통해 알게 된다. 만일 그것을 모르는 채로 살고 있다면, 'happy delightful people', 축복받은 인생이라고 말할 수밖에 없다.

칠흑의 어둠이 있기에, 그 어떤 작은 빛이라 할지라도 환하게 느껴지는 것이다. 즉 어둠 속에야말로 밝음이 있는 것이다.

미지근한 인생은 그야말로 미적지근한 인생인 것이다. 미지근한 물에서 나오면 감기에 걸리기 쉽다. 그러나 계속해서 미지근한 물속에 있는 것은, 고통 그 자체이다.

그러한 인생을 당연하게 어쩔 수 없다고 긍정하는 논자論者도 있지만, 나로서는 적극적으로 긍정할 수 없다. 왜냐하면 그것은 인생에 대한 나의 자세이며, 인생은 한 번밖에 없는 것이기 때문이다.

자신의 인생은 어디까지건 자신의 인생이다. 도대체 누구의 눈치를 보고 자신의 인생의 역사를 새길 필요가 있는 것인가!

역사란 다른 이가 만든 레일 위를 달리는 것이 아니다. 역사란, 당연히, 과거를 짊어지고 미래·낭만의 세계를 향해 자신이 살아가는 것을 근간으로 하고 있다. 역사는 인간 그리고 자기 자신이 만들어내는 것이다.

그렇다면 사람을 보이지 않는 끈으로 묶고 있는 것은 무엇인가?

그것은 굴레인 것이다.

틀림없이 일상의 생활은 굴레의 연속이다. 나는 인간존재 그 자체가, 최종적으로는, 과학적 관점으로 보더라도, 유전자에 이르기까지, 자연스러운 뒤엉킴이라고 할까, 어떻게 인생을 살아왔는가를 잘 알고 있다. 그러나 그걸로 괜찮을까, 라고 사문하는 것이야말로 지금 이 시대를 살아가는 사람 한 사람 한 사람에게 필요한 것이다.

이 인생의 굴레와의 대결이야말로, 자신에게 부여된 인생의 현실적 과세라고 하는 것을 실감하는 오늘이다. 미래를 향하는 삶의 방법을, 이라고 사람들은 말하지만, 그러나 힘을 내는 것에도 한계가 있다. 부처님도 신란親鸞도 도겐道元도 궁극적인 절망에서부터 한발을 내디뎠다. 인생이란 불안과 절망 그 자체이며, 거기에서 인생이 시작되는 것이다.

매일의 생활이 굴레의 연속이다. 틀림없는 사실이다. 그렇다면 굴레라는 현실을 어떻게 받아들여야 할 것인가가 인생의 활로를 여는 열쇠가 될 것이다.

나에게는, 인간 각각에게 굴레라고 하는 주사위가 던져져, 그것에 따르지 않으면 안되는 삶을 강요받고 있는 것처럼 보인다. 모두에게 수고했다고 말하고 싶은 현실의 나날들이다.

개개인의 인간이 모인 최소 단위가 가족이며, 가족이 사회 구성의 단위이다. 이러한 현실사회의 걸림돌이 되고 있는 것이, 사회의 굴레이며, 이 사회적 굴레도 또한 사실이고, 현실이며 진실이다.

모처럼 조직사회 속에서 활로를 찾아 무언가 새로운 발상을 하더라도, 사회의 굴레 속에서 뒤엉켜 버리고, 쓴 잔을 마셔야 하는 경우도 적지 않다.

실타래처럼 엉켜버린 굴레 때문에 자신의 의사에 반하여 뒷걸음쳐야 하는 경우가 강요되었을 때, 인간은 어떤 길을 걸어야 할지에 대한 선택을 해야 한다. 굴레는 굴레로서, 현실 속에서, 현대사회에서 살아가는 인간 한 사람 한 사람과 얽혀 있다. 그리고 그것을 간단하게 떨쳐 버리고 살아갈 수 있다면 인생은 그렇게 힘들지 않을 것이다. 그러나 굴레는 굴레로서의 진실, 리얼리티를 가지고 계속되고 있다.

그렇다면 이런 어찌할 수 없는 굴레라고 하는 인생의 진실의 일면과 친해지고, 그것을 받아들이고, 현실의 삶 속에서 짊어지고 가려면 어떻게 하면 좋을까?

그것은 다름 아닌, 여러분 자신의 인생을 어떻게 보느냐에 따라 결정될 것이다.

인간은 사회 속에서만 자기표현이 가능하다. 그렇기 때문에 사회적 굴레에도 항상 휘둘리는 것이다. 그래서 뒤엉키는 인생항로란 어쩔 수 없다, 는 삶에 익숙해져, 그러한 삶의 방법을 긍정한다. 일본에서는 태고로부터 풍토 속에 그러한 정신구조가 성장해 왔는지도 모르겠다.

그래서 굴레를 긍정하는 도덕·윤리가 인간사회 속에 저절로 생성된다. 나는 그러한 윤리관을 완전히 부정하려고 하는 것은 아니다. 그러나 굴레 긍정적 윤리관은 굴레적 인생관의 영역을 벗어나지 못한다. 그것은 체관(諦觀, 체념하는 인생)적인 풍토 속에서 자연스럽게 만들어져, 자연스럽게 긍정되는 운명적 인생관이 된다.

풍토의 안에서 익숙해져버린 것은, 민족 속에서, 또 개개인의 마음속에서 잠재적인 것이 되어 존재한다. 그 대표가 아시아의 일본인의 마음속에 존재하는 심층적 잠재의식일지 모른다.

역사적으로도, 예컨대 마르크스나 엥겔스가 생각한 것처럼, 아시아적인 것에 대한 부정 없이는 아시아인의 자기표현은 불가능할지도 모르겠다. 그러나 그들의 그러한 견해는, 역시 아시아적 풍토와 다른 정신적 풍토 속에서 생성된 척도인 글로벌리즘, 앵글로색슨적 관점, 일신교적인 사유로 잣대를 들이댄 이원적인 생각인 것이다.

도대체 뭐가 진리이며, 뭐가 선이고 악인지 인간은 묻고, 정하고 싶어 한다. 그리고 누구든 그것을 너무나 빨리 결정하려고 하는 것은 아닐까?

한 장의 종이는, 앞면과 뒷면의 두 면이 하나가 되어 비로소 한 장의 종이가 된다. 앞면은 앞면이고, 뒷면은 뒷면이다. 앞면만으로는, 또 뒷면만으로는 종이는 성립하지 않는다. 즉 앞과 뒤가 있을 때야말로, 종이는 종이가 될 수 있다.

동시에, 앞은 앞이고, 뒤는 어디까지건 뒤인 것도 진실이다.

'생生'이 있으니 '사死'가 있고, '사'가 있기 때문에 '생'의 의미가 살아난다. '생'을 직시하는 것은, 바로 '사'를 진정으로 직시하는 것이다.

자살 문제가 일본의 커다란 사회병리가 되어 만연하고 있다고 했는데, '생사관'의 결락이 대문제의 근본 원인이라 할 수 있다.

초목이 없는 조화로 꾸며진 공원. 매미도 오지 않는 시멘트로 만든 이미테이션 나무들. 그리고 아스팔트로 덮인 지면. 차가운 시멘트의 미끄럼틀. 쇠로 만든 정글짐. 모든 것이, 초목의 냄새, 생명체가 존재할 수 없는 세계인 것이다.

그 세계는 '생'이 결락한 '사'의 세계이다. 거기서 노는 아이들이 어떻게 살아 있는 인간으로서 '생사'를 체득할 수 있단 말인가? 방사능으로 들과 산, 강에서 놀 수 없는 아이들의 일을 생각하면 마음이 아프다.

현대에서 살아남기란 외줄타기와도 같다. 그리고 어른들도 아이들도 자신이 타고 있는 줄을 넓은 길로 착각하거나, 어떻게든 되겠지라는 자기암시를 통해 하루하루의 삶을 헤쳐 나가고 있다. 그러나 조금만 냉정하게 현실사회를, 현실의 자신을 다시 쳐다보면, 이미 아슬아슬한 곳에 서있다는 것을 저절로 알게 될 것이다. 죽음을 향하고 있는 인생.

'절망이란 희망의 어머니이다'라고 모두冒頭에서 이야기했다. 절망도 희망도 한 장의 종이의 앞과 뒤이다. 절망을 체험하지 않은 사람은 희망의 기쁨을 맛볼 수 없다.

경험이 아직 얕은 나이지만, 몇 번인가 벼랑 끝에 선 적이 있다. 그러나 항상 자신을 향해 절망이란 희망의 어머니라고 들려주며 어찌어찌 여기까지 발을 끌며 걸어왔다. 그러나 미래는 알 재주가 없다.

자신에게 엄하게 살려고 한다면, 자칫 대립을 낳는다. 뒤엉키며 살면, 그냥 휩쓸리는 인생이 되고 만다. 그러나 이것도 나이가 들면서 인생의 앞과 뒤이며, 하나라는 생각이 들 때도 있다.

어쨌든, 사는 것은 항상 자기 자신과의 대결임에는 변함이 없다. 아무리 강하고 늠름하게, 희망을 가지고 살아가려고 해도, 절망이 바로 뒤에서 쫓아온다. 절망과 희망의 장난이 인생의 있는 그대로의 모습인 것이다.

그러나 위대한 사람의 인생을 펼쳐보면, 거기에는 반드시 '안심'시켜주는 무언가가 있다. 그것은 다름이 아니라, 그들의 인생 속에서 찾을 수 있는 절망과 희망과의 투쟁, 장난인 것이다. 또한 위대하다고 평가되는 사람이야말로, 위업을 남긴 사람이야말로, 결코 속세에서 이야기하는 평안한 삶이 아니라, 오히려 그 반대의 삶을 살았다는 것에, 범인凡人인 나는, 안도한다.

'인생이란 길에서 죽는 것' 이라고 스스로 깨닫는 것이 희망으로 이어지는 무지개다리인지도 모르겠다.

— 절망이란 희망의 어머니이다 —

믿고, 행하고, 기원하기 — 도겐道元과 신란親鸞

여러분, 안녕하세요! 자, 편안히 앉으시길 바랍니다. 오늘 오랜만에 여기에 왔습니다. 학장님이신 오코치大河內 교수님과는 깊은 인연이 있습니다.

보시다시피 저는 이렇게 젊은데, 수행도 했다곤 하지만, 여러분과 같은 대선배님들을 앞에 두고 이 자리에 서니 부끄러울 따름입니다.

저는 세키슈石州 이와미石見에 위치한 요메지永明寺, 라고 하는 참선에 엄한 수행도장에서 7 년 반 정도 있었습니다만, 어떤 의미로는 파계승이라고 할 수 있습니다. 대학에서는 결국 '정치학'을 공부했습니다.

그렇지만 공부를 하다 보니 나중에는 철학으로 빠질 수밖에 없었습니다. 그 후, 다윈의 학설과는 반대로 '볕이 들지 않는 곳에 볕을 들게 하는 것이 인간이다'라는 것처럼, 저도 모르는 사이에 도호쿠후쿠시대학東北福祉大學에서의 정치학 강의를 제자에게 양보하고, 복지라든지 철학을 가르치는 사람이 되었습니다. 그러나 와세다대학早稻田大學에서는 아직까지 '현대정치와 국제관계', '복지와 행정', '대중사회와 정치' 등의 강의를 하고 있습니다.

오늘 어떤 이야기를 할지에 대해선, 지금 머릿속이 텅 비어 있습니다.

도겐선사께서 중국으로부터 돌아왔을 때, 텅 비었다고 했습니다. '공수환향空手還鄕', 즉 빈손으로 돌아왔다고 했던 것입니다. 그런데 그렇다면 좀 곤란합니다. 이야기를 들으러 교토에 많은 사람들이 모였기 때문입니다. "무엇이든 한마디 하시죠"라는 식이었겠죠. 그래서 어쩔 수 없이 도겐선사께서는 뭐라 하셨냐 하면, '안횡비직眼橫鼻直', 즉 코는 똑바로 서있고 눈은 옆으로 찢어져 있다, 고 하셨습니다.

아까 제가 정치학을 공부했다고 말씀 드렸습니다. 왜 정치학으로 갔느냐 하면, 제 사촌들이 전부 의사라서, 그 사촌들에게 물어봤더니, 하루 종일 아무리 열심히 해도 기초의학은 별도로 하더라도 몇 명 안되는 환자밖에 볼 수가 없다고 했습니다. 정치가가 되면 볕이 들지 않는 곳에 한 번에 볕이 들도록 할 수 있다고 하길래 저는 방향전환을 했습니다.

그래서 정치가가 되려고 생각하고 대학에 들어갔습니다만, 곧 정치가가 너무 싫어졌고, 결국 지금에 와선 도대체 어떤 사람인지 알 수 없는 사람이 되어 버렸습니다.

조금 전 캠퍼스를 천천히 둘러보았습니다만, 가을은 참 뭐라고 할까, 곰곰이 생각하게 하는 계절인 것 같습니다. 아무튼 무사시노武蔵野에 위치한 이 대학의 환경은 정말로 부럽습니다. 전에 왔을 때에는 단풍이 훨씬 예뻤었는데, 올해는 날씨 탓인지 단풍이 빨리 진 것 같습니다. 그래도 아직 보기 좋은 단풍도 있었습니다. 더군다나 은행잎은 뭐라고 할까, 아름답게 흩뿌려진 융단과 같다고나 할까.

며칠 전 군마群馬의 다테바야시館林에서 있었던 문화강연에 초청을 받았는데, 가기 전에 준비를 마치고 잠깐 쉬면서 저희 집 정원을 바라보고 있었습니다. 정원이라고 해봐야, 고양이 마빡만 해서 정원이라고 할 수도 없지만…. 아무튼 마음에 드는 단풍나무 한 그루가 있는데, 올해엔 정말 멋지게 물들었습니다. 그런데 센다이仙台는 바람이 세서, 모르는 사이에 거의 져버리고 말았습니다. 그래서 자세히 보니 잎이 몇 장 남지 않았더라구요. 딱 아홉 장만 남아 있었습니다. 제가 보고 있는 사이에도 한 장, 한 장 지고 있었습니다. 그대로 계속 보고 있자니, 군마에 가는 시간에 늦어져 버릴 것 같아….

'뒤를 보이고 앞을 보이고 떨어지는 단풍잎', 유명한 시이니 아실 겁니다. 저도 예전엔 머리카락이 검었습니다. 그것이 지금은 보시다시피 하얗게 세어 버렸습니다. 사실은 갑자기 하얗게 되었습니다. 서른다섯 살 때였습니다. 원형탈모증에 걸렸습니다. 아내도 함께 원형탈모증에 걸렸습니다. 그런 일은 같이 하지 않아도 되는데….

인생, 살다 보면 여러 가지 일이 있습니다. 여러분도 각자 인생을 돌이켜보면 떠오르는 일이 있을 것입니다. 쉰이 안 된 저도 '아아, 나도 이걸로 끝인가!'라고 생각한 적이 몇 번이나 있습니다.

벽에 부딪히면, 어쩔 도리가 없습니다. '가난해지면 아둔해진다', '엎친 데 덮친다', 설사가 나오려고 해서 화장실에 가면 '사용 중'인 셈이죠. 제 생활이 점점 어려워졌을 때의 이야기인데, 당시 메이지신궁明治神宮-외원外苑 근처는 야구를 하거나 노는 사람들로 붐볐고, 내원內苑 쪽으로 가면 사람들이 거의 없었습니다. 안에 들어가면 안되지만, 담이 그리 높지 않아서 담을 뛰어넘어, 누구도 오지 않으니까, 나무 밑에 누워 니체의 '짜라투스트라는 이렇게 말했다'를 읽고 있었습니다.

그러자 위에서 나뭇잎이 팔랑거리며 제 얼굴 위로 떨어졌습니다. 얼굴에 맞더니 나중에는 지면으로 굴러 떨어졌습니다. 저는 그때, 그런 생각을 했습니다. '나는 도대체 뭘 하고 있는 걸까?' 단풍은 지기 전에 새빨갛게 타고, 마지막엔 흙으로 돌아가 비료가 됩니다. 그런데 나는 …. 그 시절 뿌리없는 풀 같은 생활을 하고 있었기 때문입니다.

센다이의 집에 있는 단풍나무를 바라보면서, 20 여 년 전의 일이 문득 떠올랐습니다.

여러분들도 오늘 여기에 오셔서, 낙엽을 바라보면서 아마도 여러 가지 생각했으리라 생각합니다. 그러니 여러분 '무리하지 말고…', '조급해하지 말고…', '천천히…', '이대로도 괜찮아요', '어떻게든 살아가도록 합시다….'

아까 "안녕하세요(今日は)"로 시작한지 얼마 되지 않은 것 같은데, 벌써 시간이 많이 지났습니다. 그런데 "안녕하세요"라고 한 뒤, "날씨가 좋군요"라는 인사가 덧붙여지고 이야기가 시작되곤 합니다. 이처럼 대개의 일본인들은 인사를 할 때, '날씨'를 넣어 인사합니다. 그런 이유에서 저는, "안녕하세요"를 "오늘 날씨는 어떤가요?"라고 제 마음대로 해석하고 있습니다. 미리 말씀드리지만, 오늘 저의 이야기는 독단

과 편견으로 넘치는 이야기로, 하기노 억지론이라고 할까, 그런 이야기인 만큼, 진지한 지식으로서 받아들이지 않길 바랍니다.

외국에 가서 "오늘 날씨 좋네요", "It's very fine, isn't it?"이라고 이야기해도, 인사가 되질 않아요.

예를 들면, 강연의 시작에, 오늘 같으면 "Ladies and gentleman, nice to meet you. I'm very glad to have this opportunity…", 여러분 오늘 이런 기회를 마련해주셔서 기쁘기 한량없습니다, 라는 식으로 인사를 합니다. 그런 뒤 "By the way, how do you do?" (여러분, 어떠십니까?) 라고 반드시 "How do you do?"가 나옵니다.

여기서도 이미 일본과 커다란 차이가 있습니다. "How do you do?"라는 것은, 여러분 오늘은 괜찮은지, 오늘은 살아갈 뜻이 있는지, 만일 오늘 전쟁이 일어난다면 싸울 생각은 있는지, 라는 말입니다. 이것은 유목민으로부터 나온 것입니다. 그러나 이것은 결코 나쁜 의미는 아닙니다. 이것이 정신적 풍토가 되어 일신교인 기독교나 이슬람교가 되었다고 생각합니다. 서로 다독거려주는 겁니다. "너, 오늘 괜찮아? 너 오늘 살아갈 활력, 기력이 충분히 있는 거야?" 이것은 중요한 것입니다. 서로가 인사를 주고받으며 공감하는 것입니다. 오늘 하루를 살아가는 한 사람, 한 사람의 시작인 것입니다. 그리고 그것이 또한 사람과 사람과의 만남이 되어 넓혀지는 것입니다. 오늘날에 비춰 말하면 국제사회의 풍파를 극복하는 활력이라고 할 수 있겠지요.

그것에 비해 "안녕하세요"는 실로 느긋한 인사입니다. "오늘 날씨 어때요?", "춥네요", "따뜻해요", "가을이 깊어진 느낌 입니다", "동북지역은 벌써 겨울입니다", "자오藏王의 정상은 벌써 하얗게 되었어요", 뭐 대개 이런 식입니다. 하이쿠俳句에도 계절을 나타내는 말이 있듯이, 이러한 것은 생활은 물론 '문화'나 '종교'에도 크게 관련이 있다고 생각합니다.

"안녕하세요"라는 말 하나를 놓고 보더라도, 일본인은 자연과 일체입니다. 한편 유럽에서는, 간단히 말하자면, 항상 자연을 개척하고, 조금 나쁘게 말하자면 '정복'하는 셈입니다. '달나라를 정복했다'라고, 예전에 인류가 달에 첫발을 내디뎠을 때 그렇게 말했습니다만, 그건 틀린 것입니다. 물론 그건 엄청난 인간 예지의 발현이었습니다. 그러나 그것은 어디까지나 대자연의 법칙을, 대우주의 섭리를 정말 보잘 것 없는 인간이 조금 알게 되었고, 그래서 그것에 따른 결과로 가능했던 것일 뿐입니다. 이것을 잊고 잘난 척 자연을 정복했다고 생각한다면, 거기에 커다란 잘못이 있는 건 아닌가 생각합니다. 그러니 우리들에게 있어 중요한 것은, 자연-낙엽 한 장이라도 마찬가지입니다만-의 섭리를 거울로 삼아, 그 안에서 자신의 세계, 요즘 말로 하면, '자기실현'을 향해 나아가는 것입니다. 그리고 '생로병사' 끝에 일생을 마무리합니다. 그것이 동양적인 사유이자 인생관, 생사관인 것입니다.

저는 학교운영에도 관계를 맺고 있습니다만, 매일같이 많은 일들이 벌어지고 있습니다. 또 집에 돌아가면 아직까진 아들과 그럭저럭 잘 지내고 있습니다만, 조금 더 나이를 먹으면 관계가 서먹해집니다. 뭐든 생각처럼 돌아가지는 않습니다. 역시 이리저리 얽혀 살아가지 않으면 안 됩니다. '정이 지나치면 흔들리고, 슬기가 지나치면 모가나고'라는 말처럼, 현실에서는 모든 것이 그렇게 얽혀서, 정말로 발을 질질 끌면서 살고 있는 것이, 우리들 모두의 일상이지 않나 싶습니다.

얼마 전에 몸이 좀 좋지 않았습니다. 그 때, 한 학생이 "선생님, 몸 조심하세요"라고 걱정을 해 주었는데 "죽을 때가 되면, 여러분 모두 수고하셨습니다, 라고 말하고 죽을 테니까"라는 식으로 조금 괘씸하게 대답했습니다만, 실제로 초등학생을 보더라도, 중학생을 보더라도, 수험생을 보더라도, 대학생을 보더라도, 장성한 사람을 보더라도, 노인을 보더라도, 모두들 수고하고 있는 건 아닐까, 라는 것이 지금 저의 소박하지만 솔직한 심정입니다.

아까 이 모임에서 강연을 하셨던 다른 분들처럼 뭔가 한 가지 써달라는 부탁을 받고, '인생, 절망과 희망의 장난'이라고, 조금 부끄러운 이야기를 썼습니다만, 실은 이것이 정말로 저의 심경인 것입니다.

저 같은 사람은 절벽에 섰을 때 비로소 뭔가가 보입니다. 이것을 서양철학에서는'실존적 사유'라고 하는데, 무리해서 '실존'이라는 말을 쓰지 않더라도, 신란성인도 그러했고, 도겐선사, 니치렌상인日蓮上人도 모두 그러했습니다. 무슨 말씀인가 하면, 극한상황에 서거나, 더 이상 물러설 데가 없는 상황이 되면, 좀 더 심하게 말하자면 죽음을 앞에 둔 인생이라고 할까 그런 상태가 되면 모두 무언가 개척했다고 생각합니다. 그래서 거기에서 나오는 말이 우리들을 끌어들이고, 감동을 주고, 죽음을 선택하지 않고 어떻게든 삶의 기쁨을, 활력을 되찾도록 해 주는 것입니다.

특별한 것은 아니지만, 저는 강의를 할 때, '인생은 두 번 있는 것이 아니다. 물론 목숨도 두 개 있는 것이 아니다. 그러니 정말로 곤란할 때는 상담하러 오라'고 합니다. 최근에는 없습니다만, 학생 중에도 자살을 하는 학생이 나옵니다. '죽기 전에, 한 번, 이야기하러 오라'고 했는데도 말입니다.

정말 곤란해지면, 무언가를 믿고, 바라고, 바꾸어 말하면 기도합니다. 오늘 여러분과 함께 저도 염원하고 있습니다만, 뭐니 뭐니 해도 결국 그렇게 할 수밖에 없다고 생각합니다. 제가 학술서적을 내거나 할 경우에는 상당히 합리적 이론을 전개하거나 합니다만, 벌거숭이의 자신으로 돌아오면 '믿고', '행하고', '바라고', '기도하는' 것 외에는 아무것도 할 수 없습니다. 저도 백발이 되거나 원형탈모증에 걸리거나 했을 때엔, 솔직히 그런 심정이었습니다.

아까부터 생각나는 대로 말을 하고 있는데…, 저는 야나기다 구니오柳田國男의 글을 좋아합니다. 그 중에 「산의 인생(山の人生)」이라는 작품이 있습니다.

이것은 어디까지나 그것을 읽었을 때의 저의 감상으로, 틀린 부분이 있다면 지적해 주시길 바랍니다. 확실치도 않고, 제가 약간 각색을 할지도 모릅니다. '서문을 대신해서'라는 부분이 정말 인상적이었습니다.

산에서 나무꾼이 숯을 굽고 있었다고 기억합니다. 아내는 죽고 없었어요. 아이가 둘 있었습니다. 나무를 해서 그리고 숯인가 무언가를, 아주 오래 전에 읽어서 정말 자신이 없지만….

아무튼 그것을 읍내로 팔러 나갔습니다. 판 돈으로 어찌어찌 셋이 입에 풀칠하는 생활을 하고 있었습니다. 하지만 점점 팔리지 않게 되었습니다.

그날도 숯을 팔러 읍내에 나갔습니다. 그러나 팔리지 않아서 다시 그 무거운 것을 지고 산으로 돌아와야만 했습니다. 저녁 어스름이 되어 집에 도착한 아비는, 몸이 무거워져 쿵 하고 쓰러져 잠이 들고 말았습니다. 너무 피곤해 잠이 든 것입니다.

저녁이 되어 해가 떨어질 즈음에 "스-, 스-" 하는 소리가 들리는 것이었습니다. 무슨 소리일까? 무슨 물건을 가는 소리 같은데. '무얼까?' 하며 바깥을 보니… 실은, 아이가, 남자아이가 무얼 갈고 있었냐 하면 손도끼를 갈고 있는 것이었습니다.

그때 그 아비가 얼떨결에 잠이 깨어 눈이 휘둥그래져 보니, 문종이가 석양빛에 새빨개져 있었습니다. 석양이 새빨갛게 산과 문종이를 물들이고 있었던 것이었습니다.

그때 두 아이가 통나무 위에 목을 올려 놓고,

"아빠, 이걸로 죽여줘"라고 했습니다.

그래서 아비가 어떻게 했냐 하면, 두 아이의 목을 날려 버렸습니다.

석양에 장지문의 문종이가 새빨갛게 물들고, 일어나서 휘청거리다가…, 그때 '아빠 목을 쳐줘'라는 말을 듣고, '날려버렸다' 이것뿐입니다. 그리고 난 후 휘청휘청 읍내에 내려가, 물론 경찰에 붙잡힙니다.

해설하자면 얼마든지…. 정신분석가나 교육평론가라면 이러쿵, 심리학자는 저러쿵 하며 떠들겠지요. 저는 이런 세계라면, 아마도 아이들이 자신들이 죽는다면 아버지가 그렇게 힘들지 않아도 될 거라 단순히 생각해서 그랬을지 모른다고 생각합니다. 하지만 이것도 틀렸을지 모릅니다. 그렇다면 그때 목을 날린 아버지의 심리상태는 어땠을까? 라고 심리학자에게 물어도, 그건 어디까지나 해설에 불과합니다. 거기에 있는 세계라고 하는 것은. 저 역시 절대 해설할 수 없습니다. 단지…, 면목이 없어서 눈물이 납니다, 눈물이 나요….

그러니 '기도'와 '대신심大信心!", 크게 믿는다, 라는 그런 이야기밖에 할 수 없는 건 아닐까요? 아이를 믿고, 그리고 목을 친 아버지를 믿는다. 용서한다든지, 용서를 못 한다든지, 그런 차원에서 우리들이 잣대를 들이댈 문제가 아니라는 생각이 듭니다.

일본에도, 특히 에도江戶시대를 찾아보면 꽤 훌륭한 분들이 있습니다. 모토오리 노리나가本居宣長도 있고, 저는 오규 쇼라이荻生徂徠도 좋아합니다. 전부 이야기하자면 길어지므로, 나카에 도쥬中江藤樹에 대해서 잠깐 말씀 드리자면, 이런 이야기를 했습니다. 원문이 아니라, 알기 쉽게 말씀 드리겠습니다.

'사물과 사물과의 관계를 알더라도, 안 게 아니다. 사물과 사물의 인과관계를 알았다고 하더라도, 그 사물 자체를 안 것은 아니다'

이 말은 실로 무서운 말입니다. 사물과, 사물과의 관계가 설명되더라도, 또 어떤 일이 일어난 원인이 무엇이라 하더라도, 정말로 사물을 아는 것은 아니다. 이것은 철저한 합리의 세계입니다. 합리적인 설명의 세계인 것입니다. 그러니 그 사물 자체라고 하는 것은, 베르그송의 말을 빌리자면 '직관直觀'이라고 할 수 있습니다. 동양의 말로 하면, '일여一如'라고 할 것인지, '일체가 되다'라고 할 것인지, 역시 그 세계를 알지 못하면, 알 수 없는 것입니다.

지금 세상에서는, 뭔가 있으면, 법률가나 학자, 평론가가 이러쿵저러쿵 하며 합리적인 설명을 잘 해대겠지요. 그것으로는 그 사물 자체를 알았다고 할 수 없는 것입니다.

오코치 선생님으로부터 '신란성인의 이야기를 좀 넣어 달라'는 주문이 있었기 때문에, 야나기다 구니오의 이야기만 하면 점점 그쪽으로 가버릴 위험이 있으니 이쯤에서 그만두겠습니다.

여러분, 좀 더 편하게 앉으시길 바랍니다. 이상한 이야기가 나오면 웃으셔도 됩니다. 웃으면 피곤이 풀리거든요.

신란성인의 말씀 중에, 잊을 수 없는 말이 몇 가지 있습니다.

'번뇌가 눈을 가려 볼 수 없어도, 대비의 광명이 우리를 비추네'

(煩惱障眼雖不見 大悲無倦常照我)

이 말은 알고 계신가요? 들어본 적이 있는 분들은 손을 들어 보세요. 아, 의외로 별로 없군요. 역시 이야기하길 잘했습니다. 이것은 「정신염불게正信念佛偈」에 나오는 말씀입니다.

'번뇌가 눈을 가리면'이라는 것은, 조금 추가설명을 하는 게 좋을 듯합니다. 제 나름 대로 해석을 말씀 드리면 '번뇌에 의해 눈이 가려져 아무 것도 볼 수 없게 되어도', 즉 우리들이 아무리 헤매고, 고통스러워하고, 일곱 번 넘어지고 여덟 번 쓰러져도, 여러 가지 일을 저지를지라도, 그것과 관계없이 대비大悲는 언제나 우리들을 비춰 주신다는 뜻입니다.

잘못하면 신란성인의 말씀이 전혀 다르게 해석될 여지가 있습니다. 악인도 구원받는다, 라고 하니, 아무리 잘못을 하더라도 괜찮다, 라는 식으로 해석을 하게 되는데, 이건 말이 안되는 것입니다.

신란성인의 아주 깊은 말씀인 「신란성인 화찬親鸞聖人和讃」이었던 걸로 기억하는데, 저도 아주 좋아하거든요. 괜찮으시다면 짧으니 베껴쓰기를 해보시는 것도 좋다고 생각합니다.

'대신심大信心' — 아까 제가 선사禪寺에서 지낸 적이 있다고 말씀드렸는데, 그 때 에헤지永平寺의 선사禪師께서 오셔서는, 저를 한 번 힐끔 보시디니, '네게 호를 하나 지어 주겠다'고 하시는 겁니다. 그리곤 그 자리에서 '대심大心'이라는 호가 붙여졌습니다. 너무 큰 이름이고, 아직도 소심한 몸이기에 전혀 그러한 경지에 다다르지는 못했습니다. 그래서 늘 반성하고 있습니다만….

이야기를 되돌리자면, '대신심은 불성佛性이다'라고 합니다.

이것 또한 깊습니다. 그 다음에 한마디 더 붙습니다.

'불성은 여래如來'이다. 이것은 제 역량으론 도저히 해설할 수 없습니다.

아까 나카에 도쥬의 이야기를 했는데, 그런 걸 해설에 써서는 안된다고 생각합니다.

또한 도겐 선사의 말을 빌리면,

'말로 이것저것 따지지 말라. 머리로 이것저것 생각하지 말라. 몸도 마음도 잊어라'

부처의 마음속으로 뛰어들라고 하잖아요. 그런 곳에서 우리들이 '믿고', '기원하는' 우주적 세계관이 나온다고 생각합니다.

신란으로서는 '속이면 지옥 끝까지 믿고, 같이 가보세'라고 하는 호넨상인法然上人과의 '만남', '해후'를 통해 새로운 세계가 나타난 것입니다. 그때에는 극한상황, 절벽, 죽음을 직시한 인생, 거기에 서 있었던 것입니다. 그러니 '대신심은 불성이고', '불성은 여래'…. "대大"라는 것은 실로 "큰" 것입니다.

저는 '대'라고 하는 글자를 받았기 때문인지, 아주 힘듭니다. 전혀 크질 않습니다. 점점 자신이 작아지는 것 같아, 마음을 좀더 열지 않으면 안된다고 반성하고 있습니다.

또 한 가지, 신란의 말씀 중에 좋아하는 것이 있는데, 이것은 니와후미오丹羽文雄 씨도 여러 곳에서 사용하고 있고, 오코치 선생님도 자주 말씀하십니다. '자연법이自然法爾', 이것을 학생들에게 읽어보라고 하면, 읽는 방법을 몰라 재미있게 읽는 학생도 많습니다.

여담입니다만, 최근 입학시험 과목 중 일본사에, 특히 와세다 등에서, 어려운 문제를 많이 냅니다. 그러나 마음의 문제는 내지 않습니다. 고문에서 '탄이초歎異抄'나 '정법안장正法眼蔵'을 내면 일본교육이 크게 바뀔 텐데 말입니다. 대학생도 변할 겁니다. 저는 그렇게 생각합니다. 하지만 안타깝게도, 그걸 읽을 수 있는 사람이 없습니다. '탄이초'를 정말로 읽을 수 있는 사람은…. 역시 사람의 아픔을 아는 사람이 아니고서는 '탄이초'를 읽을 수 없다고 생각합니다. 눈물 없이는, 아픔 없이는 읽을 수 없잖습니까?

또한 도겐의 '정법안장'을 읽기 위해서, 저는 대학에서 불교와 인도철학을 조금 공부했습니다, 또 선학禪學을 공부했습니다, 정도로는 읽을 수 없다고 생각합니다.

서양에서도 니체의 '짜라투스트라'에 대해 야스퍼스가 이야기하고 있는데,

'자신이 그 경지에 도달하지 못하면 한 줄도 못 읽는다' — 말 그대로인 것 같습니다.

'탄이초'이건 '정법안장'이건 정말로 좋은 게 많이 있습니다.

다시 말을 아까로 되돌리자면, 자연법이自然法爾를 학생들에게 읽혀 보면 틀리게 읽습니다. 말 그대로의 원래의 의미를 모르기 때문입니다. 역사를 보는 시각에서 보면 정말로 깊은 의미를 지니고 있습니다.

그러한 것을 잊고서 교육이 행해지고 있기 때문에, 대학에 가더라도 어찌해 볼 도리가 없는 학생들이…. 그래도 이제부터는 좋은 시대가 오리라고 생각합니다. 대학의 브랜드만으로는 사람을 정할 수 없습니다. 대학에서 과연 무엇을 수학하고 무엇을 증명해 왔는지가 그 사람을 판단하는 재료가 되는 시대가 되리라 생각하고, 그렇게 하지 않으면 안됩니다.

한 해의 계획은 — 제가 동북지역에서 느낀 것인데, 몇 년 전에 이와테岩手에서 냉해가 있었습니다. 그때 마침 강연 때문에 이와테에 갔었습니다.

"선생님, 잠깐 이 벼를 좀 보세요"라고 하길래 들여다보니, 다 색깔이 노랗게 되어 있었습니다. 그런데 벼이삭이 서 있는 거였어요. 저는 학창시절에 귀에 못이 박히도록 들었던 이야기가 있습니다. 와세다의 마크가 벼입니다. 저희들이 건방을 떨면, "하기노, 벼는 익으면 익을수록 고개를 숙이지, 그렇지?" 지금도 머리가 아프지만, 요시무라 다다시吉村正 선생님으로부터 참 많이 들었습니다. 냉해가 있으면 이삭에 알이 차지 않기 때문에 고개를 숙이지 않고 서 있는 것입니다.

이야기를 다시 돌리면, 일 년의 계획이란, 쌀의 수확을 생각해 결정했었습니다. 아까 말씀 드렸던 '안녕하세요'도 관련이 있습니다. 태양이 필요하고, 우기에는 비가 틀림없이 내리지 않으면 안됩니다. 그런 속에서 모두 살아왔습니다. 그래도 냉해는 옵니다. 그리고 엄청난 쓰나미도 옵니다. 동북지역은 도쿄와는 다릅니다.

그래서 아이를 팔거나, 사람을 솎아내거나, 노인을 버리거나, 여러 가지 비참한 일들이 과거에는 있었습니다.

‘일 년의 계획은 쌀의 수확에 있다’라는 말인데, 십 년, 이십 년 후, 지금은 시대가 변했지만, 참고로 십 년을 ‘decade’라고 합니다. 여기에 ‘s’를 붙여 ‘decades’로 만들면, 뭐 이십 년 정도의 계획이 되는데, 딸이 태어나면 오동나무를 심어서 나중에 옷장이라도 만들어 주고, 아들이라면 이십 년 이상 지나면 나무를 베어 팔 수 있으니, 식수라도 하자는 생각이 나오겠지요.

그런 식으로 십 년, 이십 년의 계획은 산에 나무를 심는 게 좋겠죠. 그렇다면 오십 년, 백 년의 계획은 어떨까요? 이 경우엔 국가의 인재를 기르지 않으면 안됩니다. 지금의 정치가가 아무리 칠전팔기七顚八起하더라도, 어떻게 할 수 있는 게 아닙니다. 국가를 어떻게 할까의 문제이니, 거기엔 ‘인재를 육성하는 것’ 외에는 없습니다.

그러니 저는 국회에서의 정치활동을 그만두고, 교육에 전념하려고…. 하지만 결코 정치에의 신념을 저버린 건 아닙니다. 역사적인 하나의 긴 관점으로의 전환이랄까….

앞으로는 교육이 정말 중요하다고 생각합니다. 일본은 아동자살이 너무 많습니다. 세계 최고입니다. 노인자살은 3 위입니다. 원인은 아이들에게 미래가 없기 때문입니다. 아이들에게 있어서는 아이들의 선배가 미래를 바라보는 창입니다. 어른들은 아이들의 미래의 마음의 창을 열 책임을 느껴야 합니다.

형, 누나들이 가기를 꺼리는 학교에는 가고 싶지 않을 것입니다. 아빠, 엄마가 학교에 대해 나쁜 말만 한다면…. 뭐 열심히 하는 것 같은데, 이게 나쁘고 저게 안 좋고, 라고 말합니다. 할아버지, 할머니가 되면 빨리 저승사자가 오면 좋습니다. 한순간에 가면 행복한 것입니다. 그런데 저승사자가 오기도 전에 스스로 가면 안됩니다. 때가 되면 오는 법입니다. 우리 모두에게 평등한 것은, 저도 여러분도 — 오늘, 제가 이 자리에서 돌아가는 길에 교통사고를 당할지도 모릅니다. 저도 구사일생으로 살아나기는 했지만 험한 사고를 당한 적이 있습니다. 서로 조심하도록 합시다. 한치 앞도 알 수 없습니다. 그래도 명백한 것은, 모두 죽는다는 것입니다.

그러니까, 나이를 먹은 사람들이 젊은이들에게 무엇을 배턴터치할 것인지, 그러기 위해선 죽을 때까지, 관에 들어갈 때까지 항상 배우고, 수행하지 않으면 안된다고 생각합니다. 그렇다고 책상 앞에 앉아 공부하라는 이야기는 아닙니다. 자연을 보는 것도 공부이고, 수행입니다. 저는 그렇게 생각합니다.

이야기가 이리저리 튀고 있는 것처럼 보이는데, '자연법이', 이것이 지금 제가 말씀드린 것 같은 것입니다. 이러한 대문제를, 지금 이 자리에는 여러 분야의 대선생님들께서 계시니, 저는 이것저것 구구히 말씀드리지 않겠습니다.

아까 조금 말씀드렸는데, 저는 약 칠 년간을 절에서 보냈습니다.

'좌선坐禪'은 익숙해져서, 오히려 좋아졌습니다. 아침예불은 그다지 힘들지도 않습니다.

'사무(作務)'라고 해서 일을 합니다. 청소나 그런 것입니다. 이것도 별 게 아닙니다.

저는 처음부터 스님이 되려 했던 것은 아니고, 단시 읍내의 학교에 가고 싶다는 가벼운 이유로, 절에 갔던 것 뿐입니다.

저는 시마네현 쓰와노津和野(니시아마네西周, 모리 오가이森鷗外가 태어난 산인山陰 시역의 작은 교도)라고 하는 곳에서 태어났습니다만, 아버지가 스님들의 수행도장을 열고 계셨습니다. 저는 훨씬 산골짜기에 있는 절에 있었는데, '중이라니, 절대 되지 않을 거야'라고 생각했었습니다. 그러나 읍내에는 가고 싶었습니다.

아버지의 절에는 단가檀家가 없었습니다. 40 개 정도의 말사末寺를 거느린 유서있는 절이었습니다만, 지역 영주는 폐불훼석廢佛毁釋하고 신도로 전향해 버렸습니다. 그래서 절이 망할 위기에 놓여 있었죠. 그래도 운수雲水-수행승修行僧이 모여 수행을 하는 선사禪寺였습니다. 이것을 인도에서는 '상가(Sangha)'라고 합니다. 즉 인도어입니다. 여기에선 '승사僧舍'랄지 여러 가지 부르는 말이 있습니다. 어떤 의미에선 '코뮌(commune, 공동체)'입니다.

단가가 없으니, 장례식이나 제사로는 운영이 안됩니다. 그러니 '걸식乞食'을 하지 않으면 안됩니다.

아버지가 있는 곳에서 살기 위해서, 저에게 세 가지 의무(duty)가 지워졌습니다.

첫째, 좌선坐禪. 좌선은 독경과 세트입니다. 좌선 후에는 경을 읽기.

둘째, 사무(作務). 즉 청소.

셋째, 탁발托鉢. 저는 탁발이라곤 해본 적이 없었습니다. 처음엔 재미있을 것 같다고 생각했습니다. 소학교 4 학년 9 월에 전학을 하려고 했기 때문에, 여름방학 체험학습을 하는 셈 치고, 여름방학이 시작되자 요메지永明寺에 갔습니다. 좌선은 별로 힘들지 않았습니다. 아침의 독경도 시골 절에서 외우던 것이 더 길 정도였습니다. 청소도 시골에 있을 때가 훨씬 힘들었습니다. '이 정도라면 쉽다. 이걸로 잘 되겠다'라고 생각했습니다.

9 월이 되자 '아무래도 정말인 것 같아. 저 정도로 여기에 있고 싶어 하니…'라고 인정을 받아, 겨우 전학수속을 받게 되었습니다.

그리고 드디어 승당생활이 시작되었습니다. 그러던 와중에, 일주일에 한 번이었지만, 그 탁발하는 날이 왔습니다.

짚신을 신고 나왔습니다. 아직 아이였기에, 산문山門까지는 아무렇지 않게 나왔습니다. 그런데 드디어 읍내에 들어서자, 발이 움직이질 않는 것이었습니다. 결국 맨 뒤에 서서…. 그러자 무라카미화상村上和尙이라는 분이 저를 친절하게 데리고 갔습니다.

어린 저를 보고 마을 사람들은 즐거워하며…. 잇큐一休 같은 스님이 새로 왔다고 하자, 다들 일부러 나를 보기 위해 오는 것입니다. 쌀이나 돈, 채소…. 받고 나면 "원컨대 이 공덕이 널리 세상에 퍼져 우리와 중생들 모두가 불도를 증명하기를"하고 말하지 않으면 안되는 것입니다. 이것을 한 번 하고선, 견디지 못하고, 결국 도중에 뛰어서 절로 돌아오고 말았습니다.

그래서 "제발 뭐든지 할 테니까. 지금보다 일을 많이 시켜도 좋아. 그러니 탁발만은…"하고 아버지에게 부탁했습니다.

아버지는 척 하는 사람도 아니고, 괴팍한 사람도 아니지만, 뭐라 했냐 하면 "그럼 이제부터 아무 것도 하지 않아도 된다. 아침에 경을 안 읽어도 되고, 좌선도 안 해도 돼. 청소도 괜찮다. 하지만 탁발만큼은 꼭 하도록."

정말 답답했습니다. 이틀간 고민을 한 끝에, 정말 생각 많이 했습니다. 그러던 중 다시 다음 주가 왔습니다. 한번 청운의 꿈을 안고 산골짜기에서 내려온 이상, 얼굴을 들고 다시 돌아갈 수는 없으니, 친구들에게도 다 말하고 왔고, 거기다 읍내에 대한 동경도 있고 하니, 결국 싫지만 어쩔 수 없이 탁발에 나가게 되었습니다. 시간이 지나면서 익숙해졌습니다만, 역시 마지막까지 탁발은 싫었습니다.

아버지께서는 일찍 돌아가셨습니다. 하는 수 없이 장학금, 아르바이트로 고등학교·대학교를 전부 자신의 힘으로 졸업했습니다. 그러니까 아버지는 제가 도대체 어떻게 되었는지 전혀 모릅니다.

아까 말씀드린 대로, 저는 대학을 처음엔 불교와 전혀 관계없는 곳으로 갔습니다. 저희들이 졸업할 무렵에는 경기가 제일 좋았던 때입니다. 취직은 가고 싶은 곳이면 어디든 갈 수 있었습니다. 학술조사대로 외국에 다녀왔기 때문에, 저도 가고 싶은 곳에 갈 수 있는 상황이었습니다.

하지만 제 안에 무언가 걸리는 것이 있었습니다. 그것을 해결하지 않으면, 공부를 계속하더라도, 회사에 들어가더라도, 관공서에 들어가더라도, 앞으로 나아가지 못할 것 같았습니다. '왜 아버지는 탁발을 고집했을까?', '무엇을 위한 인생인가?' 등의 것을 그 정도 나이가 되면 조금씩 생각하기 시작하기 때문입니다.

고민 끝에, 마스나가 레호增永靈鳳 선생 – 선생은 제 아버지의 제자 같은 분으로 아버지 곁에서 수학을 한 인도철학의 대가입니다만, 그 선생님의 문을 두드리게 되었습니다. 그래서 인도철학을 공부했습니다. 그때 일을 하나만 말씀드리겠습니다.

대체로 저는 시니컬한 시각으로 사물을 봅니다. 이유는 와세다대학 정경학부의 정치학과를 다녔으므로, 사회과학으로서의 경제학이나 정치학 등의 분야로부터 모든 것을 보기 때문입니다. 마스나가 선생은 철학자이십니다. 같은 문헌을 읽더라도, 선생은 팔리어나 산스크리트어로 읽는데, 저는 시각이 다른 것입니다.

'부처의 상가는 어떤 식으로 경제를 도모했는가?'라는 식의 생각 먼저 듭니다. '안개만 먹고 살 수는 없었을 것이다'라든지요. 무샤노 고지武者小路의 "새마을"입니다만, 그건 자급자족의 세계입니다. 상가에 사는 사람들은 자급자족을 하는 것도 아닌데, 도대체 어떻게 먹고 살았을까요? 조사해보니까 쌀을 경작한 것도 아니에요. "걸식"을 했던 겁니다. '도道를 위해서 길道을 걷는다', 더 나아가 생각해보면, "부처님(佛)"을 더하더라도 괜찮습니다. '불도佛道를 위해서, 불자의 길(佛道)을 걷는다' 라구요. '도를 위해서 죽는다면 후회란 없다.'

이것을 알게 되었습니다. 경전에 몰두해 가다 보니, "바로 이거다"라고 깨달았습니다. 불법佛法을 위해 불법을 수행하고 있으니, 부끄러울 게 없습니다. 그래서 '희사喜捨'를 받아도 되는 것입니다.

예술가의 생애란 대개가 그렇습니다. 고호는 그림을 위해 그림을 그리다가 '객사客死'했습니다. 모딜리아니도 그랬습니다. 그림을 위해 그림을 그리다, 제가 모딜리아니를 좋아합니다만…. 모차르트도 그랬습니다. 음악을 위해 음악의 길을 걸었습니다. 그리고 '객사'한 것입니다. 그의 무덤도 없습니다. 그가 죽자, 쓰레기 하치장 같은 공동묘지에 버려졌습니다. 석회가 뿌려졌습니다.

"인생을 예술한 사람"의 생애란 '도를 위해 길을 걷는', 불교의 관점에서 보면 '불도를 위해 불자의 길을 걷는다'라는 삶 이외에는 아무것도 없다, 고 생각이 미치자, 저는 '이걸로 됐다. 더이상 철학을 공부하는 것은 그만두자'고 결정했습니다.

그 즈음에 마스나가 선생님으로부터, 인도철학을 공부할 거면 저와 동향인 시마네 출신의 나카무라 하지메中村元 선생님이 친구이므로 도쿄대학으로 가서 공부하면 어떻겠냐는 추천이 있었습니다만, '저는 원래 야인野人으로서 정치가가 되려고 처음부터 마음먹은 바가 있으니 와세다의 대학원으로 돌아가겠습니다. 그리고 정치학 속에서 살아가겠습니다'라고 하고, 마스나가 선생님과 헤어지게 되었습니다. 비통하게도 얼마 안 있어 선생님께서 돌아가시고 말았습니다.

그 후, 여러 사람들과 여러 만남이 있었습니다만, 또 한 가지, 오늘 이야기와 관련이 있는 듯싶은데, 고故 이리에 토시오入江俊郎 선생과의 인연이 떠오릅니다. 이리에 선생님은, 최고재판소의 판사를 가장 오래하신 분으로 일본국헌법 제정시에 법제국 장관으로서 맥아더와의 교섭을 담당하셨던 분입니다.

그 선생님 문하에서 한때 법학을 공부했습니다. 선생께서는 불교도였었는데, 갑자기 크리스천이 되셨어요. 나중에 알게 된 사실인데, 선생의 따님께서는 아직 대학생의 젊은 나이로 자살을 해서, 그것이 한 가지 계기였다고 하더군요. 제가 만났을 때엔, 선생께선 독실한 크리스천이셨습니다.

그러던 어느 날, 선생님이 암에 걸리셨는데, 그때 제게 이런 말씀을 하셨습니다.

"나는 물론 신도 부저도 아니야. 그런 내가, 사람을 심판해서는 안 된다. 그래도 최고재판소의 판사인 이상, 심판하지 않을 수 없다. 나는 늘 죄를 짓고 있다. 그러니 하기노 군, 거짓말은 하지 않아도 돼. 내가 '임'이란 걸 알고 있다. 이제서야 대우주, 대자연의 섭리가 나를 심판하여 묻어 줄 것이야. 그러니 기뻐해 주게."

돌아가시던 날 아침에, 사모님께 종이를 가져오라 시켜 남기신 말씀이,

'대해의 물거품 하나가 꺼져 가는 것과 같이, 내 죽은 후의 세상도 아무 일 없네' 였습니다.

대해의 물거품 하나, 떠 있지만…. 자신이 죽는 것은 거품이 꺼지는 것과 마찬가지이고, 자신이 죽는다고 해서, 대자연의 섭리는 미동도 하지 않는다.

역시, '대신념大信念'입니다. '대신심大信心'입니다.

여태껏, 저는 여러 사람들로부터 여러 가지 것들을 배웠습니다. 지금도 배울 것 투성입니다만.

마지막으로, 신란성인의 '자연법이'의 세계를, 도겐선사의 가르침으로부터 거슬러 올라가 보도록 하겠습니다.

아놀드 토인비라고 하는 역사학자는 '모든 종교의 공통점은, 되돌아보는 데 있다'고 했습니다. 여러분, 왜 이렇게 "합장"을 하는지 아십니까? 이것도 제 마음대로 하는 해석입니다만, 이렇게 손을 모으는 것은, 항복(fold-up)의 자세를 의미합니다. 스스로 버리는 것입니다. '폭력은 없습니다'라고 하는 것입니다. 간디의 '무저항의 저항'입니다.

영국에 갔을 때였는데, "일본을 대표할만한 말이 무엇입니까?" 라는 질문을 받았습니다. 그러나 그런 것은 저 같은 천학으로는 대답할 수가 없었습니다. 그래도 자꾸 물어봐서 "버렸을 때야말로 살아날 길이 생긴다"라고 대답했는데, 이게 잘 통하지 않는 겁니다. 그러나 열심히 설명을 했습니다.

헤엄을 못 치는 사람이 바다에 갔는데 보트에서 떨어졌다고 칩시다. 헤엄치려고 버둥대면 댈수록 물을 마시게 되고 익사하게 됩니다. '나는 헤엄을 못 친다'하고 몸도 마음도 비우고, 내던져 버리면, 저절로 떠오르게 됩니다.

도겐선사는 이런 말씀을 하셨습니다.

'불도를 배운다는 것은 자기를 배우는 것이다.' 정말로 알기 쉬운 말입니다. 불도를 배운다는 것은 조금 더, 조금 더 자신을 되돌아보고, 자신을 배우는 것이다.

'자신을 배운다는 것은 자신을 잊는 것이다.' — 그렇게 작은, 정말 조그마한 자신을, 버려 버리란 말입니다. 그 다음이 중요합니다.

'자신을 잊는다는 것은 만법으로 증명되는 것이다.'

이 '법'은 신란의 법과 같은 것입니다. 모든 일체의 대우주의 섭리입니다. '만법으로 증명된다.' — 비춰지고, 조명되어 가는 것입니다.

또한 이렇게 말씀하고 계십니다. 이것은 정법안장正法眼藏(현성공안現成公案)의 한 구절입니다만,

'자기를 움직여 만법萬法을 수증修證하는 것이 미혹(迷)이며'

자신을 척도로 해서 세상을 잰다 — 자신의 작은 잣대로 자연이나 대우주를 재고, 세상을 보려 한다면, 당신은 방황하게 될 것입니다, 라고 말하는 것입니다. 계속해서,

'만법으로 나아가 자신을 수증하는 것이 깨달음이라'

'수증'이라는 말을 쓰고 있습니다. 역시 수행을 하지 않으면 안되는 것입니다. 그 다음을 주목해 주시길 바랍니다. '자신을 수증하는 것이 깨달음이라.' 대우주, 대자연의 섭리 속에서 자신을 비춰 낸다면, 거기에는 깨달음의 세계가 열릴 것이다, 즉 신란과 꼭 같은 세계입니다. 신란성인의 그 깊고 깊은 의미의 가르침을, 도겐선사의 세계로 비춰 보았습니다만, 어떤 의미에서는 완전히 같습니다. 역시 무언가를 깨달은 사람들에게는 공통점이 느껴져 기쁩니다.

오늘 이야기의 처음으로 되돌리자면, 어쨌든지 간에, 우리들은 살아가지 않으면 안됩니다. 살기 위해서는, 역시 희망이 중요하다고 생각합니다. 특히 저처럼 복지와 관련된 일을 하고 있노라면, 살려는 의지가 없는 사람은 죽고 마는 것을 많이 봅니다. 기력이 없어지면 치매에 걸립니다. 죽습니다. 고민이 있으면 훌륭합니다. 고민이 있는 사람은 쉽게 치매에 걸리지 않습니다. 고민이 주어진다는 것은 고마운 일일지도 모릅니다. 살기 위해서는 '살려고 하는 기력'이 필요합니다. 니체의 말을 빌리자면 '자기를 의지意志'하여 사는 것입니다. 유럽풍으로 말하자면 '자율적 개인' 등으로 표현할 수 있겠습니다. 여기서 이야기하는 '살다'라는 것에는, 뭔가 자력적自力的 강함과 비슷한 게 있습니다. 살려고 하는 의지, Where there is a will, there is a way (뜻이 있는 곳에 길이 있다)라는 것과 비슷한 것입니다. 이것은, 아까 말씀드린 서양적 파이어니어 정신, 프런티어 정신일지도 모르겠습니다.

그러나 이것만큼은 도대체 어떻게 할 도리가 없습니다. 이것은 한 장의 종이입니다. 이쪽에서 보더라도 종이, 저쪽에서 보더라도 종이입니다. 앞과 뒤가 없다면 종이가 아닌 것입니다. 그렇지 않습니까? 종이라고 할 수 없겠죠?

한 장의 종이가 성립되기 위해서는 반드시 앞과 뒤가 있는 것처럼, 사는 것에 대해 끝까지 생각해본다면 — 종이의 앞쪽을 생각한 사람은, 동시에 뒤쪽을 생각합니다. 뒤쪽을 생각한 사람은 동시에 앞쪽을 생각합니다. 이것이 "살려지는 것"입니다. 삶과 죽음은 사실은 일체인 것입니다.

여러분이 오늘 여기에 오신 것, 제가 지금 이렇게 서 있는 것도, 모두 마찬가지입니다. 이러한 것은 다 잘 알고 있는 것이죠? 저는 항상 학생들에게 말합니다. 어려운 철학서를 읽거나 할 필요가 없다. 가장 중요하고, 가장 어려운 것, 그것은 가장 쉬운 것 속에 있다. 치르치르와 미치르는 아니지만, 행복의 새를 찾아 헤매었지만, 그 어디에도 없었습니다. 마지막으로 자신의 옆에, 잘 생각해 보니 자신의 마음 속에 있었던 것입니다. 그것과 마찬가지로, 쉬운 말 속에 깊은 의미가 담겨져 있습니다. '살다'라는 것은 '살려지다'라는 것, 이것을 '타력他力'이라고 합니다. 다른 힘, 타인의 힘입니다. 이것을 단순히, 신란은 타력본원他力本願, 도겐은 자력본원自力本願이라 한다고 하는 사람이 있습니다. 그러나 자력도 타력도 앞과 뒤의 일체라고 저는 생각하고 있습니다. 그러니 저는 신란성인께도 그 누구보다도 감사하고, 살 힘을 주셨다고 생각합니다.

벌써 시간이 됐습니다만, 이 자력, 타력 둘을 바탕으로 우리들이 살아가지 않으면 안됩니다. 걸어가지 않으면 안됩니다. 실타래처럼 얽인 굴레 속에서…. 저의 경우, 어느 쪽에 더 많이 엉켜있는가 하면, 자력이라 할 수 있는 것이 1%라고 한다면, 살려지는 쪽이 99%입니다. 그러니 저 자신의 경우를 말씀드리자면, 이제부터는 지금까지 받았던 것을, 아주 조금이라도 돌려드리고 싶다고 생각하는 바입니다.

창 밖으로 저렇게 단풍이 지고 있습니다. 뒤를 보이고 앞을 보이면서….

장시간 들어주셔서 감사합니다. 건강하시길 바랍니다.

(1989 년 11 월 19 일 무사시노武蔵野대학 강연회 속기록에서)

오키나와의 진실 – 전쟁의 교훈

“전쟁은 절대 안됩니다…. 선생님, 선생님과 같은, 만일 살아있다면, 같은 나이의 아들이 제게도…, 하지만, 그 자식을 이 손으로…, 이 손으로….”

그 후에는 말이 되지 않았고, 단지 뜨거운 눈물만이 볼을 따라 흘러내렸다.

그것은 오키나와부인대회의 기념강연에서의 일이었다.

강연을 끝내고 연단에서 내려오려고 하는데, 어디로 봐도 일흔은 넘어 보이는 노부인이 무대의 한 쪽으로부터 일직선으로 나를 향해 걸어오면서 한 말이다.

몇 년 전 센다이에서 개최되었던 전국부인대회에서 강연을 했던 인연으로, 오키나와로부터 강연의뢰를 받았다. 그러나 솔직히 복잡한 심경이 교차해 마음의 정리가 되지 않았기에 승낙을 주저했었다.

오키나와의 역사를 이야기할 때, 특히 오키나와에서는 전쟁을 빼고 이야기할 수는 없다. 또한 이전 지인知人으로부터 들은 이야기로, 오키나와에서 부인들을 상대로 강연을 하는 것처럼 힘든 일은 없을 뿐더러, 특히 노부인들이 포함되면 치명적이라는 것을 들은 적이 있었기 때문이다.

나 자신 전쟁 중에는 아직 어렸고, 어설픈 공감이나 지식, 인생체험으로 오키나와 사람들 앞에 서는 것은, 곧바로 자신의 어설픔이 들켜버릴 뿐 아니라 불쾌감을 줄지도 모른다는, 분수에 맞지 않는 일이라고 생각했기 때문이다.

그러나 주최자로부터 ‘오키나와에 올 수 없는 이유’를 대라는 채근과, 또 중간에서 소개한 분의 체면을 생각해서 어쩔 수 없이 참석하게 되었던 것이다.

강연을 하다 보니 예상외로 오키나와의 부인들이 뭔가 느끼는 것 같았고, 나도 공감을 느끼며 어찌어찌 무사히 내 역할을 끝낸 직후였다.

"제가 그 아이를, 이 손으로…"

그것은, 나같은 인간은 상상할 수조차 없는, 전쟁이라는 극한상황 속에서 부조리한 삶을 살 수 밖에 없었던 인간의 가감 없는 '고백'이었다.

조개처럼 입을 다물고, 자신들의 삶의 모습을 노출시킨 채 살아가지 않으면 안되는 많은 사람들이 아직도 오키나와에 있다. 오키나와에서 전쟁의 상처는 영원히 지워지지 않을 것이다. 아니, 나에게 있어선 지워서는 안될 리얼리티(reality)이다.

그 노부인은, 그 후의 행사에는 참가하지 않았고, 나에게 다음과 같은 전언을 남기고, 이름도 밝히지 않은 채 사라졌다.

'피로 피를 씻는 전쟁이야말로 악惡입니다. 학생들에게, 또 강연을 통해, 모든 사람들에게 저와 같은 인간이 두 번 다시 나타나지 않도록 전해 주십시오.'

제 2 차 세계대전 당시, 나의 모교는 군사교련 교육을 거부하는 학생이 많은 대학이었다고 은사로부터 들었다. 그런데 본토 결전의 색이 짙어지자, 전쟁에 가장 부정적이었던 학생이 지원하였고, 인간어뢰가 되어 혹은 특공대로 오키나와 근해로 흩어졌다.

지원하여 출전하는 선배의 말은 다음과 같았다고 들었다.

"비록 평화를 바라고, 전쟁을 부정하더라도, 눈앞에서 죽창을 들고 쓰러져 가는 여자나 어린아이들을 입다물고 보고 있을 수만은 없습니다."

이런 이야기들을 남긴 채 쓰러져간 선배의 행동에, 안타깝지만 나로선 어떤 코멘트를 할 힘도, 자격도 없다.

아마, 영원히 어떤 말도 할 수 없을 것이다. 지금은 단지 엄숙하게 선배들의 죽음의 진실을 정면으로부터 받아들이고, 미래의 평화를 위한 양식으로 삼아야 한다는 의무와 책임을 느낄 뿐이다.

이 원고를 쓰고 있는 오늘은 6 월 19 일이다. 오키나와가 점령되기 며칠 전의 가장 비참하고 부조리한 삶을 어쩔 수 없이 살아야 했던 아수라장의 오키나와를 생각하면, 쓰지 않을 수 없기에 펜을 들고 있다. 잊어서는 안되기 때문이다. 전쟁의 역사와 현재의 평화, 미래의 평화는 절대 따로 뗄래야 뗄 수 없다. 과거의 역사는 현재의 안에 있는 것이며, 그 역사를 미래에도 지고 살아가는 것에, 인간으로서의 역사적 삶의 방법이 있기 때문이다.

또한 중국 잔류고아들은 나와 같은 연배이다. 이러한 것과 위에서 말한 노부인의 고백, 선배들의 죽음, 이러한 것들이 언제나 오버랩(overlap)되어, 마치 내 일처럼 기억 속에서 사라지질 않는다.

오키나와에서 돌아온 직후의 일이다. 지도학생으로부터 다음과 같은 얼핏 보면 평범한 질문이 나왔다.

"도대체, 무엇이 이 세상에서 가장 악입니까?"

"피로 피를 씻는 전쟁만한 악은 없다"

"일을 하고 싶어 하는 사람에게 일할 곳이 없는 사회는 악이다"

라고 순간적으로 대답했다. 오키나와에서의 흥분이 채 가라앉지 않은 상황에서의 순간적 대답이라고는 하지만, 틀리지는 않았다고 지금도 그렇게 생각하고 있다.

전후의 일본의 교육을 생각해 보면, 불선명하고 이해하기 어려운 점이 많다. 그 하나는 그 정도의 희생을 대가로 치른 전쟁이라는 사실의 취급이다.

전쟁이란 자연현상이 아니다. 명백히 인간이 만들어낸 역사상의 사실이다. 전쟁의 역사를 배우는 이유는 미래에의 평화를 위해서이다. 하물며 전쟁체험을 가진 어른들의, 전쟁체험이 없는 젊은이들이 전쟁이라고 하는 역사를 어떻게 받아들였으면 하는가에 대한, 자세가 애매하다.

이미 언급했듯, 일본민족은 '궁리'에 뛰어난 민족이라고 한다. 예를 들면 한자가 중국으로부터 들어오자 가나仮名문자를 만들어낼 정도의 훌륭한 능력을 가진 민족이며, 다른 곳에서 그 예를 찾아 볼 수 없다.

이러한 잠재적 능력 덕분에, 전쟁의 폐허로부터 오늘날의 일본을 재건할 수 있었던 것이다. 비꼬아 말하자면 '패전'을 눈 깜짝할 사이에 '종전'으로 바꾸어 버린 묘한 감각을 지닌 민족이라고도 할 수 있겠다.

그러나 명심하지 않으면 안될 것은, 장점은 또한 단점이 될 수도 있다는 것이다. 폐허가 되어버린 패전국으로부터 그 누가 현재의 일본을 상상할 수 있었겠는가? 쉬지 않고 달려왔다. 그리하여 물리적인 보이는 공해도, 정신적인 보이지 않는 공해도 동시에 생산해내는 국가가 되어 버린 것이다.

일본은 지금 모든 분야에 있어서 '고갯마루'에 서 있다고 할 수 있다. 일본의 활로, 미래에의 희망은 '고갯마루'에 서서 지금까지를 '되돌아보는' 것 외에는 없다. 그리고 내일을 짊어질 젊은이들에게 무엇을 배턴터치하고 무엇을 부탁할 것인지를 신중히 검토할 시기인 것이다. 동일본의 미증유의 지진으로 인한 쓰나미, 방사능에 의한 대재해大災害를 결코 잊어서는 안될 역사를 만들어 내야 하는 시기이다.

배턴터치하지 않았던 한 가지는 제 2 차 세계대전의 역사이다. 전쟁의 정말로 비참한 모습을 젊은이들에게 전하려 하지 않았던 것이다.

오키나와의 비참한 모습이 어디까지 젊은이들에게 전해졌을까? 히로시마·나가사키의 원자폭탄의 비참함은 한동안 교과서로부터 그 모습을 감추었다.

영국에 머물던 중, 반핵집회를 본 적이 있다. 아이들을 데리고 나온 주부들의 손에도 그리고 아이들의 손에도 '오이로시마(EUROSHIMA)'라고 적힌 플래카드가 쥐어져 있었다. 서구에서는 핵의 공포가 이데올로기 이전의 문제로서 시민들의 의식 속에 자리잡고 있는 것이다. 총탄에 쓰러졌던 존 레논은 무의식적으로 반전의 노래를 부르고 있었다는 이야기가 있다.

평화, 전쟁, 핵의 문제를 일본인은 너무도 이데올로기적으로만 생각한 나머지 문제의 본질을 놓치고 있는 것은 아닐까?

서구에서는 일본과는 달리 인간의 존재의 문제로서 파악하고 있다. 일본에서는 절대 상상할 수 없는 일이지만, 화이트하우스로부터의 한

마디, 크렘린의 한마디에 시민들이 민감하게 반응하고 있다는 것을 피부로 느낄 수 있었다.

그 차이는 교육에 있다고 생각한다. 독일을 비롯한 서구에서는 이데올로기에 관계없이 히로시마, 나가사키의 원자폭탄의 공포와 어리석음을 어렸을 때부터 충분히 가르치고 있다.

일본도 평화와 전쟁과 핵 문제야말로 이데올로기와 관계없는 인간 존재의 기본적 문제라는 것을 어른들이 책임지고 아이들에게 전해야만 한다.

우리 어른들은 과거의 잘못, 전쟁의 비참함은 웬만하면 아이들이나 젊은이들에게 알리지 않음으로써 평화의 마음을 쌓으려 했던 건 아닐까? 만일 그렇다고 한다면 중대한 윤리적 결함이 거기에 존재한다고 할 수 있다.

전쟁의 정말로 비참한 사악함을 배우지 못 하고, 무지한 채로 교육받은 젊은이들이, 어떻게 전쟁을 피하고 평화를 구축하려는 힘을 기를 수 있다는 말인가?

비록 인간이 구토를 할지언정, 발광을 할지라도, 진실과 직면하여 그 안에서 살면서, 올바른 진실과 대결할 때야말로 비로소 정의의 윤리감이 생성될 것이다.

만일 진실과의 대결을 피하고, 무지함을 방치한 채 교육을 하려 한다는 것은 윤리적 나약함의 표출 이외에는 아무 것도 아니다.

전쟁의 진정한 비참함, 사악함을 올바르게 젊은이들에게 가르칠 의무가 어른들에게는 있다. 그것이 아이들이, 젊은이들이 평화를 향해 나아가는 힘의 근원이 되기 때문이다.

모든 비참한 전쟁의 역사가 인간에게 전하려 하는 것은 무엇일까?

전쟁의 빚은 결코 전쟁을 일으킨 사람, 싸운 사람, 전쟁을 지원한 사람들에게 남지 않는다. 전쟁의 빚이 언제나 극한상황의 부조리한 세계에서, 잔혹하게도 가장 약한 사람들에게 돌려지는 것은 전쟁의 역사가 가르쳐준 진실인 것이다.

오키나와의 노부인이 "내가 그 아이를, 이 손으로…"라고 한 말이 귀에서 떠나질 않는 채, 나는 공항을 향했고, 비행기에 올랐다.

무의식적으로 오키나와 바다에 흩어진 선배들의 혼백에게, 그리고 목숨을 잃은 셀 수 없는 영혼에게 합장했다.

상공에서 보는 오키나와의 어머니인 바다는 옅으면서도 여린 에메랄드 빛을 띠고 초록으로 뒤덮인 오키나와의 대지를 따뜻하게 감싸고 있었다.

일본적인 것을 생각하다

"봄은 꽃, 여름은 두견, 가을은 달, 겨울 눈 내려 시원하구나" (도겐道元, 산송도영傘松道詠)

일본을 떠나보면 특히 느끼는 것이지만, 일본처럼 사계절이 뚜렷한 풍토는 세계에서도 잘 찾아볼 수가 없다. 그 풍토에서 우러나는 마음이 일본인의 무의식의 심층에 자리잡고 있는 것이다.

우리들은 그러한 마음을 후세에 어떤 식으로 전하려고 하는가? 전해야 할 것을 잃어 버린 건 아닌가? 혹은 알지 못하고 방황하고 있는 건 아닌가? 아무튼 일본의 풍토로부터 받았던 자연의 마음, 그것을 알아차리는 감성이 약해지고 있다는 생각을 금할 수 없다.

가와바타 야스나리川端康成는 스톡홀름에서 거행된 노벨상 수상 기념강연의 모두冒頭에서 "봄은 꽃, 여름은 두견, 가을은 달…"이라는 말로 일본인의 마음을 전하려 했다.

일본인은 인사말 속에 "날씨가 참 좋군요"라든지, "공교롭게도 비가 오는군요", "오랜만에 촉촉해지는 것 같아요" 등의 늘 날씨에 관계된 말을 넣어 인사를 나눈다. 이렇듯 날씨는 옛날부터 일본인의 커뮤니케이션의 매체가 되어 왔다. 영어로는 'How do you do?'라고 한다. 이것은 '당신 자신은 지금 어떻습니까?'라는 의미로, 어디까지건 주체로서의 자기가 표면에 나타나고 있다.

또한 영어 문장과 일본어 문장을 비교할 때, 특히 눈에 띄는 것은, 일본어 문장에는 주어가 거의 없다는 사실이다. 그래서인지 영어로 말할 때엔 필자도 주어를 의식하게 된다.

영국에서의 일이다. "일본의 마음, 일본인의 삶의 방식을 대표하는 말을 가르쳐달라"라는 좀 곤란한 질문을 받은 적이 있다. 나는 그 자리에서 다음과 같은 말을 전했다.

"버렸을 때야말로 살아날 길이 생긴다…"

지금 생각해보면 순간적인 대답이었지만 그 말 그대로인 것 같다. 버림으로써 살아날 길을 찾는다는 것은 그야말로 일본인의 대표적인 삶의 방식인 것 같다.

동양과 서양의 삶의 방식을 크게 나누어 보면 다음과 같이 생각할 수 있다. 즉 서양은 'Why?'의 삶일 것이며, 동양 특히 일본의 경우는 'How to?'의 삶이라 생각한다.

'Why?'는 '왜?' 라는 것인데, 이 '왜?'가 인간의 탐구정신을 북돋아 주었고, 그 결과 현재의 과학기술문명을 낳게 하는 원동력이 되었다.

이에 반해 'How to?'란 어떤 삶의 방식을 말하는 걸까? 인생이란 주사위가 던져진 것과 마찬가지이다. 이미 1 은 1, 2 는 2 라고 주사위에 정해진 채 던져진 것이다. 그러한 상황 속에서 인간이 살아가는 길, 방법은 '어째서(왜)?'가 아니라, '어떻게 살 것인가?'에 비중을 두게 된다. 그것이 동양인의 지혜智慧인 것이다.

어느 쪽이 옳고 어느 쪽이 그르다는 이야기는 아니다. 각각은 자신들이 처한 자연의 풍토 속에서 인간이 살아가는 지혜로써 길러져 온 것이다. 앞으로 일본인이 국제인으로서 살아가기 위해서는, 양쪽의 지혜를 활용할 필요가 있다. 그렇게 하는 것만이 일본인이 국제사회의 무대에서 일본인으로서 담당해야 할 역할을 명확히 알 수 있는 길이다.

메이지明治유신 이후, 일본적인 것을 버림으로써 일본의 존재를 명확히 하려고 했던 건 아니었을까? 다시 한 번 일본적인 것에 마음을 열고 직시할 필요가 있다는 생각을 버릴 수가 없다.

분명 일본은 근대화를 민첩하게 수행했으며, 많은 시련을 극복하여 현재의 경제적 기반을 확립시켰다. 그러나 거기서 잃어 버리거나 잃어 버리고 있는 것에 대해 알아차리지 못한다면, 일본의 미래는 그 어느 곳에서도 찾을 수 없을 거라 생각한다.

"버렸을 때야말로 살아날 길이 생긴다…"라는 일본의 격언으로부터, 내팽개쳐진 인생을 생각할지도 모른다. 그러나 조용히 마음을 가다듬고 이 말의 의미를 되새겨 보면, 실로 새로운 세계를 상상할 수 있다.

헤엄칠 줄 모르는 사람이 넓은 바다에 내던져졌다고 상상해 보라. 헤엄을 칠 순 없을지언정 어떻게 해서든 헤엄치려 할 것이다. 그러나 결과는 냉혹한 법이다. 헤엄칠 줄 모르는 사람이 헤엄치려고 허우적대면 댈수록 물을 마시게 되고 드디어는 가라앉게 된다.

그렇다면 수영을 못하는 사람이 바다에 내던져졌을 때 살아날 길은 없는가? 살아날 길은 있을 것이다. 살아나는 방법은 있는 그대로 헤엄치지 못하는 상황에 몸을 맡기는 것이다. 인간에게는 어떻게 할 수 없는 게 있다. 절대적으로 완전하지 못 한 인간 — 이라는 것을 깨닫는 것이야말로 살아날 수 있는 길인 것이다.

헤엄칠 수 없다는 것을 깨닫는다면, 그 사람의 몸은 바다 위에 저절로 떠오를 것이다. 헤엄을 칠 줄도 모르면서 헤엄치려 발버둥치기 때문에 가라앉게 되는 것은 자연의 섭리인 것이다.

일본의 자연풍토로부터 자연스럽게 나온, 누가 먼저 말하기 시작했는지도 모르는 "버렸을 때야말로 살아날 길이 생긴다…"는 격언은, 길이 막혀 벽에 부딪힌 인생, 혹은 조직 속에서의 자신, 또는 일본사회에게 활로를 열어주는 이정표가 될지도 모른다.

자신을 척도로 삼아 사회를, 세계를, 자연을 재려고 하여도 그 용량에는 한계가 있다. 자신의 한계를 넘는 것은 가능하기 위해서는 자신을 버렸을 때야말로 비로소 가능해질 것이다. 그러한 세계란 자신을 초월하여 자신이 아닌 타자로부터 비춰지는 자신이 존재하는 세계이다. 거기에 자신의 살아날 길이 있는 것이다.

"버렸을 때야말로 살아날 길이 생긴다…"는 격언에는 실로 깊은 뜻이 담겨 있다. 자연의 풍토로부터 배우고 그 속에서 익힌 일본인의 삶의 발로인 것이다. 결코 내팽개쳐진 인생도 아니고, 어떻게든 되겠거니 하는 생활도 아니다. 거기에 있는 것은 예컨대 화려하진 않을지라도 힘있게 살아가는 의지이며, 끈질기고, 그냥은 죽지 않는다는, 그대로는 일어서지 않는다는 일본의 정신풍토가 낳은 귀중한 격언인 것이다.

— '자신을 움직여 만법萬法을 수증修證(수행하여 증명함)하는 것이 미혹(迷)이며, 만법으로 나아가 자신을 수증하는 것이 깨달음이다' (도겐道元)

앞서 서양인의 삶의 방식은 'Why?'의 인생이라고 했는데, 이러한 '왜? 어째서?'의 인생관에도 역시 그 근저에는 풍토에서 오는 사유방법이 존재한다. 서양에서는 자연과 인간은 대립의 관계, 즉 자연이란 인간이 개척하여 정복하는 것인 것이다.

오늘날의 과학기술문명의 모태는 그러한 프런티어(frontier) 정신에 있다고 할 수 있다. 과학기술 덕분에 우리들의 생활양식이 가속적으로 변화해 온 것은 틀림없는 사실이며, 편리하고 풍족해졌다. 그러나 그러한 충만감의 베이스에는 '양量'과 '능률能率'이 존재한다. 모자란 것이 있다면 '질質'적 가치라 할 수 있겠다.

양과 능률로는 알 수 없는 질적 가치에 눈을 뜨는 게 중요하다. 앞으로의 21 세기가 인간을 위한 시대가 될지 어떨지는 질적 가치에 얼마나 비중을 두는가에 따라 결정될 것이다.

'Why?'의 삶은 확실히 과학기술을 진보시켰으며 풍요로운 오늘날의 생활양식을 생산해냈다. 그러나 과학을 통한 설명, 해설, 이해에는 한계가 있다.

과학의 눈을 통해 제 아무리 정확히 관찰하고, 규명하여 설명한다손 치더라도 그것은 어디까지나 사물과 사물 간의 관계에 대한 설명일 뿐 사물 그 자체에 대한 설명이 될 수 없다.

서양에서도 사물 자체를 보는 시각에 도달하기까지는 상당한 역사가 필요했다. 베르그송에 의해 처음으로 그러한 시각이 조명되어 실존철학 속에 살아 있다. 그렇지만 인간의 긴 정신문화의 역사 속에서 그 기간은 약 2 세기 정도에 불과할 뿐이다.

그러나 동양에 있어서는 사물 자체를 꿰뚫어 보는 직관적 힘이 생활 속에 자연스레 자리잡고 있었다는 느낌이 든다.

사물 자체와 일체가 된다는 시각은 오래 전 인도에서 사유되어 길러져 왔다. 동양의 풍토가 살아가는 생활의 지혜로써 우리들에게 전해

준 것이라는 생각도 든다. 이러한 감성이라고도 말할 수 있는 보석을 현대를 살아가고 있는 우리들이 흐리고 있는 것은 아닐까?

직관으로 사물을 보는 것은 사물 자체를 몸으로 체득하는 것이라고도 할 수 있다. 현대인은 어쩌면 몸으로 학습하는 기회로부터 멀어져 가고 있다. '신인류'라는 말이 유행하고 있는데, 정말로 직관적 감성이 빠진 현대인을 상징하는 말이라 생각한다.

직관적 감성을 낳는 기반은 어디에 있는 것일까? 그것은 우리들을 둘러싼 자연환경, 그리고 그 안에서 길러진 정신풍토 속에서 비로소 자라는 것이다.

지식사회, 정보사회라 일컬어지고 있다. 그러나 지식을 아무리 많이 모아도 지식은 지식일 뿐이다. 특히 미래에 있어서 지식의 역할은 컴퓨터가 인간을 대신할 것이다. 만물박사 학자는 21 세기에는 무용지물이 될 것이다.

지식중심적 사고는 먼저 사물을 볼 때, 저도 모르게 양에 눈이 가고, 결국에는 능률에 비중을 누게 된다. 이것은 현대사회의 비뚤어짐이기도 하다.

지식으로 파악하는 게 아니라, 지혜로 파악하는 감성이야말로 지금 필요한 것이다. 확실히 현대사회는 정보사회이며 정보는 필요한 것이다. 그러나 정보에 휘둘려 자신이 서야 할 곳을 잃어 버려서는 안되는 것이다.

일본인이 계승해 온 감성의 근원은, 역시 일본의 풍토 속에서 길러진 것이다. 그것은 자연과의 대립, 자연을 정복하는 것이 아니라 자연에 안겨, 자연과 어우러지고 동화하는 마음을 바탕으로 하고 있다.

"봄은 꽃, 여름은 두견, 가을은 달, 겨울 눈 내려 시원하구나" — 다시 한 번 일본의 풍토 속에서 길러진 전통적인 감성을, 현대의 생활 속에서 어떻게 일구어낼 것인지 생각해 볼 필요가 있다.

동양 – 그 정신적 풍토

인간은 누구나 자신의 의사에 따라 자유롭게 생각한 대로 살고 싶다는 바람을 갖고 있다. 다른 말로 표현하자면, 자기의 의사에 따라, 사는 것에 대한 바람을 많건 적건 가지고 있다고 할 수 있다. 즉 타자로부터 제약, 제한되지 않고, 지배받지 않고, 자기의 의사에 따라 사는 것을 바라고 있는 것이다.

그러나 반면, 자기의 의사대로, 자기의 희망대로 살아갈 수 없도록 인간은 만들어졌다.

그 이유는 인간은 자기 혼자서는 살아갈 수 없게 만들어졌다는 숙명을 지고 있기 때문이다.

즉 인간은, 사회 속에서만 살아갈 수 있고, 행복도, 자유도, 희망도 비로소 그 안에서 달성할 수 있다. 행복의 실현을 위해서는 반드시 사회성이 필요한 것이다.

그것이 바로 인간을 사회적으로 파악할 때만이 처음으로 제대로 파악할 수 있다고 생각한 아리스토텔레스의 명제가 존재하는 이유이다.

자유롭게 살고 싶다고 바라는 자율적 개인과 그 자율적 개인의 집합인 사회와의 관계야말로 중요하다 할 수 있다.

그러나 그와 더불어 보다 더 중요한 것이 하나 있다. 그것은 개인이나 사회를 구성하고 있는 요인으로서 환경, 풍토를 빼놓으면 안된다는 것이다. 지진도 쓰나미도 태풍도 일본의 풍토인 것이다.

자연환경이 인간에게 미치는 영향은 측정이 불가능하다. 더욱이 인간사회와 자연환경 간의 상호관계로부터 생겨나는 정신적 풍토를 잊어서는 안된다.

정신적 풍토 속에서 인간은 태어나고, 행복을 실현시켜 나간다. 바꿔 말하면, 정신적 풍토를 무시하고, 인간은 행복을 실현시킬 수 없다.

학창시절, 동남아시아 학술여행을 한 적이 있다. 말레이연방의 한 농부가 석양을 등지고 서서, 있는 힘을 다해 밭을 가는 모습을 보았다.

그때, 문득 내가 태어난 시골집에 돌아왔다는 착각에 빠졌다. 마르크스, 엥겔스, 베버 등이 지적한 동양의 비역사성非歷史性, 정체성停滯性을 배운 나였지만, 다음과 같은 소박한 의문이 들었다. 이 동양에서도 수천 년, 수만 년, 아니 그보다 훨씬 이전부터 인간은 살고 있다. 그 인간의 역사에는 반드시 나름대로의 의미가 있을 것이다. 비록 서양처럼 편리하고, 능률적이며, 근대화를 이루지 못했을지라도, 인간의 삶, 인간의 행복을 실현할 방법은 있을 거라고, 당시 스무 살의 나는 절실하게 느꼈다.

비록 화려하게 역사의 무대 위에 서진 않더라도, 역사의 심층에서 유유히 살아가고 있는 사람들이 있는 것이다. 그것은 백 년, 이백 년의 역사 속에서 간단히 만들어지는 것이 아니며, 또한 일이백 년에 변하는 것도 아니다.

이러한 역사의 심층에 담겨있는 정신적 풍토야말로 흙에서 태어나 흙으로 돌아가는 인간이 만들어낸 행복의 원천일 것이다.

아무튼 현대사회에서는 단지 편리하고 능률적이며 풍요롭기만 하면 행복이 실현되는 것처럼 생각하는 경향이 있다. 천 년에 한 번 있을까 말까 한 미증유의 대재해大災害와 방사능 문제는, 이것을 기회로 생각을 바꾸지 않으면 안된다는 깊은 성찰을 요구한다.

위에서 말한 것처럼, 인간이 혼자 제 마음대로 행복을 실현하는 건 불가능하다. 커뮤니티(community) 속에서, 사회 속에서 행복은 실현될 수 있고, 그리고 그 기초는 긴 역사를 통해 이어져 온 정신적 풍토인 것이다. 그 정신적 풍토를 기초로 현대를 살아가고 있는 우리들은, 현실의 과제에 대처하면서, 커뮤니티를 통해 어떻게 하면 보다 효과적으로 개개인의 행복을 실현시킬 것인가를 추구하고 실천하지 않으면 안 될 때이다.

이것은 우리들의 행복을 실현시킴과 동시에, 보다 풍요로운 정신적 풍토를 다음 세대에 물려주는 발판이 될 것이며, 그 발전에도 이어질 것이다.

최근 커뮤니티에 대한 철학을 여러 가지 방법으로 지역사회 속에 펼치기 위한 노력이 있다. 그러나 커뮤니티 사상의 원류로 거슬러 올라가면, 크게 두 가지로 나뉜다. 물론 대략적인 분류일지도 모르겠지만, 가령 인류가 걸어온 발달의 뿌리를 서양적인 것과 동양적인 것으로 상정해 생각해 보자.

서양적인 것의 커뮤니티의 뿌리를 보면, 그 대표적 생활양식은 유목생활로 이해된다.

즉 인간이 대자연의 환경 속에서 살아가는 방법으로 유목생활을 생각할 수 있다. 자연 속에 자라고 있는 식물을 양들에게 먹이고, 그 양이 인간의 중요한 식량, 에너지원源이 된다. 그래서 특정한 지역에서 양에게 먹일 초목이 사라지게 되면, 다음 지역으로 이동하는 생활을 한다. 양은 인간에 있어서 움직이는 냉장고 역할을 했다고 이해된다.

자연과 인간과의 관계는, 자연은 정복하는 대상인 것이다. 그리고 일정한 지역에 정착해서 생활하지 않기 때문에, 토지와 인간과의 관계는 나중에 비교할 동양과의 관계처럼 깊지는 않다.

그러나 다른 유목민과 부딪혔을 때를 가정해보면, 생존을 가능하게 하는 결정적 요소는 무력이기 때문에, 강력한 무력을 보유하기 위한 기술의 발달이 필요하다. 또한 타민족과의 접촉도 생각해볼 수 있다. 그 후 자연스럽게 물물교환이 성립되었고, 시간이 지나면서 상업무역의 원리가 나타나 성장했을 것이다.

오늘날 세계평화의 유지 원리로서 세력균형(balance of powers)이 가장 유효한데, 역시 인류의 태동기 때 나타났던 문명인도 같은 것을 행했을지도 모른다.

유목민족으로부터 나온 자연과 인간, 하늘과 인간, 인간(민족) 대 인간(민족)의 상대적, 이원적인 원리야말로 서양에서 도도히 흐르고 있는 정신이며, 오늘날의 과학문명 사회를 만들어낸 원동력이 그러한 풍토 속에서 배양된 정신이라 할 수 있겠다.

그것에 비해 동양적 생활양식의 대표는 몬순지역에서 발달한 도작稻作중심문화의 민족일 것이다.

유목민족과 비교하면 그 반대에 서있다. 즉 도작민족은 일정한 토지를 중심으로 생활하는 것이다.

흙에서 태어나 흙으로 돌아가는 땅의 문화라 할 수 있다.

자연을 정복하는 것이 아니라, 자연과 동화하여 생활하는 역사라 할 수 있다. 동양에서는 상대적, 이원적으로 세계를 보는 자세란 원만한 것이다. 그러나 대립이 아니라, 동양에서는 동화·동사(同事, 보살이 중생을 가까이 하여 기쁨과 슬픔을 함께 나누며 가르치고 인도하는 것)의 세계관이 길러져 왔다.

서양과 비교할 때, 과학문명의 발달은 늦더라도, 인간의 내면을 볼 경우, 결코 약하다고는 할 수 없다.

한 예로, 병원의 탄생을 생각해 보자. 세계에서 가장 오래된 병원으로 콘스탄티노플의 기독교병원을 치지만, 동양에서는 기원전 200 년대에 이미 아쇼카(Ashoka)왕의 정책에 의해 세계 최고最古의 병원이 만들어졌다.

그러나 이 병원은 '이종二種의 병원(cikicha)'으로 불려졌다. 그것은 manusacikicha, 즉 '인간병원'과 pasucikicha 라고 하는 '동물병원'이 같이 있었기 때문이었다.

이 아쇼카 왕이 세운 병원은 동물과 인간의 구별이 명확하지 않다는 이유로, 세계 최고最古 병원의 자리는 콘스탄티노플의 기독교병원의 차지가 되었다.

동물은 수단이고 인간이 주체라는 의식은 서양적 정신풍토 내에서의 생각이다. 목적과 수단이 명확하지 않은 것이 동양적 정신풍토의 세계관인 것이다. 방사능 때문에 희생된 가축을 생각하면 견딜 수가 없다.

자연과 일체가 되어 살아가는 삶은, 수단과 목적을 구별하지 않는 동양적 직관이다. 살아 있는 모든 것에 대한 생명관은 거꾸로 서양보다 동양이 더 깊었다고 할 수 있다.

복지에 대한 새로운 견해가 필요해졌다. 복지에 있어 지금이야말로 꼭 필요한 것은 건강한 사람과 장애인과의 벽을 허무는(boarderless) 것이며, 인류의 일체관, 자연과의 일체관이다. 건강한 몸으로 태어나 건강하게 사는 것이 기적이며, 오히려 장애란 그 사람의 특질로 파악해야만 한다. 이 한정된 지구에서 어쨌든 간에 인류가 공존공생 하지 않으면 안된다. 한정된 공간에서 인류가 공존하지 않으면 안되는 현실과 미래를 생각 할 때인 지금이야말로, 동양적 정신풍토가 재평가되고 중시되어야만 하지 않을까!

발상의 전환 — 등에 이야기

민족은 각각의 풍토에서 유래하는 문화를 바탕으로 한 특색을 지니고 있다.

첫째, 창조적 소질이 풍부한 민족

둘째, 모방과 궁리에 뛰어난 민족

셋째, 창조, 모방, 궁리 어느 것에도 특징이 없는 민족

대략적 분류이기 때문에 이론異論도 있으리라 생각하지만, 굳이 말하자면 일본민족은 이 셋 중에 어디에 속할까?

오늘날 세계 산업사회의 톱클래스(top class)에 위치한 국가들 속에 일본도 속해 있다고 하는 것에는 큰 무리가 없다. 자동차산업을 비롯하여 시계, 전자기기, 세라믹, 바이오테크놀로지 등 다 열거하자면 끝이 없다. 그러나 아쉽게도 일본이 독자적으로 개발한 분야는 적고, 이러한 것들 모두 모방과 궁리를 통해서 얻은 산업임에 틀림없다. 이러한 점에서, 위에서 말한 분류로 치자면, 일본민족은 모방과 궁리에 뛰어난 민족이 될지도 모르겠다.

궁리에는 뛰어나지만 새로운 것을 창조하는 일에 관해서는 전혀 서구에 뒤떨어지는 일본민족은, 즉 발상의 전환이 약한 민족이라 말할 수 있을 것이다.

예컨대, 자동차라고 하는 '개념'이 있고, 그것을 연구하는 데에는 훌륭한 능력을 발휘하지만, 자동차라고 하는 것을 발상해내는 능력이 없다는 것과 같지 않을까. 많은 사람들이 인력거가 일본인에 의해 발명된 것으로 알고 있었다. 그런데 이 인력거도 사실은 외국에서 발명된 것이라고 나중에서야 알게 되었다.

비행기는 과학기술의 발달을 보여 주는 좋은 예이다. 그것은 하늘을 새처럼 날고 싶다는 생각에서부터 시작했다. 어렸을 때, 새처럼 하늘을 나는 꿈을 꾼 것은 나뿐만이 아닐 것이다. 오늘날에는 해외뿐 아니라 국내여행에도 비행기를 곧잘 이용하지만, 소년시절의 꿈을 가끔 회

상할 때도 있다. 유럽에 가는 도중, 지상 2 만 미터의 창공에서 바라보는 북극의 백야는, 신비의 세계이기도 하며, 자신의 존재를 의심케도 한다.

이와 같은 오늘날의 과학기술 진보의 어머니는, 다름 아닌 '이데아(idea)'이다. 하늘을 날고 싶다고 하는 낭만과 이데아가 비행기를 탄생시킨 것이다.

그런데 모방과 궁리에 강한 일본민족이 새로운 발상에 약한 이유를 생각해보면, 그 배경에 일본의, 그리고 동양의 풍토가 떠오른다.

마르크스나 엥겔스의 지적대로, 동양의 비非역사성, 정체성은 서양과 그것과 비교해 보면 긍정하지 않을 수 없는 면을 가지고 있다.

그러나, 높은 수준의 GDP 를 자랑하는 일본의 존재는, 지금은 이미 아시아의 일본이 아니다. 무역마찰로 상징되는 글로벌한 세계 속에서야 비로소, 일본은 일본으로서 존재할 수 있다는 것을 잊어서는 안된다. 그렇다면 일본민족의 자세는, 지금 이 상태로 괜찮은 것인가?

영어 속담 중에 '뜻이 있는 곳에 길이 있다(Where there is a will, there is a way)'는 말이 있다. 이 말 속에는 유럽인의 깊은 뜻이 담겨 있다.

그것은 무언가 새로운 것을 만들어낼 때에는, 반드시 강한 의지(will)가 전제가 되어야 한다는 것을 의미한다.

메이지유신은 말 그대로 유신維新이다. 그러나 청교도혁명, 프랑스혁명, 러시아혁명과는 전혀 다르다. 그 차이는 무엇일까? 나는 '이데아(Idea, 이념)'의 부재이지 않을까 생각한다. 구로부네(黑船)로 말미암은 양이론攘夷論은, 구로부네라고 하는 것에 대응하는 앞가림에 불과한 궁리일 뿐이지, 전체적으로 보면 '이상', '이념'이 불분명했다고 말하지 않을 수 없다.

또한 제 2 차 세계대전 후의 민주주의 60 년을 생각해보면, 안타깝지만 제대로 뿌리를 내렸다고 말하기는 어렵다.

왜냐하면 민주주의의 중요한 전제는, 자율적 개인, 시민적 자유를 개개인이 체득하고 있다는 것을 의미하기 때문이다. 그리고 인간이 인간으로서 존재하기 위해 무엇이 전제되어야 하는가, 라는 질문에 대해서는, 나는 '자기의 의사를 가지고 사는 것'이라 대답할 것이다.

유럽인들이 목숨을 걸고 손에 넣은 민주주의는 '자기의 의사대로 살기'를 인간의 이상으로 삼아 얻어낸 것이다. 일본의 민주주의는 자신들의 힘으로 얻은 것일까? 전후 60 년의 역사를 되돌아보면 민주주의가 수박 겉핥기 식으로 논의되어 왔다고 의심해 볼 필요가 있다.

앞서 말한 대로, 일본민족은 모방이나 궁리에는 탁월한 재능을 가지고 있다. 그렇기 때문에 민주주의에 대해서도 그 본질을 잊은 채, 일본류로 끼워맞춰 버린 건 아닐까?

그러나 민주주의의 본질은 변화하는 것이 아니다. 만일 본질의 변화를 허용하는 이가 생긴다면 스스로가 노예의 인생을 선택하는 결과를 초래할 것이다.

'자기의 의사대로 사는' 것은, 자기 자신에 대한 가혹할 정도의 직시와 책임을 요구한다. 에리히 프롬이 말처럼, 인간은 자유를 갈구하는 동시에, 같은 정도로 지배받는 것을 원하고 있는지도 모르겠다.

하지만 그것은 민주주의에 반하는 것이다. 어디까지건 이념으로서의 '자기의 의지대로 사는' 것이야말로 민주주의의 베이스인 것이다. 자율적 개인, 시민적 자유, 그리고 인간으로서의 존엄이 지켜지지 않으면 안 된다.

즉 0 을 아무리 더해도 0 은 0 이고, 0 을 아무리 곱해도 0 은 0 인 것이다. 개인의 자각 없이는 민주주의란 존재하지 않는다.

궁리에 강하고 새로운 발상에 약한 일본민족은, 21 세기를 모방과 궁리만으로 헤쳐 나갈 수는 없을 것이다.

에너지문제, 인구문제, 환경오염문제, 고령화문제, 방사능문제, 그리고 내가 만들어낸 말이지만 '보이지 않는 공해(invisible pollution)인 교육의 황폐'와, 나아가 시대 그 자체는 과제의 제출자이다. 또한 지방의 시대라고 하는 캐치프레이즈(catch phrase)가 확산되고 있는데, 그 내용의 실현은 빈약하기 그지없다. 젊은이들의 도시집중 현상에는 제동이 걸리지 않고 있다.

지금 일본에 필요한 것이야말로 '발상의 전환'이다.

먼저, 에너지문제를 살펴보자. 석유를 예로 들면, 당연한 이야기지만, 유한자원이다. 현재 일본의 석유 가격은 안정되어 있는 듯 보인다. 그리고 석유는 오늘날의 모든 제품의 원료이기도 하다. 즉 지금은 석유를 원료로 하는 것이 '싼 제품'인 것이다. 그러나 그것은 일시적인 궁리에 의존하고 있다고 해도 과언이 아니다. 석유의 매장량은 유한하기 때문에, 반드시 그 가격은 올라갈 것이다. 지금의 싼 석유는, 중근동에 의해 지탱되고 있을 뿐이다. 그러한 싼 석유를 기반으로, 오늘날의 산업구조가 형성되었지만, 유한한 석유의 가격이 상승하게 되면, 수요에 변화가 생길 것이며 산업구조 자체가 변화하지 않으면 안될 사태가 벌어질 것이다. 효율이 좋다고 해서, 최종처리가 불분명한 원자력발전에 의존해 온 일본의 에너지는, 사실상 방사능문제로 세계를 뒤흔들었으며, 안전하고 값싸다는 신화는 어이없게도 무너지고 말았다.

이전, 오일쇼크가 일어났을 때, 정부가 중심이 되어 에너지절약 운동을 전개했었다. 물론 약간의 효과는 있었다고 본다. 그러나 그것은 일시적인 것이었고, 얼마 지나지 않아 심야방송도 재개되었으며 대형 승용차도 늘었다. 사람들은 위기를 넘기기만 하면 곧 잊어 버리게 마련이다.

이와 같은 눈앞의 앞가림만을 위한 노력은 발본적인 해결로는 연결되지 않고, 오히려 문제를 더 심각하게 만들 뿐이다. 고려해야만 하는 것은 석유 하나를 들더라도, 그것을 원료로 하느냐 그렇지 않느냐에 따라, 가까운 장래에 현재의 '비싼 제품'과 '싼 제품'의 가격이 반드시 역전된다는 것이다. 즉 그것은 에너지문제만 가지고도 지금의 일본에게는 '발상의 전환'이 필요하다는 것을 의미한다. 궁리의 능력이 뛰어나기 때문에 일본인은 눈앞의 문제에만 매달려 장래에 대한 전망을 생각하지 않는 경향이 있다. 두 번 다시 일으켜서는 안 될 원자력발전소의 방사능 사고의 경험을 미래에 확실히 전하지 않으면 안된다.

'뜻이 있는 곳에 길이 있다'는 말은, 분명 어려운 현실을 살고 있는 사람들에게는 희망이 될 것이며, 믿고 싶은 말일 것이다. 그러나 그것이 힘든 가시밭길이라는 것에는 변함이 없다.

한 가지 옛날 이야기를 하겠다. 에도江戶 시대의 일이다. 오사카의 가쓰노勝野라고 하는 대상인大商人이 사업에서 그리고 인생에서 완전히 궁지에 몰리게 되었다. 생각 끝에, 최후의 결의를 한 후, 후가이 선사風外禪師를 만나러 갔다.

후가이 선사는 무너진 기와지붕 아래의 찢어진 장지문이 달린 방 안에서 오로지 산수화를 그리고 있었다.

가쓰노는, 만일 이 고승을 찾아가더라도 해결이 안되면 죽는 것 이외에는 없다고 생각하고, 몇 시간에 걸쳐 모든 것을 말하고, 해결책을 물었다.

후가이 선사는 장시간 아무 말도 없이 듣고만 있었다. 이윽고 다음과 같이 대답했다. "미안합니다. 당신보다 먼저 고민을 상담한 손님이 있었는데, 아직 그에게 해결 방법을 알려주지 못해, 당신의 이야기가 귀에 들어오질 않았습니다. 미안합니다." 상인은 소리치며 화를 냈다.

그도 그럴 것이, 상인이 오기 전에도 온 후에도 손님은 없었고, 그 상인과 승려만 있었기 때문이다.

"선사님! 누구도 먼저 온 손님은 없었습니다. 저에게 죽으라는 말씀이십니까?" 라며 망연자실하고 말았다. 상인은, 죽음을 각오했던 것이다.

그러자 선사는 조용히 대답했다. "저것 보세요. 저 찢어진 장지의 아직 멀쩡한 한 구석에서, 아직도 손님이 고민을 호소하고 있지 않습니까?" 그것은 붕붕거리고 있는 한 마리 '등에'였다.

상인은 납죽 엎드려 "제가 구원을 받았습니다"라며 고개를 숙일 뿐이었다.

잔꾀를 부리지 말고, 마음의 창을 활짝 열어젖히자. 그리고 과감히 '발상의 전환'을 꾀하자.

만일 '등에'가 없었더라면, 위험한 인생이 되었을 것이다.

동양과 서양

합리적, 이원적인 사고로는 말할 수 없는, 설명할 수 없는 것이 있다. 정말로 전하고 싶은 것은 말도, 설명도, 마음도 넘어서는 것일지 모른다. 언어활동은 문화의 차이와도 크게 관계있다고 할 수 있겠다.

원래 동양인, 특히 일본인은 의논, 논쟁을 잘하는 민족이 아니다. 그것은 이미 수 차례 언급했듯이, 민족이 살아온 풍토가 커다란 영향을 주고 있기 때문이다.

외부에 대한 고찰력과 내면을 향한 고찰력을 비교해 보면, 동양은 내면을 향한 고찰에 힘이 있는 반면, 서양은 외부를 향한 고찰에 힘이 있다는 특징을 가지고 있다고 할 수 있다. 앵글로색슨과 동양인의 커다란 차이가 거기에 있다.

왜 그러한 특징이 생겼을까? 그것은 풍토의 다름이 결정적 요소로 작용하고 있기 때문이다.

계절풍이 부는 몬순지대에서 땅을 일구며 살아온 민족의 사유방법에는 커다란 특징이 나타난다.

도작稲作중심의 농업에서는, 일정한 토지, 지역에 정착하여 사는 것에 첫 번째 특징이 있다. 도작은 수천 년을 한 곳에서 계속 경작하더라도 쌀이 나온다. 이 쌀의 연작連作 기술은 훌륭한 생활의 지혜의 소산이다. 그리하여 몬순지대의 민족은 어느 순간 산을 깎아 논밭을 만들어 거기에 정착해 살기로 했다.

유목민족과 같이 다른 지역으로 옮아가는 일은 생활에의 부정이며, 죽음을 의미하는 중차대한 일이다.

내면을 향하는 사유방법은, 이처럼 일정한 토지에서 배양된 정착생활로부터 생긴 것이라 할 수 있다.

이러한 몬순지대의 동양적 사유방법에 의해 생긴 삶은 불교, 자이나교, 힌두교, 유교, 그리고 일본에서는 아이누족의 삶이나 신도神道로 나타났다.

동양적 사유방법의 특징의 하나로 직관적(intuitive) 성찰이 있다. 합리적 설명의 세계에서 아무리 사물과 사물 사이의 인과관계가 입증된다 하더라도, 그것은 사물과 사물과의 관계, 그리고 그 사이의 구조·상황에 관한 설명이지, 그 한계를 넘지는 못 한다. 즉 대상 자체를 정말로 인지·체득한 것은 아니다.

그런데 자기와 타자를 일체, 일여一如로 이해하여, 대상 그 자체의 속으로 들어가는 방법인 '직관적 철학'이 심화되었다. 즉 내면을 향한 고찰력을 키우게 된 것이다.

서양철학은 그리스철학으로부터 헤겔에 이르기까지 많은 변천을 했다. 이미 잘 알려진 것처럼 헤겔의 철학의 총체 후 나타난 것이 실존철학이다. 막다른 상황에 몰린 인간소외의 폐색상황으로부터의 탈출을 꾀한 것이다.

실존철학자로 키에르케고르, 하이데거, 야스퍼스, 사르트르, 보봐르 그리고 니체, 마르크스 등이 주로 떠오른다. 그리고 그 후 기능구조론적인 견해를 바탕으로 한 레비스트로스나 현내를 비판적으로 본 마르쿠제, 더불어 탈구조주의 등을 들 수 있지만, 아직 새로운 철학으로서 충분히 확립되지 않았다. 아무튼 여기에서는 실존철학에 한정해서 생각해 보기로 하사.

실존철학자의 대표라고 할 수 있는 하이데거(M·Heidegger)는, 아나크시만드로스(기원 전 약 7 세기, Anaximander)로부터 니체에 이르기까지 요구되었던 것은, '인간존재' 그 자체였으며, 또한 '살아가는데 있어 가치있는 인생이란 무엇인가'라는 질문이었다는 취지의 말을 하고 있다.

게다가 하이데거는 '인생의 의존처', 즉 인간이 사는 근거를 그 나름대로 추구했다. 그러나 이전까지의 철학적 추구는 대상적對象的 사유(Vorstellen des Denken)의 영역을 벗어나지 못한 채, 대상의 분석·설명으로 일관하였기 때문에 그 대상 자체, 즉 그 자체에 들어갈 수 없는 한계에 부딪혔다는 것을 그는 깨달았다고 본다.

하이데거는 종래의 철학에 대한 반성으로 '대상적 사유'로부터 '즉자적卽自的 사유(Andenken an das Sein selbst)'로의 전환이 없으면 인간의 삶 그 자체의 근본에 접근하는 것은 불가능하다고 생각했다. 그래서 대상 자체에 들어가는 방법을 생각했다. 그러나 거기엔 아직 역연히 대상 자체에 들어갈 수 없는 한계가 남아 있었다. 즉 사고의 영역을 벗어나지 못 했던 것이다. 그래서 동양적 사유로 관심이 옮겨졌다고 생각한다.

그는 예를 들어 설명한다. 나무는 잎과 가지와 나무줄기로 이루어져 있지만, 사람은 잎과 가지로 이루어진 나무만 보고 중요한 뿌리는 보지 않는 건 아닌가라고 지적한다. 그는 잎도 가지도 줄기도 뿌리도 본래 일체이며, 그리고 특히 보이지 않는 뿌리야말로 중요하다는 것을 말하고 싶어하는 것이다. 게다가 그 보이지 않는 뿌리의 중요함은 말로는 설명할 수 없다고 한다. 서양철학의 한계를 보여줬다고 할 수 있겠다.

동양은 서양에 비해 내면을 향한 고찰이 강하다고 말했는데, 그것은 자연과의 일체감, 설명을 뛰어넘는 세계, 보이는 것 보다는 보이지 않는 뿌리의 세계에 처음부터 무게를 두고 있기 때문이다. 보이지 않는 것을 포함한 '순환형 체계(system)'의 세계관·우주관을 추구했다.

꽃도 잎도 가지에 의해 지탱되며, 가지는 줄기에 의존하고, 줄기는 뿌리가 있어야 설 수 있다. 그러나 뿌리는 그 모습을 보이지 않고 땅속 깊숙이 뻗어내려 전체를 지지하고 있다.

보이는 것 보다는 보이지 않는 것, 들리는 것 보다는 들리지 않는 것에 마음을 두어 귀기울여 보자. '불립문자不立文字', '교외별전敎外別傳'이라는 불교(禪)의 높은 가르침이 있다.

근현대의 철학자들이 생각이 꽉 막힐 때면 신세계에서 그 활로를 찾으려 했다. 그들이 눈을 돌린 곳이 동양·오리엔트(Orient)였던 것은 잘 알려진 사실이다. 그것은 어떤 의미로는 동경과 구원을 동양에서 찾으려 했기 때문일지도 모른다. 실존철학자들이 추구했던 것의 도착점이, 동양의 문화유산이라고도 할 수 있는 불교, 그리고 선禪과 유사

하다는 것엔 놀라움을 금할 수 없다. 로망롤랑, 헤르만헤세 등의 소설가들도 동양에 눈을 돌렸다. 롤랑 말년의 작품인 정신적 자서전『내면의 여로 Le Periple』나 헤세의『싯타르타』에서 그들의 오리엔트에의 경외를 엿볼 수 있다.

그러나 실존철학과 불교철학과의 커다란 차이는, 실존철학이 합리적, 이성적, 논리적으로 철저히 자기를 추구하는 데에 무게를 둔 것에 대해, 불교·선은 실천적, 체험적인 체득에 무게를 둔 것이다. 이런 점에 착목한 비교연구는 드물다.

20 세기의 격랑 속에서 자기소외에 빠진 많은 번민하는 지식인들은 실존철학에 의해 구원되었을 것이다. 실존철학에 의지해 자기실현을 할 수 있는 사람에게는, 실존철학은 충분히 유효할 것임에 틀림없다.

조금 극단론일지는 모르겠지만, 책도 읽을 수 없고, 이해할 수도 없는 지적 장애를 가진 사람에게 있어서 실존철학은 어디까지 유효할 수 있을까? 사람은 지능에 상관없이 본래 그 사람 나름대로의 자기실현을 이룰 수 있는 것이다. 도겐道元은 좌선을 통해 안심安心을 얻었고, 신란親鸞은 염불을 통해 자연법이自然法爾의 안심에 도달했다.

왜냐하면 자기실현이야말로 모든 인간이 공유하는 '삶의 보람'의 원천이기 때문이다.

크고 예쁜 모란꽃과, 들에 핀 한 송이 작은 제비꽃을 비교해 보자.

꽃의 크기에는 엄연한 차이가 있다. 그러나 커다란 모란꽃과 제비꽃의 "아름다움"에는 차이가 없다. 이 차이가 없는 "아름다움"을 아는 감성이야말로 소중한 것이다. 그리고 "차이없는 아름다움"이야말로 인간의 가치를 재는 공통분모(common denominator)인 것이다. 그것이 '인간을 어떻게 볼 것인가'이며 복지의 원점이라고 생각한다.

비록 합리적, 이성적, 논리적으로 이해가 안되더라도, 실천, 학습, 체험을 통해 감성적으로 자기실현의 길을 열어가는 것이 동양적 직관을 중심으로 하는 불교나 선禪인지도 모른다. 삶의 보람이란, 누구에게든, 어떤 상황이든지, 감동적인 자기실현을 통해 생겨나는 것이다.

인간이 벽에 맞닥뜨렸을 때, 활로를 찾기 위해서는, 다시 한 번 멈춰서 자신을 되돌아보고, 자신을 직시하는 것이 필요하다.

십수 년 동안 일 년에 삼만 명 이상의 자살자를 내고 있는 일본, 비대화한 생활의 부負의 측면이 드러난 사회. 최종처리가 불분명한 원자력에너지. 예측을 훨씬 넘어선 환경파괴의 진행. 피를 피로 씻는 전쟁은 오늘도 어딘가에서 계속되고 있다. 불안을 떠안고 있으면서도, 믿을만한 가치가 있는 무언가를 찾아 헤매며 현대인은 이 소란한 세상 속에서 발버둥치며 어떻게든 살아 가고 있다.

편리하고 능률적, 그리고 생활이 물질적으로 풍부해지면 '행복'이 올 것이라 믿고, 모두들 마라톤 경주에 참가하고 있다.

그러나 또한 모두 도착점을 알지 못 한다. 골(goal)을 알려 달라고 외치면서 모두들 계속해서 달리고 있다. 누군가가 끝 모를 마라톤 레이스에 대해 모두에게 알려 주지 않으면 안된다.

게임감각으로 행해지는 금융조작으로 인해 조종(manipulate)되는 경제계에 모든 것을 맡겨 버리는 세계. 지식으로 머리가 커지기만 하면 된다는 세계. 돈을 위해서라면 무엇이든 할 수 있는 세계. 법률과 물리적 강제력에 의존하는 세계. 자아와 욕망의 실현을 위해 타인을 희생시키는 세계.

지구 전체를 무덤으로 만들고 있는 인간중심주의 세계.

모두 땀을 흘리며 달려 가고는 있지만, 골은 보이지 않고 다달을 수도 없다. 텔레비전이나 인터넷 등의 매스미디어의 '정보과다'라는 눈에 보이지 않는 채찍에 쫓기고 있는 것처럼 보인다. 왜 당신은 그렇게 달리지 않으면 안되는지 물으면, 모두가 달리고 있기 때문이라고 대답할 것이다.

사실은 모두 자신이 향하는 골도 모르지만, 달리는 목적도 모르는 것이다. 목적가치와 수단가치의 차이를 알지 못하는 상황이다. 그것은 경쟁을 위한 경쟁의 가치밖에 모르기 때문이다.

잠깐 멈춰 서서, 되돌아볼 용기를 갖지 않는다면, 마라톤 경쟁은 영원히 끝나지 않을 것이다.

21 세기는 한정이 있는 혹성인 지구상의 인류가 서로 다른 풍토 속에서 생겨난 각각의 문화를 지니면서도 이문화異文化 간의 융합을 꾀하지 않으면 안될 세기이다. 오늘날의 과학기술 문명사회를 낳은 앵글로색슨류의 이원적, 합리적 사고만으로는 한계가 있다는 생각을 떨칠 수 없다.

토인비(A.J. Toynbee)는 『역사의 연구(A Study of History)』에서 다음과 같이 말하고 있다. '기독교가 승리자가 될지, 아니면 중국문명세계나 인도문명세계와 같이 공존에 타협하게 될지 어느 한 쪽이 될 것이다… 서구화되어가고 있는 세계는 결과에 무관심한 상태로 있을 순 없다… 과거 유대교(일신교)라는 고등종교가 경쟁에 휘말렸을 때, 불관용이 지배하게 되었으며, 그것에 반해 인도문명적 기질이 우세한 경우 공존공영이 이루어지는 것이 통칙通則이었다.' 즉 토인비는 동양의 특질로서 '관용'을 들었던 것이다.

나아가 그는 '서구화되어가고 있는 세계의 정신적 앞날에 대한 불길한 전조가 보인다. 인간의 영혼에 부여하는 정신적 기회의 증내를 원하는 역사적 관찰자의 입장에서, 가장 주목할만한 중요한 문명은 2 대문명(동양)이라는 것을 깨달았다'고 고백하고 있다.

동양 속에서의 일본의 역할은 무엇일까? 일본인은 조몬 縄文시대 이전부터 자연의 흐름과 자연의 섭리에 깊은 경외를 품고 살아 왔다. 이러한 정신문화는 간단히 무너지지 않을 뿐더러, 무너져서는 안되는 것이다. 또한 일본은, 동양 중에서는 이르게 서양의 합리적인 사유방법을 받아들여 상당한 과학기술문명사회를 실현했다.

발달한 과학기술문명을 앞에 두고, 그 진전을 부정하며 브레이크를 거는 사람들도 있다. 그러나 브레이크를 거는 것 보다는, 인류의 역사적 유산인 과학기술문명의 발달을 인류에게, 즉 삶에 올바르게 연결시키는 '지혜'야말로 지금 추구해야 할 바이다. 그럴 때, 지금까지는 별로 주목받지 못했던 동양적 신념체계가 낳는 세계관, 우주관이 21 세기의 '살아있는 지혜'의 기초가 될 것이다.

그것은 서양과의 대립이 아니라 조화, 동화, 융합을 꾀하는 지혜의 소산이며, 관용의 마음으로 평화를 추구하는 것과 깊은 연관을 갖는 것이다.

지금까지의 서양의 진보주의적 사조와, 비록 표면에 나타나지는 않지만 역사의 심층에서 도도히 흐르고 있는 동양의 사조와의 합류가 있는 곳에서, 만일 21 세기의 활로를 찾으려 한다면 그럴 수 있을 것이다. 그러므로 21 세기에 있어서 일본이 해야 할 역할은 참으로 큰 것이다.

인류는 핵분열을 결국 원자폭탄이라는 형태로 전쟁에서 사용했고, 그로 인해 비참한 상흔을 남긴 것이 20 세기였다. 그리고 지금까지도 마치 총구를 자신에게 향한 채로 대치하고 있는 것처럼 원자폭탄을 계속해서 보유하고 있다. 쿠바위기에서 보여지는 것처럼 핵 위협에 의한 평화유지에는 한계가 있다. 세력균형론(Balance of Powers)에 의존하는 형태의 평화로는 진정한 평화는 영원히 오지 않을 것이다. 원자력 발전소의 방사능 유출사고처럼, 또 언제 어디서 자연으로부터의 복수가 있을지 모른다.

그러나 핵 자체에 선악은 없다. 그것을 인간을 위해 사용하는 것도, 인간을 죽이는 것도 인간의 지혜인 것이다.

그런데 화제가 바뀌지만, 여기서 꼭 하지 않으면 안될 말이 있다.

현실적으로, 지진·쓰나미로 인해 벌어진 원자력발전소 문제이지만 이것을 계기로 에너지 문제를 심각하게 고려해야만 한다는 생각이다. 원자력발전에 의한 에너지 효율은 모든 것과 비교해 볼 때 최고인 것만은 확실하다. 그러나 최종처리를 생각하면, 그 처리방법이 아직까지도 확립되어 있지 않다. 방사능의 완전폐기에는 10 만 년이나 20 만 년이 걸릴지 모른다고 한다. 땅속에 묻는다고 하더라도 수백, 수천 미터로 끝나는 이야기도 아니고, 그렇다고 해서 태양계 이외의 우주에 폐기하는 것이 가능할까? 그런데 현재 일본은 전력의 30%를 원자력발전에 의존하고 있는 것이 현실이다. 그렇다 하더라도 지금 바로 원시생활로 돌아가자는 건 아니다.

귀가 아플 정도의 이야기이지만 다시 한 번 강조하는 것은, 후쿠시마 원자력발전소는 전부라 해도 좋을 만큼 도쿄로, 또한 오나가와女川 원자력발전소도 그 대부분의 전력이 도쿄를 중심으로 송전되고 있다는 사실을 얼마나 많은 사람들이 알고 있을까? 사실 그 지역에 어느 정도의 경제적 효과가 있었다는 건 부인할 수 없다. 나는 많은 이들로부터 '원자력발전소가 정말 안전하다면 도쿄인근에 지으면 될 것이 아닌가'라는 이야기를 들어왔다.

일본에서도 세계 여러 나라에서도 에너지 문제는, 피할 수 없는 최대 과제이다. 원자력발전은 CO_2 도 배출하지 않고, 안전하며 환경에 좋다, 라고 하는 신화가 어이없게도 완전히 무너져 버린 현실을 직시하고, 이러한 잔혹한 경험을 살려 진지하게 미래에 대비하지 않으면 안된다. 오늘날의 풍요로움은 원자력발전 덕분이기도 하지만, 미래의 아이들에게 그 빚을 절대 남겨서는 안된다.

재생 가능한 자연에너지에의 연착륙에 국가의 전력을 쏟아 붓지 않으면 안된다. 비록 당분간 비용이 많이 들지 모르지만, 지열, 풍력, 수력, 태양전지, 그리고 바다의 파도, 게다가 축전지의 비약적 발전이나 물의 전기분해에 의한 수소 생산, 게다가 실질적으로 제품 제조과정에서 추출되는 수소에도 눈을 돌려야만 한다. 또한 가스화한 석탄과 다른 물질과의 합성이용, 바이오에 의한 미생물, 식물에서 추출되는 석유나 알코올의 제조. 삼림국인 일본이기에 유효한 목재펠릿의 이용, 그리고 절전과 경제효과를 높이는 피크 컷(peak cut)을 위한 스마트미터의 도입 등을 생각할 수 있다. 정부는 이러한 것들의 개발에 총력을 기울이지 않으면 안된다.

지금 가장 중요한 것은, 경제효과를 고려한 명백한 국책을 통한 초전도방식의 도입과 간토(關東, 50Hz)지방과 간사이(關西, 60Hz)지방의 주파수(헤르츠) 통일을 포함한 송전정책의 발본적 수정이다. 이와 같은 각종 국책은 미래의 사회, 국가를 위한 확실한 대자본이 될 것이다.

일본은 이번 대진재를 발판으로 삼아, 귀감이 될 만한 노력을 통해 클린하고 재생 가능한 자연에너지의 세계적 선구자가 되지 않으면 안 될 책임을 안고 있다. 대재해로 목숨을 잃은 분들, 아직까지 그 행방을 알 수 없는 분들, 지금도 방사능으로 곤란을 겪고 있는 분들의 절실한 심정을 하나하나 미래에 전할 의무가 있다는 것을 우리들은 절대 잊어서는 안된다.

객원교수 자격으로 해외를 방문했을 때, '가장 동양적이며, 가장 일본적인 속담이 무엇인가?'라는 질문을 받은 적이 있다.

'버렸을 때야말로 살아날 길이 생긴다'라고 엉겁결에 대답했지만, 지금도 그 대답에는 납득이 간다.

헤엄을 칠 수 없는 사람이 어떻게든 살려고 손발을 버둥거리면, 점점 바닷물을 마시게 되고 결국 익사하고 만다. 자신이 수영을 할 수 없는 것을 깨닫는 순간, 어머니인 바다에 자연스레 몸이 뜨는 것이 자연의 섭리인 것이다. 힘이 없기 때문에 사는 것이다.

인간은 누구라도 벽에 부딪히게 되고, 절망에 빠지게 된다. 그럴 때 살아남는 방법은 자신을 되돌아보고, 자신을 직시함으로써, 그 극한상황 속에서 살아날 힘으로서의 지혜를 찾아내는 것이다.

아무리 생각을 해 봐도, 푸념을 늘어놓아도 해결될 수 없었던 것이, 어떻게 할 수 없는 절박한 극한의 상황에 이르게 되면, 비로소 새로운 활로를 찾게 될 수 있을런지도 모른다. 일본은 지금이야말로 현실을 직시하고 예지와 지혜를 발휘할 때이다.

'절망은 희망의 어머니'인 것이다.

나는, 지식만이 아닌 몸에 의한 감성을 통한 직관적인 깨달음을 얻을 수 있는 힘을 '지혜'라고 부른다.

그러나 그 전제는 작은 자신으로부터가 아니라, 대자연의 흐름과 대우주의 섭리에 겸허하게 귀를 기울이는 '관용의 마음'인 것이다. 그렇게 하면 거꾸로, 작은 자신이 대자연, 대우주의 섭리라고 하는 거울에 비춰짐으로써, 활로가 보이게 될 것이다. 일본은 동서고금東西古今이라고 하는 밀물과 썰물이 교차하는 곳에 위치하고 있고, 동서 문화·문명을 통합해야 하는 사명을 가지고 있다고 생각한다.

21 세기는 서양의 지혜라는 'Wisdom', 'Intelligent'에 더해, 동양의 '지혜'를 추구한다.

정법안장正法眼藏의 '자신을 움직여 만법萬法을 수증修證(수행을 통해 증명함)하는 것이 미혹(迷)이며, 만법으로 나아가 자신을 수증하는 것이 깨달음이다'라는 가르침이야말로, 어쩌면 우리들이 잊고 있었던 동양이, 지구에서 사는 인간에게 보여주는 시좌視座, 즉 '살아가는 지혜'이지 않을까?

본질이란 무엇인가?

지식(knowledge)을 아무리 모아도 지식일 뿐, 질(quality)에의 변화는 없고, 지혜가 되지는 않는다고 귀에 못이 박히도록 이야기해 왔다.

현대는 정보사회라 하여, 지식의 양이 그 바탕에 깔려 있다. 일본은 어떤 시대에는 정보를 한발 앞서 감지해 재빨리 키를 돌렸다. 또 어떤 시대에는, 정보부족으로 일본의 운명을 죽음으로 몰아세운 적도 있다.

현대는 이른 시기부터 '지식사회'라고 일컬어지며, 동서를 불문하고, 지식은 판단, 의사결정(decision making)의 바탕을 이루었다.

그러나 지식을 파는 지식인이 과연 역사를 결정하고, 그 흐름 속에서 정말로 결정적 역할을 해왔을까? 나는 의문을 갖지 않을 수 없다. '펜은 칼보다 강하다'란 역사적으론 틀린 것에 가깝다.

지식인은, 시대의 권력의 서번트(servant) 또는 장식품에 지나지 않았고, 정보·지식을 과신할 때, 개인으로서의 인간, 집단으로서의 조직, 국가는 결정적인 과오를 범해 왔다. 정보화·지식사회를 다르게 생각해 보는 것이, 정보를 정말로 살리는 길이라 생각한다. 'No error, No try'가 아닌 용기있는 행동력·실천이야말로 본질인 것이다.

20 년 전 미국에서, 주립대학마저도 위기로 몰려 대학이 차례차례 무너지기 시작했다. 그렇다면 일본은 어떻게 될까? 일본에서도 지방사립대학의 35%는 수십 년 후에는 완전히 무너진다는 계산이다.

지방의 활성화를 외치고 있지만, 지방을 위한 지방 활성화가 무엇인지를 모르고 있다. 지방에는 지방의 특성이 있고, 그 풍토를 바탕으로 하는 다른 곳에는 없는 가치가 있다. 그러나 단지 양, 능률을 가치척도로 삼아, 수상한 정보에 휘둘려 눈앞의 정책만을 고집하는 지자체를 보고 있자니 안타깝기 그지없다. 특색있는 자활, 자치야말로 살 수 있는 길인 것이다. 정말로 생존경쟁이다. 그리고 눈뜨기 시작한 자치체가 나타나기 시작했다. 그것은 언젠가 국가를 변화시킬 원동력이 될 것이다.

양을 아무리 더해도, 양은 양적 가치 이외에는 낳을 수 없다. 결코 질적 변화는 일어나지 않는다. 앞서 'Small is beautiful(작은 것은 아름답다)'이라 했는데, 큰 것이 좋다는 생각에 대한 반성으로서, 지금 생각해 볼 필요가 있다.

현대를 살아가기 위해서는 정보량이 중요한 수단이 된다. 그러나 반복하지만 정보의 근간에는 지식이 있다. 지식은 아무리 모아 늘리더라도 지식(knowledge)일 뿐, 본질적으로 지혜(intelligence)로 변할 수 없다.

어떤 사회현상, 사회적 사건이 발생한다고 치자. 그 현상에 대해서 설명을 하는 이른바 지식인, 예컨대 평론가, 대학교수, 저널리스트 등의 말은 지난날의 장인들에게는 적절하지 않다. 평론가들은 어떻게든 그럴듯한 설명이나 정당성을 부여한다. 사는데 별 지장이 없는 사람들은 그것을 믿고 행동하며, 시간이 지나면 대중의 흐름으로 변한다. 그리고 최종적으로는 그러한 대중적 가치가 시대를 방황 속에 빠트린다.

나도 대학인의 한 사람이기에, 신학기 개강이 되면 맨 처음 학생들에게 다음과 같은 말을 한다. "이 수업에선 출석을 부르지 않겠다", "나오고 싶은 사람만 나오라", "여러분들은 대학과 전문학교의 차이를 확실히 인식하길 바란다. 대학이란 결코 지식을 과시하는 곳이 아니다. 인텔리전스(지혜)를 배양하는 장場이라는 것을 잊지 말기를 바란다", "나는 여러분들에게 결코 지식을 파는 강의를 하지 않을 것이다. 나는 장인이다", "인텔리전스란 한없이 솟아나는 지혜인 것이다", "건네줄 덕이 없다는 것은 퇴화를 예측하는…"라고.

처음엔 학생들도 너무나 이질적이어서 당황하기도 하지만, 그 다음 주에는 다른 대학의 친구들을 데리고 온다. 역시 둔해진 어른들보다는 감성을 가진 학생을 믿고, 장인으로 강의를 계속하고 있다. 몇 백 명 중의 한 사람이라도 좋다. 아니 반 사람이라도 괜찮다. 지금, 무엇을 생각하고, 무엇을 해야 할 것인지를, 감성적으로 받아들인다면, 그것으로 괜찮다, 라고 나 자신에게 말을 건넨다.

의심이 가는 정보, 지식이 범람하면 인간은 위험을 감지하여 뒤로 물러선다. 즉 'No error, No try'인 것이다. 도전하지 않으면 실패도 없다. 그런 식으로, 주택융자금을 갚아 가면서 일생을 보내는 것인가? 아니다, 그럴 리가 없다. 모두들 지금 이대로는, 하며 초조해 하고 있다. 그러나 현실은 냉혹하다. 애석하게도, 얽매이는 것도 현실에 적응되어 버리고 만다. 중년의 알코올 중독, 스트레스로 인한 몸의 변화, 모르는 사이에 몸이 망가져 가는 것은 나뿐만이 아닐 것이다. 생각건대 지식은 늘어나면 컴퓨터에 인풋(input) 되고, 필요한 때엔 꺼내어 정확히 전달해 준다. 그러나 아무리 정확한 정보로서의 지식이라 하더라도, 지식은 지식일 뿐, 그 양의 많고 적음에 그친다. 거기에 부수하는 가치는, 아무래도 능률적 가치일 것이다.

이 양과 능률에 일본인은 너무나 고집을 부려온 것은 아닐까. 이미 말했듯, 이러한 뒤틀림이 사회병리를 낳고 있다. 그리고 일본 현대사회가 쏟아내고 있는 보이지 않는 공해는, 사회의 가장 약한 부분으로 흘러들어 가는 것이다. 아이들의 이지메를 나는 '어른사회의 축도'라고 주요 신문을 통해 정의한 바 있다. 방사능으로 인해 뛰어놀 장소를 잃은 아이들. 우리는 지금 어떤 식으로든 전환을 꾀하지 않으면 안될 벼랑 끝에 서 있는 것이다. 양적 가치, 능률적 가치의 한계를 알 때, 비로소 새로운 발상이 떠오르는 것이다. 지진·쓰나미·방사능을 현실로 인정하고 미래에의 역사를 창조해야 할 시기이다. 왜냐하면 역사란 자연현상이 아니라 인간 한 사람 한 사람이 만들어 내는 것이기 때문이다.

영어 번역의 필요가 있어 '발상의 전환'을 어떻게 표현할까 옥스포드 사전, 웹스터 사전을 조사해 보았지만 알 수가 없었다. 영국인이나 미국인에 있어서도 '산다'라는 것은 '매일같이 투쟁하고', '매일같이 발상의 전환'을 하는 것이다. 그들의 사전에 나오지 않는 것은 생각해 보면 어쩌면 당연한 것이다. 'New ways of thinking'이라고 W. 스티븐슨 교수의 힘을 빌려 겨우 번역을 했다. 이 말이 외국인에게 반향을 불러일으킨 것은 의외였다. 지금이야말로 일본인은 지금까지의 양적 가치,

능률적 가치로부터 과감하게 발상을 전환하기 위해 감성을 되살려야만 한다.

지금 내 서재에 있는 능률이 나쁜 수제 삼극진공관 앰프와 역시 수제인 탄노이제製 스피커로부터 베토벤의 현악 4 중주 제 14 번이 조용히 흘러나오고 있다. 이 현의 음색은 뭐라 말로 표현할 수 없다.

지금은 개별적(solid)이며 교묘한 IC 디지털시대라 하건만, 왜 비능률적인 삼극진공관인가? 이 삼극진공관의 맛은, 메이지시대부터 만들어진 2A3 형식의 진공관인데, 어디까지건 소박하며 강요하지 않는 데 있다. 그러면서도 뭐랄까, 저력있는 덤핑팩터(dumping factor)를 지니고 있다.

이 구식 진공관이 왜 나를 이렇게 매혹시키는 걸까? 일종의 공간空間, 시간時間, 즉 즐기는'사이(間)'를 가지고 있기 때문일 것이다. 그것은 단순히 파워나, 능률과는 다른 문화인 것이다. 가치 있는 것은 역시 장인이 만들어낸 장인정신이 깃든 것이다. 그 깊이는 현대과학으로는 헤아릴 수 없는 것이다.

장인이 만들어낸 것은, 양, 능률을 초월해, 그 자체의 본질을 추구한다. 지식은 아무리 늘린다 하더라도, 양·능률적 가치의 영역을 벗어날 수 없다. 즉 지식이 지혜로는 절대 변할 수는 없다.

양에서 질로의 변환, 이라고 자주 이야기되지만, 어디까지 진정한 의미를 알고 하는 이야기일까? 과묵한 장인의, 장인정신의 진가에 조용히 귀를 기울일 때이다.

나에겐, 현의 음색은 물리적 현의 음을 넘어선 소리로 들린다. 촛불의 불빛과도 닮은 직렬식 진공관의 빛은, 난로 옆의 불빛과도 닮았다. 가을은 이미 깊었고, 험난한 동북지방의 겨울이 가까이에 있다.

3월 11일 14시 46분의 기억

"쓰나미는 야속지만, 이 바다를 바라보고 있노라면 도대체 싫어할 수가 없어요…. 왜일까요?"라고 가족, 집, 배 등등 모든 것을 잃은 초로의 어부가 불쑥 말했다.

쓰나미로 목숨을 잃은 사람, 구사일생으로 목숨을 건진 사람, 방사능으로 인해 어쩔 수 없이 강제피난을 하는 도중 병으로 숨진 사람, 모든 것을 잃은 실망으로 자살을 한 사람 등 많은 사람들이 피해를 입었다. 농토를 잃고 가축을 사지로 몰아낸, 절망의 수렁에 빠져 살아갈 의미를 잃어버린 사람들을 앞에 두고, 무슨 말을 할 수 있을까?

"절대 포기하지 마십시오", "희망을 버려서는 안됩니다", "앞날을 생각해야지요"나 "힘내세요" 등등 가벼이 무책임한 말은 할 수 없다.

목숨을 잃는 사람, 타인을 구하기 위해 자신을 희생한 사람, 아직도 생사를 알 수 없는 사람, 방사능 때문에 고통을 받고 있는 사람들을 포함해, 앞이 보이지 않는 비통한 절규와 그러한 심정을 한 올 한 올 마음속 깊이 간직해야 한다고 생각할 따름이다.

오카와大川 초등학교에는 네 번, 아니 몇 번 갔는지 정확히 모르겠다. 처음 갔을 때엔 망연자실했다. 아직 물 때문에 다가갈 수 없었기에 먼발치에서 단지 합장하는 것 외에는 다른 도리가 없었다.

이 지역에는 주민이 500명 정도 살고 있었다. 그 중 193명이 사망 혹은 실종됐다. 당일 오카와 초등학교 교내에, 아동 108명, 교직원 11명이 있었다. 교장선생님은 출장 중이었다.

74명의 아동과 교직원 9명이 숨지고 1명은 아직도 행방불명인 채이다. 딱 한 사람 살아남은 선생님은 "산으로 가자고 더 강하게 이야기했더라면 좋았을 걸, 생각만 해도 후회스럽고 가슴이 찢어질 것 같아요"라고 한다. 모든 것이 아프고 고통스러운 사실이다. 간 사람들에게도 남은 사람들에게도….

대재난이 있고 며칠 후, 피해지역을 향하는 나를 태운 차가, 엄격한 검문에도 어찌어찌 지나는 과정에서 "수고하십니다"라는 말을 들을 수 있었다. 산처럼 쌓아 올린 쓰레기더미를 뚫고 미나미산리쿠南三陸에 있는 시즈가와志津川의 해변에 다달았을 때엔, 자위대를 비롯한 많은 사람들이 허리까지 차오른 차가운 물속에서 행방불명된 사람들을 찾고 있었다. 그 모습은 말로 형언할 수 없는, 단지 통곡만이 있을 뿐이었다. 가장 많은 사람들이 목숨을 잃은 시즈가와 병원까지 가려고 했지만, 물이 깊어 갈 수 없다는 것을 알고 돌아올 수밖에 없었다. 멀리서 불경을 묵독하며 합장했다.

3 월 11 일의 지진, 대쓰나미는 천 년에 한 번 올까 말까 한 예측 불가한 재해였다고 말하는 사람들도 있지만, 헤이안平安, 에도江戶, 메이지明治, 다이쇼大正, 쇼와昭和 초기, 그리고 최근에는 칠레에서 쓰나미가 있었다. 그 기록은 남아 있다.

구사일생으로 살아남은 사람들 중 많은 이들이 "방심했다"고 말한다. 그렇다손 치더라도 과거의 비참했던 많은 경험들을 살릴 수 없었다는 것은 실로 안타까울 따름이다.

지진도 쓰나미도 그리고 태풍, 화산분화, 이상기상현상도 모두 자연현상이며 천재天災라 할 수 있겠나. 그렇다면 자연현상으로서의 천재와 역사는 어떻게 다른가?

역사란 인간이 만들어낸 것이다. 피할 수 없는 자연현상으로서의 천재와 조우했을 때, 인간이 어떻게 대응하는가가 역사적 인간행동이며, 역사 그 자체이다.

그런데 후쿠시마福島에서의 원자력발전소 사고는 천재라고 하는 사람도 있지만, 말도 안되는 것이다. 인재人災이며 역사적 대재해 이외의 그 무엇도 아니다. 미야기宮城의 오나가와女川 원자력발전소에도 비상용 냉각장치가 2 기 있는데, 그 중 1 기가 파괴되었다. 남은 1 기는 다행히 후쿠시마와 같은 재해를 피한 것에 불과하다.

이용이 끝난 우라늄을 재처리해서 이용하는 플루토늄의 실험이 있었다. 그 후 더욱 농축된 방사성물질의 처리방법은 아직 해명되지 않고 있다.

지금으로서는 지하 수 천 혹은 만 미터 정도에 묻는다거나, 아니면 태양계 바깥의 우주로 로켓을 쏘아 올리는 수밖에 방법이 없다고 한다. 그런데 그 비용은 얼마나 들까, 정말 가능한 일일까? 또한 진정한 비용이란 무엇인지 생각하지 않으면 안된다.

방사선을 내뿜는 방사성물질이 완전히 없어지기까지는 십만 년이나 이십만 년이 걸린다고 한다. 3월 11일의 원전사고와 같은 일이 세계의 어딘가에서 언제 일어나도 이상하지 않다.

그렇다 하더라도 쉽사리 인간이 원시생활로 돌아갈 수는 없다. 원전은 편리하고 환경문제가 없으며, 오늘날의 경제산업 발전에 공헌해 왔기 때문이다. 그러나 지구환경 측면에서 보면 언제까지건 원전에 의존하는 것은 위험하다.

핵에너지에 의한 원전에 대한 효율적이고 안전하다는 신화는 무너졌다. 그래서 재생 가능한 자연에너지 개발을 국책으로서 신중히 검토하지 않으면 안된다.

수력, 풍력, 지열, 파도, 천연가스(지하에 동결해 있는 것을 포함), 목재펠릿 등의 이용, 태양에너지 그리고 보다 성능이 좋은 축전지의 개발이 급선무이다.

나아가 전력회사의 독점을 개선하고, 일체의 손실이 없는 초전도에 의한 송전을 생각해야만 하는 시기가 되었다.

이러한 일들의 실현은 미래에 있어서 국가, 아니 세계적 자원이 될 것이다. 일본은 지금의 비참한 원전사고를 반성의 원점으로 삼아, 연구를 거듭하여 세계를 향해 재생 가능한 자연에너지를 새롭게 개발하여 발신해야 할 책임과 의무가 있다.

"지금, 제가 살아있는 것은 불가사의한 일이며 기적입니다. 모두 당연히 죽는 거였는데…" 이 말은 이번 지진에서 구사일생으로 살아남은 한 여성의 말이다. 대우주의 관점에서 보면 이번 지진은 우리들이 살고 있는 지구에서 벌어진 재채기에 불과할지 모른다. 그러나 인간에게 있어 목숨은 둘이 아니다. 게다가 유한성의 세계 속에서 살고 있으며, 영원히 살 수 있는 목숨이 아니다. 유한·무상의 세계 속에서 살고 있기에 '한 순간의 삶', '한 순간의 죽음'인 것이다. 사는 동안에는 말할 수 없는 충격을 받기도 한다. 즉 '죽음에 맞닥뜨려진 인생'인 것이다. 아무튼 인간은 누구나 죽음 앞에서 만이 평등한 것이다.

아무리 잔혹하고 비정한 극한상황 앞에서도, 구원은 개인에게 달려있지 않나 싶기도 하다. 그러나 지금 이 순간, 여러분도 나도 살아 있다는 사실엔 변함이 없다.

비정하게 들릴진 몰라도, 힘든 한계상황 속에서 자포자기를 해버린다면 당신의 역사는 그 정도의 역사에 불과하다. 역사란 당신이, 인간이, 언제까지 건 만들어가는 것이라는 그 중대성을 자각하길 바란다.

지금 당신은 모든 면에서 절망적인 상태에 빠져 있을지도 모른다. 내 자신도 약한 인간이기에 몇 번이나 절망의 극한상황 속에서 헤맨 적이 있다고 고백한다. 앞으로도 무슨 일이 벌어질지에 내해선 아무런 말도 할 수 없다. 그러니 믿고, 기도할 수밖엔 방도가 없을 때도 있는 것이다.

그러나 지금 한 순간 한 순산을 새기고 있는 심장은 혈액을 순환시키며, 사실은 자신의 마음과는 무관하게 시간을 만들어가고 있다고도 할 수 있다. 몸은 살아있다. 다시 한 번 '마음'을 살려보도록 하자!

살아있다는 것은 수십억 년 전부터 시간과 공간의 접점 속에서 만들어진 생명으로, 그 무엇과도 바꿀 수 없는 '삶'을 의미한다. 신은 이 세상에 필요없는 것을 창조하지는 않았다. 무슨 장애가 있다거나, 병에 걸렸다거나, 늙어 약해져서 움직일 수 없게 될지라도…. '삶'에는 존엄과 그 무엇과도 바꿀 수 없는 귀중함이 있다.

3 월 11 일의 일은, 모든 면에서 '마음'을 리셋(reset)하여 '용기를 가지고!' 라는 죽은 이들의 비통한 외침으로 들린다. 그것이 아무리 작고 여린 용기라 할지라도 그 불꽃을 꺼지게 하면 안된다. 용기를 잃는 것은 모든 것을 잃는 것이며, 용기란 자신이 자신을 북돋는 것이다.

많은 사람들이 목숨을 잃은 시즈가와 병원을 몇 달 만에 찾았다. 사람 그림자라곤 거의 보이질 않고, 가건물로 지어진 작은 가게 하나가 모든 것이 황량해진 중심에 삐죽 서 있었다.

병원 주위엔 쓰레기더미가 산을 이루고 있었고, 쓰나미로 쓸려온 배며 많은 것들이 그대로 남아 있었지만, 병원 안은 상당히 정리가 되어 있었다. 지진가 있고 이틀 후 자위대의 헬리콥터에 의해 몇 명인가 구출되었던 옥상에 어찌어찌 올라가 볼 수 있었다.

가까이로 보이는 바다는 아무 일도 없었던 것처럼 깊고 푸르게, 그리고 조용한 파도만 일렁이고 있었다. 산으로 눈을 돌리니 산들은 깊은 녹음으로 물들어 있었다.

거칠지만 마음이 담긴 작은 제단祭壇이 입구와 일층 안쪽에 자리잡고 있었고, 병에 꽃이 꽂혀 있었다. 향도 초도 있었기에 호주머니에서 라이터를 꺼내어 작은 불을 켰다.

제단 주위에 사람 그림자가 없어 큰소리로 한참을 독경했다. 독경을 마치고 돌아보니 그리 멀지 않은 곳에서 나이든 여자 한 분이 합장을 하고 있었다. 그러다가 하얀 손수건을 꺼내 들고 눈물을 닦은 뒤, 내 쪽을 향해 합장을 하고 어디론가 사라졌다.

아직까지 찾지 못 한 자식을, 가족을 찾고 있는 분들이 바닷가에 많이 나가 있다고 들은 건 돌아오는 차에 올라탄 후였다. 그래도 어딘가에는, 어딘가에는….

'어떤 일이 있었고 어떤 분이 계시는지는 잘 모르겠지만, 그냥 죄스럽고 고마워 눈물이 나올 뿐'... 나는 무심히 합장하고 있었다.

맺으며 — 대진재大震災에 대한 단상

동일본 대진재로 아직까지 그 소식을 알 수 없는 분들을 합해 약 3만 명 가까이의 희생이 있었다. 그분들 한 사람 한 사람에 대한 애통한 마음을 생각하면, 모든 것을 잃었지만 구사일생으로 목숨만은 건진 피해자들을 눈앞에 두고 "힘내세요. 희망을 가지세요. 앞날을 생각하며 살아야죠. 봄이 오지 않는 겨울은 없답니다"라는 무책임한 말이 도저히 나오질 않는다. 또한 살아 있는 모든 생명에게 위협을 가하게 된 방사능 문제를 생각하면 더더욱 그렇다. "마음으로도 헤아릴 수 없고, 말로도 표할 길 없는"(도겐道元) 심경이다.

극도로 어려운 상황 속에서 죽고 싶어도 죽을 수 없는 나날들을 보내고 있는 사람들이 그 얼마나 많은가! 이야말로 부처님께서 말씀하신 '아이를 낳는 어미도 힘들지만, 태어난 자식은 더욱 힘듦'을 안고 울며 살아가지 않으면 안되는 상황이다. 늙어만 가는 몸뚱이와 다가오는 내일에 대한 불안, 몸만이 아닌 마음까지도 야위어 시들어 가는 병과 그리고 죽음을 어떻게 받아들여야 할 것인지…. 생로병사生老病死라는 네 글자, 사고팔고四苦八苦라는 네 글자가 살아있는 사람 그 자체를 나타내는 말일 것이다.

본서를 집필하던 중에 일어난 미증유未曾有의 가혹한 대재해로 인해, 졸업식을 포함해 모든 행사를 단념하지 않을 수 없었다. 졸업증서에 다음과 같은 말을 써서 동봉했다.

'졸업예정자나 노인시설 등에서 실습 도중 둘도 없는 목숨을 걸고 많은 분의 생명을 건진 학생, 아직껏 그 안부를 알 수 없는 학생과 수많은 행방불명자가 현실적으로 존재한다는 사실과, 그 한 사람 한 사람에 대한 기억을 마음 깊이 새기고 내일을 직시하며 현재를 살아가길 바랍니다. 지진이나 쓰나미의 자연현상과 인간이 만드는 역사와는 다릅니다. 방사능에 관련된 숙제는 역사 속의 인재人災입니다. 역사란 미래를 향해 한 사람 한 사람이 만들어 가는 것입니다.

저를 포함한 인간은, 진정 나약하며 수많은 번뇌 속에서 존재하고 있습니다. 그러나 극한상황 속에서야말로 새로운 힘이 솟아나는 것입니다. 용기를 잃는 것은 모든 것을 잃는 것입니다. 용기, 그것은 자기 자신을 향한 자신의 격려인 것입니다.'

수많은 존엄한 생명을 앗아간 산리쿠三陸지방의 해안가에 서 보니, 산더미 같은 건물의 잔해와 상흔傷痕은 있었지만, 마치 아무 일도 없었던 것처럼, 어머니인 풍요의 바다에, 다가왔다 돌아가는 파도만이 일렁이고 있었다. 눈을 산으로 돌려 보니 부동不動의 산이 거기에 있었다. 살아있는 모든 것들을 부둥켜 안아 기르는 산천초목과 자연법이自然法爾의 대지, 그리고 어머니의 바다는 말할 필요도 없이 지금도 살아 있다.

인간이란 무엇인가? 살아갈 가치가 있는 인생이란 또 무엇인가? 미래는 어찌 될 것인가? 작고 초라한 나로서는 아무런 대답을 할 순 없지만, 지금, 이 순간을 살고 있으며, 살 수 있다는 것만큼은 확실하다.

인간은 혼자로 태어나고 혼자로 죽어 간다. 한 순간의 삶과 한 순간의 죽음. 인생 '절망과 희망의 장난'이라 생각하는 지금이다.

–짠 바닷물, 더러워진 물에 무참히 씻겨진
　쓰레기더미 속 민들레 한 송이 살아 피우나니

합장

하기노고키(萩野 浩基) 프로필

1940 년 산인(山陰)지방의 작은 교토라 불리는 쓰와노(津和野, 시마네현)에서 태어났다.

「동양적 신념체계의 재고찰再考察」이란 논문으로 철학박사(Ph. D) 학위를 취득했다.

와세다대학대학원(정치학)을 수료했고 현재는 도호쿠후쿠시대학東北福祉大學의 학장으로 활약하고 있다. 또한 모교인 와세다대학에서도 35 년간 후학 양성에 매진했다. 그 밖에 영국 런던대학 객원연구교수, 미국 세인트올라프대학 객원교수, 중국의 동북사범대학 객원교수와 남경사범대학 명예교수로서 활동했다.

국내에서는 참의원 의원 및 중의원 의원을 지내며 특별위원장, 과학기술청 정무차관 등을 역임했다.

한편 교육·복지·문화·문명을 테마로 전국지역부인기념대회, 오키나와 일본복귀기념대회, 전국공중위생·의학학회 등 일본 각지에서 시의적절한 폭넓은 강연을 해 왔다.

"볕이 안 드는 곳에 볕이 들도록 하는 것이 복지·교육·정치이다"

"철학·윤리·신념이 없는 인간·사회는 나침반을 잃은 배와 같고, 과학기술·정책이 없는 인간·사회는 돛을 잃은 배이다"

'지혜와 감성에 의한 발상의 전환'을 신조로 한 이야기는 많은 학생과 청중들에게 깊은 감명을 주었다.

주요 저서로는 『감성의 시간』(교세이), 『전환기의 사회복지론』(학양서방), 『환경·도시의 문제』(교육사) 등이 있으며 그 밖에 『세계정치핸드북』(유비각), 『포스트복지국가의 정치』(와세다대학 출판부), 『현대 뉴질랜드의 정치』(경문당), 『감성과 지혜』(중국 칭화대학출판) 등 다수의 논문, 저작, 번역 등이 있다.

또한 『감성의 시간 INSIDE JAPAN』 일·영 대역본은 현재까지 20판이 나와 세계 각국에서 널리 읽혀지고 있으며, 책의 박물관이라 일컬어지고 있는 옥스퍼드대학 도서관(Bodleian)에 보존되어 있다.

感性のとき

萩野浩基

目 次

韓国語版出版に向けての前書き

私は、「人権と現代福祉」の講義の途中、わざと学生に断って足を強く踏みつけた。「痛いか?」「先生、痛いです。」と答えがかえってくる。つまり、踏まれた人の痛みは、踏んだ人には分からない。

日本の歴史の中で、諸外国に対し、踏みつけられた人の心に少しでも近づく心を持つべきだと・・・たとえ過去の歴史であっても、その責任を心に留めていなければならないと思う。

この度、ハンリム大学出版部様のご厚意を通じて拙著『感性のとき INSIDE JAPAN』を韓国の皆様にお届けできることを何よりうれしく思います。本書は、はからずも大きな影響を与えたようで、日本で約10万部の出版を数えることができました。

さる2011年3月11日14時46分に発生した東日本大震災によって、日本は筆舌に尽くしがたい不幸を経験しました。我が国に対して世界191カ国からありがたい様々の御支援を受けましたが、とりわけどこよりも最初に温かい手を差し伸べてくださった韓国の皆さまを私たち日本人は永遠に忘れません。

津波や原発による被災者の方に比べれば軽微とはいえ、私自身も古希を超えてから長年住み慣れた自宅を震災で失い、現在は「みなし仮設住宅」での仮生活をしております。東北は、震災直後も何度も季節外れの大雪や余震にみまわれ、さらに原子力発電所の事故も加わって極限状態におかれました。天災は自然現象ですが、この原発事故は人間が作りだした紛うことなき人災だと私は思っています。この時のライヴな気持を本書最終章「三・一一・十四時四十六分への思い」に書かせていただきました。被災者が孤立感、絶望感に包まれ、絶望のどん底で生きる意味を見失いつつあるその時に、韓国の方々は真っ先に救援隊を派遣してくださり、また国民挙げて義援金を送ってくださいました。これによって我々は、自分たちは見捨てられてはいないと実感でき、絶望の極みから脱して復興に向けた勇気を取り戻すことができました。心から御礼申し上げます。

私が学長を務めている東北福祉大学は、震災犠牲者の最も多かった宮城県にあります。本学でも9名の現役学生が命を失い、親族や住居を失った教職員、現役学生の数は500名を超えます。卒業生を含めれば、その犠牲者は数えることもできません。本学の教員や学生は、韓国の児童養護施設に対する運動環境整備や用具供与、技術指導に長きに渡って取り組んできました。その取り組みが「心の栄養」の章などで提起した問題において、韓国の子どもたちの力に少しでもなれたならうれしく思います。これに対しては過去の韓国大統領から感謝楯を頂いたこともございます。これらを通じて深いご縁をいただいた韓国の教授先生方、学生さんからは、今回の震災に際して大変ありがたい御浄財を頂きました。これは、被災学生の生活支援に使わせていただきました。繰り返し、御礼申し上げます。

東北福祉大学は、曹洞宗という単立宗派としては日本最大の伝統仏教宗派による宗立大学として設立·運営されており、私も曹洞宗の僧侶です。日本を理解するには、その精神や文化の中に自然と内在化されている仏教の理解が不可欠と私は考えます。「萎れゆく花の美しさ」「日本的なものを考える」「信じ、行じ、祈ること『道元と親鸞』」の章でも、そこに触れました。日本の伝統仏教が百済の聖明王によって公伝されたことに発する日韓のご縁は深く、今回の震災に際しても韓国曹渓宗は日本曹洞宗との合同慰霊法要を仙台で執り行っていただきました。ありがたく思います。

仏教や朱子学のみならず、朝鮮半島を通じて日本に伝えられた多くの思想、芸術、技術、モノは、日本土着のものと融合して日本の「感性」を作り上げています。そのため日本と韓国には共通の構成要素も多く、キリスト教と仏教という一神教と多神教の違いがあれども、その根底には共通のアジアがあると私は思います。「東洋と西洋」「東洋ーその精神的風土」の章でも触れましたが、私には学生時代に学術調査で訪れた、とあるアジアの風景が脳裏に焼き付いています。それは、アジアの名もないごく普通の農村を訪れたときのことです。夕日を背にいっぱいに浴びながら汗し、力いっぱい田畑を耕す農夫の姿を見て、私は強い既視感を感じました。私の生まれた田舎を思い出すと同時に、何万年、何千年前からアジアの民族はこの風土の中で自然と融合しながら、けなげに日々現実に生きてきたことを強く実感させられました。この感覚は今も変わりません。我々は今でも、ヘーゲルやマルクスがアジアの歴史の停滞性と切って捨てたものが息づいている世界に生きています。それは20世紀のグローバル世界を貫いていた、全てのものの公分母にマネーと能率を置く世界とはまた別の世界です。21世紀においても感じるこの感覚は、韓国の方々とも深く共有できるのではないでしょうか。

日韓は隣国として長い歴史をともに歩んできた結果、お互いに地球の中でもっとも感性を共有できるパートナーのはずです。21世紀になって、両国の共通課題や相互依存はますます大きくなってきました。「国際社会の荒波に浮かぶ日本」の章で触れたグローバル化問題もその一つです。グローバル化と地域統合とエスノナショナリズムなどが同時進行する複雑な21世紀の世界。TPP、EPA、環境問題などの日本が抱える諸課題は、FTAのように韓国の方にとっても重大な問題のはずです。この流れは、日本でも格差社会を深刻化させています。これは単なる経済格差にとどまらないというのが私の問題意識で、「新たな社会階級の出現」の章はそのために書きました。この点も韓国の状況は同じだと思います。こうした社会のストレスは、弱い小さな子供を苛みます。いじめ問題は、子どもたちの悲痛な叫びに他なりません。21世紀社会では、大人ですらその重圧に耐えきれず、自殺が大きな問題となっています。先進国で若者の死因第一位が自殺なのは、日本と韓国だけです。「子供が訴える」「いま、何が教育で問題か」「夢と子供の死」の部分は、韓国の方にもぜひとも読んでいただきたい部分です。

また日韓のみならず、すべての国が共有する問題が高齢社会です。本学も韓国の大学、大学院の研究者、学生と長年にわたってこの問題にともに取り組んできました。高齢化社会が高齢社会に移行するスピードが日本は世界一で、西欧先進国と比較するとこれが問題を深刻化させています。韓国はこのスピードにおいて日本を急追しており、2018年にはこれを更新すると予測されています。福祉国家の東アジアモデルが提唱されているように、日韓はこの点でも似た状況にあります。私が「高齢社会に生きる」で語らせていただいた日本の経験が、少しでも韓国の方に役立てればと思います。

このように、21世紀は日本と韓国とともに手を携えていかねばいけない時代になります。しかし、日韓の長い歴史の中には悲しい歴史もございました。私は学生に対して「血で血を洗う戦争ほどの悪はない」と教え続けています。これは「沖縄の真実－戦争は教える」で触れたように、沖縄の講演で出会った我が子の命を自ら奪わざるを得なかった老婦人の慟哭に端を発します。こうした悲しい過去を犠牲に、我々はどんな社会を築いてきたのでしょうか。「戦後を振り返る時」は、この問いに対する日本についての私の気持ちです。少子化問題が日本以上に深刻な韓国の方々は、どのような気持を持たれるでしょうか。

本書は、私の生の心の動きを筆記したエッセイ形式であり、学術論文のような終始一貫した論理的、体系的構成を取っておりません。とりあげた各種社会問題と各章との関係も、厳密に対応しているものではなく、重複や繰り返しが多数あります。しかし、人間は必ずしもすべてが論理的、体系的な存在ではなく、むしろファジーな、無駄な部分こそが人間の心を逆に打つことも多くあります。本書のエッセンスをまとめた「二十一世紀を生きる智慧」で述べるように、混沌とする21世紀においては、西洋的思惟から生まれる合理的追求の「Why, Why」だけではなく、東洋的智慧から生まれる如何に現実を乗り越えるのかの「How to live」が必要となってきます。「寛容」の精神を導入し、「量」から「質」への発想の転換（new ways of thinking）によって、「知識」を「智慧」に昇華せねばなりません。単なる知識の蓄積は、智慧にはつながらないのです。現代社会を豊かにした「あるがままの現実（to be）」を直視する人間の理性·科学的姿勢に加え、21世紀には「あるべき未来(ought to be)」を哲学する姿勢が必要となります。そのためには、人間が本来持っている「理性」の源である「感性」を再評価し、「智慧」を働かせねばなりません。本書はそのような配慮から、あえてこうした構成を取っていることをご理解いただければと思います。

世界で最も日本と共通点が多い韓国の方々には、私の想いを理解してもらえると信じています。本書でも繰り返しましたが、歴史は人間が創りだすものです。本書が韓国の方に読まれることによって日本への理解が深まり、智慧を共有していくことで21世紀以降の日韓の歴史がより良いものとなることを祈念して、韓国語版への前書きといたします。

合掌

東北福祉大学 学長

哲学博士 萩野浩基

21 世紀を生きる智慧

八つぁんのまたがった暴れ馬があっちこっち蹴飛ばしながら猛スピードで走ってくる。

「おーい！八つぁんよ！そんなに急いで何処へ行く！」

「俺にもわからん！たのむ馬に聞いてくれ！」

皆の目に見えないムチであおられ、競争のための競争の価値しかわからず、大切なものを忘れてただ限りなく走り続けている。

人はひとり 生まれ
人はひとりで死んでゆく
そんなに急いで何処へ行く
一刻の生 一刻の死
二度とない人生ゆえ
ゆっくりいこうよ
　　喧騒の世を

「自己をはこびて万法を修證するを迷とす、万法すすみて自己を修證するはさとりなり。」（正法眼蔵·現成公案）

（狭く、限りある自己の浅い経験を尺度として、大自然·大宇宙の摂理を観ようとすれば、迷の道を生きることになる。大自然·大宇宙の摂理から逆に小さな自己を照らし写して観れば、生きる未来への道が観えてくる。）

「哲学·理念·倫理なき人間·社会は羅針盤を失った船であり、科学技術·政策なき人間·社会は帆を失った船である。」

政治経済にほんろうされる現実は真っ暗な荒波の海に浮かぶ羅針盤を失った一艘の船に見えてくる。

人類は何を基軸に、何を信じ 21 世紀を生きようとしているのか。哲学と先端科学技術は、今を動かし未来を決する人間社会の両輪である。全てにおいて「生きる智慧」を人は求めてやまない。また人は等しく「いやし」を求めている。

「時代は課題の提出者」と言った古典哲学の総括者ヘーゲル(C. W. Hegel)の言葉が真実味を帯びる。

民主主義の成り立つ大前提は自己実現を目指す自律的個人·自立的人間の存在である。この尊厳なる自律的個人という前提が崩れれば、無責任な喧騒の社会となり崩壊過程を歩むことは歴史の示すところである。

21 世紀では当然として考えられ通用し、信じられていた価値のスパン(物差し)·パラダイムが音を立てて崩れていくのを感じる。例えば自由と平等、人権、ヒューマニズム、個人主義、民主主義等々は果たして21 世紀においてもなお信じて疑いのないものであろうか。

混沌とした現実を前に、政治にも、経済にも、哲学が必要と人は言う。巷では「景気」「景気」との悲壮な声を聞く。便利で能率的、且つ物質的に豊かであれば幸せがくると追い求めたつけがついに完全に原発を前にして、右往左往する日本に世界にまわってきた感がある。すでに大きな歪みが至る所に生じ負の面の露呈を気付かずにはいられない。

未だに正義の名の下で物理的強制力に頼る世界。マスメディアによるメンタル操作される世界。オウムに見られたように、いともいかがわしい宗教に走る知識の豊富な若者たちの世界。汗を流さずゲーム的金融操作に頼る世界。また、今日における病気の原因の八割以上はストレスの集積にあると現代医学は告げている。全てに「不安」と「混沌」の二文字がある。現代人はストレスと不安の中で生きざるを得ない。人も世界も信じるに値するものを求めてやまないのが今日である。

深刻な経済的挫折により急激に増えた死に走る多くの中高年。ここ十数年、三万人を超す自殺者を生む日本の現実を直視しなければならない。右肩上がりの経済神話を信じすぎたからであろうか。人間の知力と生産力を過信しすぎたからであろうか。

今、何を改め、何の実現を目指し、何を次の世代にバトン·タッチするかのぎりぎりの選択の時にたたされている。人はリーダー·リーダーと他人ごとのようにリーダーを求めているが、寄って立つ自分はどうなのかを問いただすことが第一義であろう。「あなたはどうか」ということだ。

金融ビッグバンやデリバティブによる経済環境の変化が経済活動を根底から揺さぶっている。汗して働かず、株や通貨の上がり下がりに一喜一憂し、マネーゲーム的賭けに走っているような経済の実態。人間としての心と作務を中心においた自己実現と経済生活がアンバランスになっている。

構造的金属疲労から揺らぐ日本の政治・経済の現実。皮肉にも便利・豊かさを求め、大量生産・大量消費により、山のように出されるごみ処理の中から生まれたダイオキシンまた、放射能などの新たな地球環境汚染。

21 世紀は既に数万種に及ぶ新たな科学物質をこの地球に出現させた。まさに化学薬品づけである。この狭い地球の生きとし生けるものはその悪影響を受けないはずはない。

全てに得をする権利を人間は与えられているのだろうか。

人体に影響を及ぼす環境ホルモンは人間の生殖機能を狂わせ、人間の生存そのものを脅かしている。酸素を作るアマゾンの森林やアジアのマングローブの全滅危機、そして元来有機的に生きていた母なる大地の死、急激に進む砂漠化、そして放射能を含む地球的汚染問題。

また社会的には、すぐに「きれる」症候群に象徴される犯罪の急増、そして夢のない幼い子供と弱い老人の自殺。子供の自殺も大人の自殺も多発しすぎる故ニュースの価値を失い、恐ろしいことに闇の中に消えている。

血で血を洗う民族間の戦争とテロは終わりを知らない。そして外に向かっては物理的強制力の究極としての「核」、そして内に向かっては「クローン」という人間改造術による臓器の部品化。

全て「心」の不在の世界。老いも若きもみんな不安の中で「心の栄養」「癒し」を求めている。経済では計れない別の価値ある価値を見いだす、人間が本来持っている生きるための「感性」を失いかけている。食の栄養は足りても「心の栄養」失調にかかっている。人は人間らしく生きる知識のみでなく、生きる智慧を求めてやまない。

一方だけが得をする関係は長続きしないし、やがて崩壊するのは自然の理である。何億光年の宇宙の星の時間と比べると、人間を含め全ての哺乳動物は、どんな医学に頼っても、一生でたった五億足らずの呼吸しかしないで死をむかえるのである。人間はたった百年足らずの生涯をこの地球で過ごす短い旅人にすぎない。話は変わるが日本は歴史的にも、明治まで土地とは本来私的なものではなく、全てのものであるという意識がどこかにあったといえる。

日本経済は数年の間に、本来私物ではないはずの土地を中心に千兆円以上のもともと無いものをあるものと錯覚しつり上げ、また株価を五百兆円にも膨らませバブルの道に走った。またバブルは外圧（アウト・プレッシャー）で起こったという見方にも理はたしかにある。いずれにしても外圧は国際社会では当然のことである。特にアジアの諸国は常に覚悟していなければならない。

しかし日本の土地と株への異常な過剰投機、そしてブレーキなしの金融は、土地と株を膨張させ、臨界を越えてパンクさせてしまった。その落とし子が尾を引く不良債権であり、企業倒産であり、後世につけを残し今も続く経済混乱の原因の一つである。今、全ての面からこの現実社会に対する反省と未来に対する責任がなくてはならない。

現代の大衆を「自己を疑わない存在」とみたスペインのホセ・オルティガの鋭い指摘が去来する。私が彼に加えるならば自律的人間とは「自己を疑い責任を帯びる存在」である。国民の一人一人が責任転嫁ではなく、まず自己を疑い、これまでの歩みを振り返り、今、勇気を持って何をなすべきかに責任を帯びるときである。スピーディーで勇気を持った未来への政策が全てに求められている。人は常に志を遠大にして、目は常に三歩前に置かなければならない。なぜなら生命・生活が地球全てにかかっているからである。これは古くから「脚下照顧（きゃっかしょうこ）」と言われてきた。

「毒矢のたとえ」（仏陀）というインドの古い逸話がある。

ある一人の男が、何者かに毒矢を射られた。走り寄ったバラモン（僧・知識人）は、「なぜ、いつ」射られたか、また「どんなふうに」「どんな人」に射られたかと「なぜ、なぜ」とはやしたて問い詰めるのである。

仏陀は「なぜ、なぜ、は二の次でいい、今急いで何をなすか」であると語った。

「まず、刺さった矢を素早く抜き、あなたが口をあて毒をすぐに吸い出しなさい。そして後で、ゆっくり原因をつかみ、次にしっかりと活かしなさい」語ったのである。

ここにある生き方は西洋的思惟から出る合理的追求の「なぜ、なぜ」(Why, Why…) ではなく、今回の大震災・放射能の現実はサイの投げられた事実であるという東洋的現実認識が全てと言ってよい。人としての絆を元にした助け合いに比べて政治・経済・行政・情報の遅れは残念ではすまされない。

つまり、いかに現実を乗り越え、「いかに生きるか」(How to live) という東洋的思惟から生まれる智慧の生き方の現れが、今こそ大切である。いずれにしても、いかに現実社会が苦しく、厳しくとも逃れることは出来ない。この現実が、よって立つところであり、出発点であることを忘れてはならない。地震・津波も原発も未来への出発点であり特に原発事故においての対応はあまりに遅すぎる。

私は学生時代に、学術親善隊の一員として約一年アジアの数ヶ国を回った。戦後、幸いにも大学や先輩のお陰で学生として海外調査に出られた第一号であった。当時、日本は廃墟からやっと立ち上がった途上国であり財政的に苦しく、石鹸一つの使用までも渡航審議会の審査を受けねばならない厳しさであった。

東洋は一般に西洋に比べ「非歴史性」「非生産性」「専制性」であるというヘーゲルやマックスウェーバー・エンゲルスそしてマルクスの捉え方が主流であった。確かに一般に東洋に張られたこのレッテルは真実味を持っていた。しかしそこは既に発展し、「自由を獲得した側からの論理」が軸となっているように私には思えてならなかった。

このように狭い地球上での人類の共存·共栄を可能にするためには狭い地球からすればグローバリゼイションは当然推し進めなくてはならない。しかし今、進められているグローバリゼイションの理念で足るであろうか。

今日のグローバリゼイションにあるグローバル·スタンダードとは、もしかするといろいろ変化はあろうとも物差しはアメリカン·スタンダード若しくはアングロサンクソン·ユーロスタンダードであり、その基本的底流にあるものは一神教·二元論のアングロサンクソン·スタンダードではなかろうか。

正しいグローバリゼイションの実現のために21世紀は、これまで軽く観られたが、また本質的価値に気付かなかった東洋の多元的価値にも目を向ける必要がある。多元的価値、そこに発生する「寛容」の精神を積極的に導入することがサバイバルの道ではないかとの思いは強まる。

「この世での最大級の社会悪は何か」と、一人のゼミの学生から問われたときとっさではあったが自信をもって答えた。

第一に「血で血を洗う戦争」であり、第二には「生きよう働こうとする人に働く場を与えられない社会である」と。

無論、障碍(しょうがい)·病気故にただ生きようとすることが全てであっても、まさしくそれは労働であり、ここに平和と共存そして福祉の原点を知るのが人間の本来の姿であろう。

血で血を洗い流すことは出来ない。清い水でこそ血は洗い流せる。

危惧するのは遊牧民に原点を発する一神教「ユダヤ教」「キリスト教」と、そのアラブ版が「イスラム教」である。これら一神教同士の戦いには終わりがない。このことは人間の永い歴史が証明している。残念ながら一神教同士の戦いは、血で血を洗い、ゴールを知らない戦いである。イスラエルパレスチナそしてシリアの問題はまさしくその典型といえよう。

今、この時、この狭い地球上で不吉な兆候を感じるのは私だけではなかろう。

21世紀に平和と共生共存を築こうとするなら、自然との循環的共生の風土から生まれた「多神教的世界観・人生観」に、今こそ目を向けなければならないときである。

その多元論、多神教の根底に流れているものは、まさしく「寛容」である。この「寛容」に目覚めることなくして平和も共存もないと確信する。

このエッセイに流れている「寛容の精神」が未来に活路を見いだす一助となればと願い、浅学非才を省みずペンを執っている。

それぞれ異なる風土から生まれた価値観の融合なくして平和は永遠に訪れない。

価値観、人生観、宗教観も風土をバイアスにして生まれる。しかし、やがてすべて融合し自然に大海に帰する摂理を人間が体得し目覚めることが全ての解決に通ずる。

にごれる水、流水行雲に澄む

マレイ半島でのことである。私は夕日を背にいっぱい浴びながら汗し、力いっぱい田畑を耕す農夫の姿をみたとき、生まれた田舎を思い出すと同時に、何万年、何千年前から民族はこの風土の中で自然と融合しながら、けなげに日々現実に生きてきたことを強く実感させられた。全てのものの公分母にマネーと能率を置く世界とは別の世界に映ったのである。

たとえ歴史の表面に出なくとも、歴史の深層に脈々と流れているものを感じる。それは科学技術文明で求めた便利で物質的な豊かさとは異なる多元的別の価値である、すなわち『東洋的智慧』である。今となって、なぜか忘れかけている大切な価値に思えてならない。このような古くて新しい価値観が東西文明・文化の融合の智慧になるのではなかろうか。

今の人間・社会の現実は既に触れたように「羅針盤」を失った船のようである。しかし人は進む道に迷うとき、自己を疑い、己を振り返り、責任を帯びることが再起の原点であることを忘れてはならない。

19 世紀、20 世紀の価値のベースにはいつも「量」と「能率」というものがそこにあった。

人間にとって競争指向は生きる本能にあたり、生きる活力の元であるので否定できるものではない。しかし量と能率に重きを置き過ぎるがために「競争のための競争の価値」しかわからない病的側面を内にもった社会にした反省がなくてはならない。また知識も量と能率で計られすぎている。その典型が正しい職業選択にならない学歴・偏差値教育に表れている。手段価値と目的価値の違いは、人間の自己表現の上で明確に区別されていなくてはならないのに混同されているのが現実である。その歪みは明白に教育に露呈してきた。

手段価値をいくら増やし、いくら発展させても人間のために目的価値にはならないことを知らねばならない。なぜならカントの言葉を借りるまでもなく、「人間とは目的であって手段ではない」からである。

知識をいくら量的に足しても知識は知識であり、決して「智慧（ちえ）」に変化しないと、くどく言ってきた。

こうした大切なことを見失ったところに明日を担う若者の心を狭いものにした原因がある。今、求められているものは知識のみでなく、まさしく知識を生かす智慧である、その元となる感性を甦らせなければならないときである。

日本に伝統の中には老子の「知足（ちそく）」という生き方もあった。「知足」という伝統を崩してきたのが「大量生産」と「大量消費」である。さらにお金を公分母にし、計れない物、計ってはならない物まで計り価値を決め、金のためなら何でもやる今日の現実を作ってしまった。「量」と「質」を観分ける感性を人は見失ったのであろうか。

大量生産、大量消費とは言い換えれば「物」を無駄にしましょうという運動である。「物」を無駄にしましょうということは「物」を作り出す人間の働きを無駄にしましょうということである。人間の働きを無駄にしましょうということは、人間そのものを無駄にしましょうということになる。このことは人間の営みのみではく天然資源をも無駄にし、自然の生態系、共生の循環体系を狂わせ、生きとし生けるものを包む、環境破壊となる。

今こそ「発想の転換」(new ways thinking) が求められている。これからはあらゆる面で「量」(quantity) から「質」(quality) の変化の時代である。「知識」から「智慧」への転換の時である。

産業においても、これまでの量的な生産から質的な生産に変わらねばならない時代に入っている。「ラージ・イズ・グッド」から「スモール・イズ・ビューティフル」「スロー・イズ・ビューティフル」に価値観を変える必要があろう。なぜならば人間の生きるこの地球は限りなく狭いまた弱いものであるからである。

遊牧ではなく農耕を中心に生きてきた東洋の民族、特に日本民族は限られた環境に生きる生活の智慧をポテンシャルとして元々備えていた。風土と伝統の中で培った潜在能力を未来に生かしたいものである。

これからは質の高い生活、質のある人生の実現、すなわち全ての面でQOE・QOL (Quality Of Life) が求められるときである。単に長く生きながらえるのが人生ではない。

大自然の摂理と調和できる質の高い自己実現が人生の価値である。

また、21世紀はこれまでの人間中心の世界観ではあらゆるところに限界が出てくる。人間中心の考えは17世紀の近代哲学の父デカルトやフランシス・ベーコン等多くの哲学者により深められた。しかし、人間中心の考えは個人主義的に偏りながら今日に至っている。こうした流れが人間と地球環境との間に摩擦を生じさせてきた。

いずれにしろ、人間は地球という狭い惑星の中で他の生き物と友に生きなければならぬ宿命をもった存在である。この大前提の自覚が強く求められる世紀である。

太古より例えば中国では人間を捉える前提として、四大すなわち 火・水・気・地 から宇宙は成り立つという「観力」があった。そして「山」と「河」を象徴的に人生の中に捉え、「道」(タオ) を人生の究極とし、人間と自然の融合をはかった。古く中国では「人間」を個人的に捉えず「人間（ジンカン）」と呼んでいた。それは「個人的なひと」ではなく、自然の循環の中ではじめて存在できる「ひと」であり「人間（ジンカン）」であった。

大自然の中で他の生きとし生けるものと共に共存する人間としての捉え方がなければやがて人間の存在そのものを否定しかねない。人間と自然との融合は仏教の人生観に、また日本の伝統的神道のなかやアイヌ民族の生活の内にも生き続いていた。二元的西洋の個人主義的哲学は個人を追求するあまり「自然の中の人間、有限的存在としての人間」であるという認識が希薄になっているのではなかろうか。

また、今日では疑うこともなく受け入れられているというヒューマニズム（人道・人間中心主義）という概念がある。実存哲学のサルトルも最後にたどり着いたところは結局ヒューマニズムであったとも言える。しかし、徹底した合理的追求の「人間中心主義」のみで21世紀に人類が生存できるとはいえない状況が起こっている。

「理性」に対し、その理性の元となる「感性」を試みる必要がある。絶対視されてきたヒューマニズムにも限界があることを知らねばならない。

生きとし生けるものが共存しその循環の中で生きられることを第一義にする時にきている。これまでの全てのものは人間のためにあるとした人道中心主義では人間そのものを破壊し否定することになるであろう。

遅かれ早かれ21世紀は今日のヒューマニズム、また物質的文明社会の生みの親であるアングロサンクソン流の一神教二元論のみでは限界が出てくると思えてならない。

これからの世界観は視野を広げ多元的な東洋や他の多種多様の異文化や宗教による「寛容」や「自然との一体的感性」から生ずる東洋的宇宙観にも謙虚にもっと目を向けてみる必要がある。「色即是空（しきそくぜくう）・空即是色（クソクゼイシキ）」の宇宙観から生まれる「般若（ハンニャ）の智慧」が必要なのかもしれない。

人間中心、自己中心の世界観からではなく、もっと大自然、大宇宙の摂理に自己を写してみることが肝心ではなかろうか。今日の科学技術文明の恩恵を否定するものではない。この科学技術を正しく人間に結びつけねばならないと思う。科学は本来善悪はない。善にするも悪にするも人間である。

西洋の産んだ二元的・合理的科学技術の価値ある歴史的所産と東洋の自然との一体感から生まれる世界観と結合（アウフヘーベン・インテグレート）され、そして「融合」する智慧が必要な時代となった。

スペースシャトルから地球を観ていると、宇宙飛行士の目にはまず「あそこが日本だ」「そこがアメリカだ」「あそこが万里の長城だ」と映ると聞く。しかし、地球を何回か回るうちに「あそこが日本だ」という見方が去り、大気に包まれた母なる海と緑からなる一つの地球に見えてくるという。

その大気の厚みは、人間に例えるならば、弱く最も複雑な皮膚よりも薄い厚みしかないのである。かけがえのない大気であることをもっと深く知り大切にしなければならない。

21世紀は、既に触れたようにこの狭い惑星、薄い大気に包まれた地球に人間は他の生きとし生けるものと共に生きなければならない。また国家もこれからは一国だけの考えで独自に存在することは当然許されない。常に全地球的発想が前提の時代になったといえる。

人間はそれぞれ異なった風土の内に生まれた文化体系の中で、独自の価値観を抱えて生きてきた。しかし、21世紀の新しい価値観・世界観は異文化の交流、融合の中で初めて創造されることを知らねばならない。その前提は異文化の持つそれぞれの価値をまずしっかり認め合う寛容が第一歩である。

世界はこの一世紀の間に物理的には加速度的に狭くなり、同時に人類が共存・共生する物理的条件は既に十分整っている。しかし物理的条件に対する精神的な、即ち「心の条件」が残念ながらいまだに整っていない。

人類は共存・共生の哲学・理念、そして新しい世界観・宇宙観をしっかりと心に植えつけなければならい。そして大気に抱かれた自然体系の中での人間存在を知らねば21世紀への新しい人生観・世界観は生まれない。

人間は進む道に迷うとき、狭い自己からではなく大宇宙、大自然の摂理から自己を照らし出し、振り返り、責任を帯びた実践への一歩こそ明日への道と思える。

今こそあるがままの現実（to be）を直視することのできる人間に備わった、理性的・科学的な姿勢と、あるべき未来（ought to be）を哲学する姿勢が無くてはならない。そのためにはまず人間が本来持っている理性の元である感性に目覚め智慧を働かせなければならない。そうすれば、自ずと道が開けてくる。

21世紀に通用する世界観・宇宙観の創造を今、時代が必要としている。

情報と感性と智慧

「形」も「色」、「香り」もそして「重さ」もなく、さらに「広さ」、「大きさ」もないものが、時代と人を容赦なく操りはじめた。未来は一体どうなるのか。知識ではかれないものを見る眼、すなわち感性・智慧(ちえ)こそが明日への命となる。あらゆるものが感性と智慧でもってシミュレイトされ、今までに無いまったく新しいものが創造される時代がやってきた。

今日までの時代には必ず何らかのはかりがあった。米をはかるには一斗(いっと)桝(ます)、一升(いっしょう)桝、五合(ごごう)桝、一合桝が数十年前まで使われた。「米」を「形」で見たのである。やがて天秤を用い、「重さ」で「量」をはかるようになった。

しかし、「形」も「量」も現代では十分なはかりとはなり得なくなっており、あらゆる「物」が「情報」へと変化し、「物」を見る見方が経済・政治を人間そのものを根底から変化させている。

過去の戦争の歴史においても、不沈とされた戦艦大和は沈没した。ザ・ラージ・イズ・ビューティフル（大きいことはいいことだ）は過去の栄光である。情報が物にとって代った。

味噌汁をすくうのにスプーンでは能率がわるい。杓子の方が便利である。しかし一杯のコーヒー茶碗に砂糖を入れるのに、杓子ほど不便で訳に立たないものはない。ザ・スモール・イズ・ビューティフル（小さいことはいいことだ）の時代の到来だ。今までの尺度・今までのはかりを変える智慧こそ現代に生きるキーワードである。

私のゼミ学生の就職先をみても、この一、二年のことだが数年前までは考えられなかった何百倍という難関を、意外に楽にパスして採用されていく者が族質してきた。また、女性も例外でなくなってきている。

ということは、明らかに会社の人事銓衡方針が変化を見せはじめたのである。いわゆる一流会社に入社した彼らの大学入試当時の偏差値を調べると、決して高いとはいえないし、名門高校でもない者が多い。また大学での彼らの「優」の数は決して多くはないのである。かと言って、私が特にマスコミや一流企業・官庁向けに採用試験の特訓をしているというのでもない。明らかに採用側の人材をはかる尺度が変わったのである。つまり今までと違い大学での「成績」は一切見ずして決定していると言ってもよかろう。人間力、社会力がものをいう時代に入った。文部科学省の通知からしても、成績証明も推薦書も、四月、五月からは出せないのである。

また、今までのようなペーパー試験はほとんど姿を消しつつあると言ってよい。では何を尺度にしているか。「優」の量ではかれないもの、知識の量ではかれないもの、すなわちバイタリティ、そして若きリビドウ（潜在活力）から生まれる、新しい時代を見抜く感性と智慧が求められていると、私は確信している。いずれにしても、次の世代の担い手は若い彼らの智慧に託さざるを得ない。保身的発想をもってしては、駄目だということに社会も気付きはじめてきたのである。

善し悪しは別として一言で結論を言うならば、日本の情報発信源とファッションが東京にあるということもあり、情報発信源に向かって動くのが人の行動パターンである。

ロンドンで生活してみて体験したのであるが、路に迷っても心配はないのは、全ての交通機関、また「通り」はピカデリーに向かっているからである。したがって人々の足もそちらに向かう。ピカデリーといえば古くはサーカスで有名だ。そこでは何か人間本来の喜び、楽しみが与えられ、またスリルと悲しみがあった。つまりそこには人間本来もって生まれた感性というべきものを刺戟、満足させてくれるものがあったのである。人間と人間とのコンタクト・コミュニケーションが発生し、喜びも悲しみも、スリルもそして、ファッションもエロスもパンも巷の人間関係で創り出されているのである。そこでは様々な情報が合流し、新たな発想も生まれる。

アダム・スミスも、スピノザ、スペンサーも、そしてホッブスもロックも、フランスのモンテスキューもロンドンで生活し、市民の生活を見つめていた。そしてドイツのカール・マルクスはロンドンの労働者の平均寿命がわずか当時十五歳という悲惨な生活を見て当然のこととして「資本論」を著わし、ケインズは混合経済でもって修正資本主義の近代経済を考えた。

昔からの人間が都市に集中したことは歴史の示すところであるが、古代のアテネにしてもローマにしても、そこに人々が楽しみと流行と働く場を求めたからに他ならない。

人間を都市に集中させる電磁石の役割をするものは情報である。昔から人間は情報の魅力に惹かれてきたのである。ベルリンの壁の崩壊も情報によるコミュニケーションである。人間はいついかなる場合も情報を求めていたのであり、今はもはや「情報時代」の真っ只中であると言ってよい。

人は言う、今や電子通信網は張り巡らされ人工衛星により世界のどこにいても、同時にコミュニケーションが可能だと。それなのに何故人は、また企業は情報の発信源へと集まるのであろうか。それは、人は他人よりも一瞬でも早くリアルな情報をつかみたいからである。つまりおくれた情報はその価値を半減させ、時には無価値なもの、時には命とりにすらなりかねない。

例はよくないが、馬券を買う時、出走馬のその日の状態を知っているのと知らないのとでは、結果は明白である。麻雀の積みこみしかりである。また今日の国際関係を指して、平和は恐怖のバランスとも言われている。露骨に言うならば、相手国同士でお互いの胸にピストルを当てあっているようなものだ。お互いの人差し指は引き金にかかっているも同然である。ミサイルによる核戦争はボタン戦争である。まさに恐怖のバランス・

オブ・パワーズ（勢力均衡）であり、勝者は情報とそのスピードによって決まる時代である。

本当に手に入れたい情報とは、一般社会に流れた情報ではない。ひとたび一般社会に流れた情報は、すでに手おくれなのである。そこで人間は電波や光が今のところ一番速いことは知っていながら情報の源へと本能的に走るのである。人間の本能がそうさせているのかもしれない。

情報時代はまた二元社会の営みの中で、まったく今までになかった現象を生み出す。つまりそれは、「価値の多様化」である。価値の多様化とは、一つのものがすべてを決定する社会ではないことである。すべては相互、相関関係で決まってゆく。つまり状況の関数（F）で決まるとも言えよう。都市中心型の文化論がはびこっているが、木の根にあたる地方に陽を当てることを決しておろそかにしてはならない。手、足、指等の毛細血管こそ大切である。

今や、日本はアメリカ、ヨーロッパだけでなく、たとえば第三世界のアジア、アフリカ、中近東等、これまで陽の当らなかった国々、民族のことを真剣に考えねばならない時にきたのである。このことは、二十一世紀、二十二世紀にとってとても大切なこととして心しなくてはならない。

「感性から智慧は生まれる、とあなたは言われるが、具体的に教えて下さい。」このような質問に対する答えにはいつも悩まされる。形もなく量もないようなもの、ひとたび具体化されれば、美しい形にもなり、どっしりした重みもあり、美しい色彩を帯び、香りすらある。

一枚の紙は、表も裏も一枚の紙である。ある人は表からだけ見て紙といい、また裏から見た人も紙という。「動中に静あり、静中に動あり」と禅語にあるが、これについて学生の意見をきいてみると、いろいろな答えが出ておもしろい。

「コマ」がビュンビュン回っているときは静かである。ふらふら、いいかげんに回っているときは、いかにも回っていますと見せてくれる。マスコミで一人の人が情報を流すと、われわれはいかにも真実であるかのように、往々にして取り間違える。ニューヨークでの株の暴落もその一例である。マスコミ、コンピュータ、責任のない評論（コメント）にほとんどの人々は動かされている。人は虚像やコンピュータの奴隷になってはならない。

高齢化時代と言われてきたが今やすでに完全な高齢時代である。残念なことに、悲観的に高齢時代を捉える人もいる。高齢者のニーズ（必要）はなにかという発想が古いのである。高齢者のニーズに目を向けるというのは後追いの時代おくれの発想である。ニーズは生活くさく、活力、センス、感性に欠ける。今、必要なのは高齢者のウォンツ（欲望）であり、このウォンツにこそ目を向ける時代である。

社会が、世界が、虚像によって動揺しているなかで静かに変動を見つめることのできる、真実をみる眼――「眼力」が、いつの時代にも必要なのである。新しい発想は大概一見新しく見えても古いものがベースになっているものだ。我家のトーレンスのベルトプレイヤー、また百二十歳を超えたねじ巻き大型柱時計も、一刻一刻を今も刻んでいる。

日本には、東洋の智慧というものをつかむ感性が本来あるのである。それは四季に恵まれた、モンスーンの風土の中で、何十万、何百年と培われてきたものである。

「春は花 夏ほととぎす 秋は月 冬雪さえてすずしかりけり」（道元）

対象を一面から、また変わらないものとして固定的に捉えていては駄目なのである。変動を見つめる眼、すなわち死を見つめての人生である。

花はやがて萎(しお)れる運命にあるがゆえにわれわれをその有限の美によって感動させるのである。まさに無常の美である。生命あるものは必ず滅する。組織。企業も永遠に続くと思ったとき、その組織体はすでに危ういのである。お米が永久と思い江戸幕府が潰れ、永久と思った鉄にも落日があった。「鉄は沈む」のである。科学技術は素材一つにしても、鉄から新素材、超伝導体にまで変化し、これからも変わっていく。しかし歴史と科学を過信してはならない。その例として、今回の原発問題のことは、未来のためにも決して忘れてはならないし未来への糧として一つ一つ心に刻まねばならない。

いかに生きるか（ハウ・トウ・リィブ）は、あらゆるものは永久、永遠ではあり得ないと疑い、今を、今日を努力することである。無常観をもって、人生、組織体、産業社会構造、自治体、国家、世界に、地球に対応する時代となった。

情報・ソフト・サービスの時代は形もなく、重さもないものが、他の第一、第二次産業に大きく影響する時代である。一方、環境エネルギー情報・ソフト・サービスの時代は、あらゆる無縁の可能性を生み出す未知の時代とも言える。今まで価値をおそれなかったものが日の目をみることも可能な時代なのである。窮地にたっても悲観的にならないことだ。極限においてこそ新しい発想が生まれる。

発想の転換こそ情報・ソフト・サービスの時代に生きる生活方法であり、生き抜き、生き残る道である。

繰り返すが、これからは分析的知識の量ではなく、感性をベースにした智慧の時代である。この智慧は般若の智慧と言えよう。詮ずるところ、ソフト・サービスの時代とは「色即是空、空即是色」であり有即無、無即有の世界である。無の中から、無限に有が生まれてくるし、有はまた無に帰することもある。あらゆるものがシュミレイトされ創り出される時代とも言える。

感性による智慧の開発でもって、そこかしこを彩る科学と智慧の時代の到来と言えよう。

心の栄養

今必要なのは曖昧な響きのよい「心の教育」ではなく「心の栄養」の供給である。「心の栄養」のためには人間として豊かな「感性」を育てる環境に重きを置かなければならない。

幼児は物と接するとき、その動作と感覚との関係において学習し、経験を積み重ねるのである。このことが感性を育て、人間として人間らしく成長する基であることを知らねばならない。感性とは何かという概念規定は困難である。

古くカントが「理性・悟性・感性」という語彙を用いて、ヘーゲルがそれを深めたが、そこにはカントの深い意味が含まれている。「感性」とは一般によく受け取られているような単に感覚の鋭さや感受性、勘定の鋭さのみを言うのではない。確かに外界を自己が感じるのは、「見る」「聞く」「触れる」「嗅ぐ」「味わう」すなわち五感によって感じる。

しかし、ただ感覚的に感じるのではなく大切なのは「いかに」また「どのように」感じるかが感性と著しく関係するのである。風土に深く関係する現象界の中から感動をもって事象を価値あるものとして素朴に受け取る感受性が「感性」に近い概念と思われる。

価値があると感ずれば、自ずと心が動くのである。心が動けば自ずとそこに感動が生まれる。感動が生まれれば人というものは他にそれを自ずと伝えたくなるようにつくられている。

つまり、全ての感動は自己の内に消化されるのと同時に社会化されなくてはならない。キリスト・仏陀・孔子も自ら極めた道を社会化する姿勢を常にとっている。

己の感動を他に伝えるためには、個人として個性ある価値の創造がまず行われ、自ずと何らかの表現が形成される。そして個性ある個人の表現が他の人に伝わる。すなわちコミュニケーション機能のもとであるともいえる。感性教育が今クローズアップされるのは遅すぎるくらいである。

教育のベースには感性教育がなくてはならない。まさにQOL・QOE教育が大切である。

感性を豊かにするのは自分自身であるということはいうまでもないが、ただ自然に育つとは言えない。豊かな感性が個々の青少年に育つように、これまで先人は努力と工夫を惜しまなかった。それは生きる智慧を与えることといえるかもしれない。では豊かな感性が育つのを何が今阻害しているのであろうか。

豊かな感性を育てるのに大切なものは、一つはゆったりとした「時間」、二つには自然と触れ合える「空間」、そして第三に自由に付き合い、切磋琢磨することのできる「仲間」である。既にこのことは言われているが、この三つの「間(ま)」が確かに抜けてすまった。

まさしく「間」抜けかもしれない。笑い事ではなく今の子供たちからこの「三つの間」を奪ったのは大人であることの責任を感じなければならない。「間」こそ遊びを生み、生きる活力を生む場である。放射能のため屋外で伸び伸びと遊べない子供のことを真剣に考えねばならない。

この三つの「間」の欠落が「心の栄養」の供給をストップさせている大きな原因であるといえる。

転ぶと危険なアスファルトの校庭、固く温かみのないコンクリートの校舎、そして冷たいスチール製の机といす。みんな生命感がない。木造からコンクリートの校舎になったとき以来、義務教育に変化が起こり始めたという教師が多い。

整備され、あまりに人工的に作られた公園。コンクリートで木のように見せかけたベンチ。素手で触ってみると、冷たいか熱い、綺麗に作られた人工の世界であり、自然の生命とは無縁に見えてならない子供を取り巻く環境である。綺麗な人工よりも美しい生命を感じる心が育たなければならない。

都会にもたとえ小さくとも、自然のままの空き地的公園を創ってみたらどうかとの思いが募る。水たまりがあり、土と木のある公園ならボーフラもわき、蝉も鳴くであろう。少しの危険はあっても、冒険心を駆り立てるとともに心に栄養を与え、子供の心をいやすであろう。嬉しいことに世田谷区の一角でお母さん達の手作り自然公園の成功の話もある。

花の開花、そしてやがて萎(しお)れ、散っていく花、短い命を力一杯生き鳴く蝉の声。

エッセイスト、リンドはエッセイの一節で次のように語った。「詩人は一輪の花を見ているその間にも、その花が萎れるのを知っているがゆえに、より一層花を愛(いと)しく思うのである」「花は萎れるが故に美しい」と学生にいつも言っている。

また、芭蕉は「やがて死ぬ 景色は見えず 蝉の声」と歌った。この歌はあまり知られていないが、深い意味がそこに込められている。

一刻の生、一刻の死。たとえ明日は分からぬ命であっても、今のこのひとときを力一杯生き鳴いている。みんな命に関わっており、もののあわれ、無常観がひしひしと伝わってくる。

たとえ多少の危険があっても子供をもっと多くの自然に親しませたいものである。いくら人間が考えたとしても人間の知る世界は自ずと限界があり、自然こそ最高の教師であって、自然の摂理こそ教育の原点であることを忘れてはならない。

人工的に作られた遊び場でなく、自然を生かした遊び場では、自然の時間の流れと空間があり、友達と遊び仲間もできよう。そしてそこには無常観、生命の鼓動を子供本来の感性でもって体で体得するであろう。

時間と空間の交わるクロス点に『一刻の生と無限の命』を子供なりに体得するはずだ。人間存在の実在と命は時間と空間の一刻一刻のクロス点にあるからである。

大人の「便利さ・能率・量的」価値観で造られた世界は、生命的感動とは無縁の世界であり、命のある感性の世界とはいえない。

便利で能率的、且つ物的に豊かであれば「幸」は実現できるとした二十世紀の大人の価値観から脱しなければ未来を担う子供は正しく育たないのである。子供に明日の世界の無い社会に未来はない。

知的障碍を持った一人の子供と私の教え子の先生との出来事である。彼は円の皆を連れて毎朝散歩していたが、その子はある場所にさしかかると決まってごろんと大地に寝転がり、そこを動こうとしない。

困った彼は、最初はあやしたり、注意したり怒ったりしていた。ある時彼は思いきって一緒に寝ころんでみた。

すると、今まで聞こえなかった木の擦れる音、遠くから川のせせらぎ、小鳥のさえずりが聞こえてくるではないか。

「ああ、この子はこれを聴いていたんだ」。それは彼を納得させるのに十分であった。自分の中で弱まっている感性が呼び起こされた想いがしたと告白している。

子どもが訴える

交通事故の死者が年間六千を切ったが、理由はいろいろあるにしてもなんと自殺者が12年にわたり、年間三万人を超えている。しかも、自殺未遂者はその五倍もいるということは本当に驚かされる。何かがおかしい。大人も青年も子供も何かが狂い始めている。

「ハッピーでないのに、ハッピーの世界は語れない。リッチでないのに、リッチの世界は語れない。夢がないのに、夢を売ることはできない」

36歳で、この世を自ら去ったCMの鬼才、杉山登志氏の最後の言葉である。

人を殺すに武器はいらぬ。人から夢を奪えば自ずと人は死を選ぶと私は言いたい。

日本の子供の自殺の数は、世界に例を見ない。 青少年の死の実体をみると、0歳より四歳までは奇形・染色体異常が死者の約30%であるが、十五歳より二十四歳までは自動車等による事故死が17%で第一位である。しかし、驚くことは第二位が12%で自殺である。子供も大人も確実に自殺が増えていることは残念ながら事実である。日本の将来に不吉なものを感じる。真剣に今の大人が何とかしなければならない最も重大な問題の一つである。

日本の子供は学力、栄養も十分である。しかし「心の栄養」失調に明らかにかかっている。子供は直感で大人達の作った現実社会の未来に不安と疑問を感じている。

二十数年前、公害問題がクローズアップされ、改善がかなりされた。

私は「見える公害」と「見えない公害」に分けて、当時荒れ始めた青少年の心の問題を扱ってきた。

しかし、改善されたのは「見える公害」であり、目に「見えない公害」は放置され、もしかすると益々公害は深まっているのではなかろうか。

今日の青少年の起こす諸々の問題、教育の問題が「見えない公害」である。

その時の日本の経済発展に伴う公害問題を見て、外国は「日本は世界のカナリアである」と言った。周知の通りカナリアは古く、鉱山の有毒ガスの発生や酸欠を知るのに使われていた。カナリアがバタバタするのは警告信号の発信である。

国の未来を察知し、本能的に警告するカナリアはもしかすると今の子供達かもしれない。子供達が大人社会に送る警告シグナルをしっかりと受信しなければならない。バタバタするカナリアをもしかすると押さえつけ縛りつけたりしているのではなかろうか。今、現代社会が生み出す病根の本質の解決に取り組まなければ日本の未来は無い。

いじめ、暴力、自殺、他殺等々は今日の現実社会に対しての子供からの警告シグナルであり、「正してください」の真剣な意思表示であることは否定できない。

最終的行為の自殺、他殺を火薬の爆発と考えてみたい。これまで「いじめ」や「子供の自殺」について専門家や評論家は「甘やかし過ぎ」「いじり過ぎ」「子供の忍耐力の欠如」が原因と言い、そして解決策は「甘やかさない」「いじりすぎない」「忍耐力をつけさせる」そして「いじめられないように工夫すべきだ」と言う。

確かに専門家、評論家のコメントはそれなりに正当性を持っている。しかし、最終的行為である自殺、他殺を火薬とすれば専門家、評論家のコメント、議論は皮相的で導火線や引き金の安全装置の話に過ぎない。問題の本質に迫る議論が今必要である。

「どうしたらいじめられないのか」の消極論ではなく「いじめのない社会」「たくましく、活き活き生きる子供」の議論が必要である。

残念なことは火薬自体を取り除く議論、理論が欠落していることである。

自殺した子供がけなげにも最後に書き残したいくつかの幼い作文を分析すると、三つの共通するものを見いだす。一つは「夢の欠落」、二つには「生と死」、即ち「命」を体得していないことであり、三つには「社会的存在としての人間」の体験的認識の欠落であった。

知識ではなく体得しているはずのものの欠落が死に追いやり、また他人の生命をも簡単に奪ってしまう重大な原因であると確信した。

子供に未来がなく、夢のない世界に未来はない。日本の未来は今の子供の生きざまであり、子供が未来を見る唯一の窓は自分より年上の人々の生きざまである。大人の抱く価値観に子供は敏感に反応するのである。

本来、子供は年上の兄や姉をみて早くそのようになりたいと思ったものだ。昔は、早く学校に行きたい、早く学年が上がりたいものであった。今は中学に入学するのが心配でならない小学生が多い。何が子供達から成長の喜びを奪ったのであろうか。

子供が自分の将来に夢を抱くか否かは、年上の兄なり姉なり、両親、祖父母の生きざまを見て決まるのである。

子供が未知なる不安な未来をのぞき得る唯一の窓と鏡は年上の人達の生活、生きざまそのものである。

子供の自殺の原因はいろいろ考えられるが、既に触れたように幼くして自ら命を断った子供が拙いながら精一杯訴えているものは、何と言っても「夢の欠落」と、二度とない「命の尊さ」を学習し体得していないことである。

神戸での知的障碍(しょうがい)の幼児を殺害した十四歳の少年が「楽しいときはゲームをしている時だけ」というような「生命観のない」「心のない」無機的社会環境を作り出しているこの社会で抱く価値観をもう一度考え直してみるときにきていることは確かである。一歩間違えば、自殺と他殺は、まさに背中合せの最も危険な一線にある。

そのことは、私たち大人が帯びなければならない重大な責任であると言い切らねばならない。我々が子供に示さねばならないことは、まず切磋琢磨の競争は生きるためのセルフ・ヘルプの基であること。このことをしっかり認識しなければならない。しかしそこには能率と物質に偏りすぎ「競争のための競争価値」しか教えなかったことへの反省が同時になくてはならない。とはいえ「ゆとり教育」といって金太郎飴的教育は全てに良くない。

いずれにしても子供に夢のない社会に明日の日本はない。身体に栄養が必要なように心にも栄養が必要である。今こそ「心の豊かさ」「心の優しさ」「心の厳しさ」を育む感性教育が必要であろう。

教育の問題を考えるとき、知識以外に次の二つの切り口が大切と思われる。「心の栄養」と「福祉の心」が考えられる。「心の栄養」とは「ゆたかな、ゆとりある心」「癒しの心」であり、「福祉の心」とは他人の心の痛みをわかりながら「己の幸、世の幸」を求める心である。この「心の栄養」と「福祉の心」は相互に補完関係にあると思われる。心の栄養は教育の源である。

最近「心の教育」という言葉が使われるようになった。「心」とは 知・情・意 から成り立つと一般に言われているが、特に今大切なのは「情」と「意」（will）である。

「情」と「意」は「感性」との関係において感動として高められ深められるのである。また「心の栄養」と「福祉の心」は著しく「感性」と関係することも知らねばならない。

「教育」とは英語ではエデュケイション（education）であり、他から意図をもって教え育てることと一般に解されている。しかしエデュケーションの中には子供から「隠れた能力を引き出す」という深い大切な意味を含んでいる。

漢字の語源としての「教育」の意味は一般に捉えられているのとはかなりの違いがある。「教育」という語彙は中国の孟子が初めに使った。孟子の意とする教育とは「教える」に重きを置くのではなく、「習う」に重きが置かれていた。「習う」「学習」とは昔からある東洋的教育観である。すなわち「頭」「体」「心」の学習である。

既に触れたが、人間は社会的動物であり、生活できる人間に生まれたままでなるのではなく、他から学習して初めて人間になるのである。即ち人間は「ひと」から学習を媒体として、社会生活できる「人間」となる。

社会的存在である故に、子供の時の生活習慣は身につけさせなければならないことは既に触れたところである。いずれにしても大人は大人として毅然として善悪を明らかにして、しっかりとした「躾(しつけ)」を行わなければならない。しかし、ただむやみに教え込み、無理にある方向に育てるのではなく、習い、自らが自然に学習し、自ら育ち、生きられるように環境を整えるのが教育の本来の姿であることは当然忘れてはならない。

「親」という字は、親が本来あるべき姿勢を表しているように思える。親とは「木」の上に「立」って「見」ることである。すなわち子供を「せこせこ」「こせこせ」いじるのではなく、おおらかに高い広い視野に立って見守り、もって生まれた特質を、たとえ障碍(しょうがい)を持っていようと特長としてとらえよりよく生きていけるような環境を作るのが「親」であり、教育のあるべき姿である。

昔から「子供は親の後ろ姿をみて育つ」と言われてきた。「いじめとは大人社会の縮図」と題して当時のいじめと自殺について新聞社の依頼で書いたが(読売新聞 論壇)、その思いは強まるばかりである。今こそ大人の教育に対する本当の責任と姿勢が問われるときと思われる。こうした観点に立って今、問題になっている「心の教育」は大人が責任を持ち若者への「心の栄養」の供給として私は捉えたい。

感性と福祉

福祉という言葉がしきりに使われているが、福祉とは人間として「幸」への素朴な限りない追求と尊厳ある自己実現の歩みである。

福祉の目指すところは生きる喜びに満ちた人間生活の実現にある。福祉への歩みとは、健常者も障碍者も、人間がよりよく生きるために環境、身体、精神そして社会体系をも再構築し、他と共生共存できるように努力することである。

この目的達成のためには人間の「感性」に視点を置くべきである。そして絶対でない人間存在ゆえに自然科学的方法をベースに人文・社会科学、そして芸術・哲学・宗教まで視野に入れた新たな感性福祉教育の研究が益々必要となると思われる。放射能・津波の被災者の心を思うと重大な問題であることを知らされる。

現代社会で起こる諸々の「心」の課題の根元を探るとき、人間のもつ本来備わった「感性」の衰弱に起因する点が大であることを知る。ともすると失いかけている「感性」を甦らせ、人間としての人間らしい生活を取り戻すことが不可欠であろう。今こそ「感性のとき」である。

『感性のとき（INSIDE JAPAN Bilingual Edition）』（ぎょうせい刊・現 20 版）を昔出版して以来「感性」という言葉が広がっているが、今こそ心の「癒し」と新たな「価値の創造」の面からも「感性」が必要であるという思いがつのるのである。

日本人は「感性的」であるといえる。たとえば短い十七文字の俳句の中で季語が句に生命を与えている。それは日本の特有な風土から生まれる感性と思える。

日本の「ひらがな」「カタカナ」を思い起こしてみよう。中国から「漢字」が入ると、日本特有の風土に生活する日本人は「感性」でもって「ひらがな」「カタカナ」を作り出した。このような「感性」による「工夫」

の出来る民族は他に殆ど例をみない。日本人の抱く感性を大切にし新しい価値の創造を21世紀に生かしたいものである。

現実の厳しさ苦しさのあまり、私たちは未来に対して悲観的になるべきでない。私は信じる、「感性」と「工夫」による「智慧」でもって、まだ僅かに残っている伝統の種火の上に必ず新たな活路を見いだすと。

インドに発した仏教の伝来をみても、日本では風土の中にとけ込んでいる。インドでは仏教は著しく分析・哲学的である。中国では儒教や道教の影響のもとに実利的であり、また道徳・倫理的とも言える。

インドと中国の強い影響を受けた日本の仏教は、日本特有の四季のある風土の中の生活を通じ「感性」的に日本の宗教、特に鎌倉仏教の内に同化し開花したと思える。

「春は花、夏ほととぎす秋は月、冬雪さえてすずしかりけり」（道元）

この歌は川端康成氏が、ストックホルムでおこなったノーベル文学賞記念講演の出だしに使ったものである。

この一句にはなぜかたんたんとした内に自ずと感性的に、忘れてはならない日本の伝統としての豊かな自然と寛容の「心」がひびき伝わってくる。日本が世界に向けて発信できる東洋的「心」である。

障碍をもった人の立場に立って考えるとか、同じ視線で観るなどと言っても、自己が他に代われない限り、そこには歴然とした限界がある。その限界が、人間存在のありのままの姿であることを知らねばならない。

目や耳や手足の不自由な方々、生活年齢は成人になっても心身の発達の遅れている方々と接した時を思い起こしてみよう。障碍を負いながら力一杯生きようとされている方々にどこまで近づき、正しく理解し、共感し喜びを分かち合うことが出来るであろうか。

残念ながら距離感が存在しているのが健常者と障碍者の実感かもしれない。健常者の側からの論理は所詮健常者の論理であり、障碍者に代われない限り差別的見方が存在していないか。まず己を疑うことから福祉の一歩が始まる。

しかし、共に生き、共に共感しあう喜びを分かちあえるのも人間であることを忘れたくない。東洋的思惟(しい)方法と西洋的思惟方法には風土から生じるのであると思われるが大きな違いがみられる。東洋の古い言葉の中に、他に変われなくても限りなく他の内から観ようとするものがある。

仏陀の言葉（ダイアローグ）として有名なスッパニタータには「大きくとも、小さくとも、見えるものも、見えないものも全て生きとし生けられるものそれなりに他にかえられない尊厳がある。」という意味の言葉が強く述べられている。

また、枕草子には次のような言葉がある。「何も何もちいさきものは、いとうつくし。」

たとえ弱く、小さな命でも、生きるものへ心ひかれるのが人間であろう。この「うつくし」「美し」はもとより「愛しい」、つまり、「いとしい」という、限りなき「命」への慈愛の心にあふれている。生活での身近なもの、小さな命への「慈しみ」は対象と融け合う心であり、慈悲の心、福祉の心の原点でもある。

小さな小さな事が人の心を喜ばす。小さな小さな事が人の心を悲しまされるから。

福祉の実践記録の中には涙なくしては語れないものが多い。クライアントの方々に対して己の力の及ばぬ限界を知る人も少なくない。そのときクライアントの方に、何も為す術もなく、できることは祈るより他になく、ただ痛むところに、そっと手を当てるしか方法がないと告白する。私もそうである。

古くから日本にある祈りを込めた「手当(てあて)」の心こそ人間の限界の行為であろう。その限界を人間は逃れることはできない。

東洋的思惟の表れとしてインドのウパニシャッド（Upanishad）哲学がある。この「ウパニシャッド」とは「側に座り、限りなく近づく」という意味をもっている。ここに人間の限りなき他との融合に向かっての姿勢をみる。この語彙の中には対象のうちに自己と他と共感し、共有しようとする生命観を感じる。

知的障碍を持った私の知る山田ミキちゃん（生活年齢 30 歳）のことである。

ベランダでミキちゃんの妹が学校の観察用に育てたトマトが夏になり、やっと赤く色づいてきた。これを見たミキちゃんはなんと叫んだであろうか。

「トマトが咲いた。トマトが咲いた。」と喜び叫び続けた。

また、ミキちゃんは、湖にボートが浮かんでおり、ボートを若い二人が一生懸命漕いでいるのを見て喜びの声を上げげた。「ほら、あそこに、ボートが泳いでいる、ほらゆっくりボートが泳いでいる。」

何百冊の哲学書を読むよりも、どんな学識のある人の話を聞くよりも、「トマトが咲いた。」「ゆっくりボートが泳いでいる。」が、なぜか感性的に心の底に深く響いてくる。その響きこそ忘れている大切なものに思えてならない。

「自由と拘束」「自己と他」、「合理と不合理」「目的と手段」を越えた世界である。

「この子に世の光をでなく、この子から世に光を」といいたい。

「知識と合理性」、「能率と物欲」とで頭の中がいっぱいになっている現代人に「」を入れ、忘れているものを思い出させるのに十分な感性の言葉である。

科学技術文明と現実

明治の夜明けとは近代ヨーロッパの合理的科学技術文明の導入であったことは言うまでもない。

植民地化されるのを防ぐためには急いで近代化、合理化、産業化を図らねばならなかった。その時、急ぐが為に西欧の科学技術の日本への導入に一つのフィルターをかけたのである。

フィルターとは「実利」「便利」（ユーティリティー・ベネフィット）である。このフィルターをかけることにおいて、二十年足らずで西欧に追いつくことが出来た。しかし、ある大切なものを「実利」というフィルターをかけたが故に落としたのである。それが哲学である。

本来、科学とは二つのものを包含していなければならないものとして発展してきたのである。なぜなら科学自体には善悪がないからである。

その一つは「実証的」世界であり「あるがまま」（to be）の姿をとことん分析究明するＤＮＡやナノ理論まで生む自然科学の進みである。その結果科学技術の進歩は月世界に人間を運び、核分裂を戦争や発電にも使うようにした。やろうと思えば神仏を超えてクローン人間を造ることが出来るところまで到達している。

もう一つは、科学技術を人間に結びつけるものであり、それが「あるべき姿」（ought to be）を求める絶えまぬ姿勢である。すなわち哲学する姿勢である。

日本を始め、アジアの各国は哲学することを抜きにして、こぞって西欧の科学技術を取り入れてきた。特に日本は科学技術の面で完全に西欧に追い着き、トップグループに立っているといえよう。既にキャッチアップからフロントランナーに変わっていることを自覚すべきである。

しかし、科学技術を人間に結びつける哲学があるであろうか。

明治以来、西欧の科学技術に代表される近代化との決定的出会いの中で、西欧が科学に包含させていた哲学を捨てるのみでなく、東洋特有の伝統に基づいた哲学、世界観まで失ったまま、反省もなく今日の現実を作ってしまったのではなかろうか。

つまり合理的世界を求められるが故に、西欧的に近代化させた現実社会と日本の伝統的文化遺産の間のギャップを埋め乗り越えることなく、問題を先送りし断絶のまま今日に至っていると思える。その代表が原発であり放射能である。ここに大きな課題を背負ったまま、今日の現実に立たされている。この断絶を埋めることなしには未来はない。

目を転じ世界の今日の現状をみると、二十世紀とは全くと言っていいほど異なる状況に立たされていることを知る。日本丸の舵取りの政治がまず目ざめ、国民も目ざめなければならない。

すでに触れたように、合理的人間追求の「人間中心主義」ヒューマニズム、そして個人、自己本位のエゴイズムで人類が他と共存できる保証はどこにもない。

二十世紀の科学技術上における大きな出来事は、すでにふれたが、大量生産・大量消費による生活の爆発的肥大化。血で血を洗った二度の世界大戦。核の「分裂」による原子爆弾と原子力発電事故。月世界への人類の到達等々と数え切れない。

月世界への人類の到達を人は月世界の征服と語る人もいる。しかし、それは人間のおごり以外の何ものでもないのではなかろうか。人間の科学的英知のお陰で大自然の摂理(せつり)に従うことが出来たに過ぎない。謙虚さ、人間の限界を忘れた人間の思考と行動は危険な道を進むことになるのも自然の摂理である。第二世界大戦もしかりである。放射能の問題もそうである。

こうした人間の業績に対する姿勢は、これまで無限の世界であったものを有限の世界にすることにおいて、人間存在の有限さを忘れ、拠って立つところを失った糸の切れた凧のようになっているのではなかろうか。

無限を求めると同時に人間存在の有限性にも謙虚に目覚めなくてはならない時代にきているように思えてならない。

人間はこれまで一人の自己として拠って立つところを求めてきたが、今日の複雑多岐で情報過多の中での多様な価値の前に立ちすくみ、不安に陥っている。そしてストレスはただ貯まるだけで排出先を知らない。不確かな安全の名のもとに放射能の最終処理はわからず進めたつけがきたともいえる。

こうした現実を前にして心理学者に言わせればまさしくアノミー状態に今あると言うかもしれない。哲学者に言わせると、世界内存在としての自己の喪失と言うかもしれない。

いずれにしても、現代人は自分の立っている基に不安を抱き自信を失っている。自らの拠って立つアイデンティティを求めてやまないのが現代人の素朴な姿であろう。

世界を同時に駆けめぐる洪水のような情報過多の中で、個人が自己を確立し、安心して生きることは至難のことである。虚像と実像が混乱したメディアの世界の中で、常に不安を抱き生きなければならなくなっている。なんとかしなければならない崖っぷちに立たされていることは確かである。

情報の選択の智慧がなければ、情報の渦の中に自己は消えてしまう。インターネットを自分に生かすも殺すも人間の智慧である。インターネットには、善悪はない。正確に伝えるだけで「心」はない。

大衆社会の中ではマスコミを通じ、一人の考え、一人の発言は同時に何百万、何千万人、いや時には何億人への効果を生む。

現代社会では自己の存在は自己主張を通じて初めて実現する故、個人の主張に重きがおかれている。そこでいきおい自己主張は善であると捉えられがちである。しかもメディアによって限りなく増幅された主張は、いかにも真実のごとく写し出され、正当化され、力を持つことになり正しい事実とされてしまうのである。虚像と実像が逆になりうるのも現代である。

そこで議論（ディベート）が出来ない、またはディベートを上手に出来ない人間は価値が少なく扱われる傾向となる。「沈黙は金なり」という格言は、今はどこかに追いやられてしまった。しかし古い語録の中に次のような心打たれる言葉がある。

「言葉もて言うことなかれ、心持てはかることなかれ、言葉をも心をもはなちわすれて」（正法眼蔵）

いま、何が教育で問題か

「もういじめないで」と力尽きた遺書を残して自殺をした水戸の中学二年生の女子生徒。校内でのいじめに耐えきれずガス自殺した岩手のやはり中学二年の男子生徒。

この何とも痛ましい新年早々の二件の自殺は新聞に同時に報道されたので記憶している人も少なくないであろう。

大阪市教育委員会が「子ども110番」を開設したら何と一週間足らずに二百数十件の相談があり、その相談のほとんどが、いじめの問題であり、「死にたい、相談にのって」と死の一歩前の相談もあるとのことである。

この二件のいじめによる中学生の自殺は氷山の一角であり、未遂自殺は実数の五倍以上で、死の一歩前に立たされている子供が、この日本に数えきれないほどいるという事実を、はっきりと認識すべきである。

さらに続いて起こるまだ幼い子供の“死の訴え”に、今私に何ができるのであろうか。

すでに七年も前のことだが、大変驚かされたというより戦慄をおぼえたことがある。それは私の担当するゼミ学生による「今の子供の遊び」についての小さな調査報告である。

その報告は、学生達が実際に小学生一人一人に面接し、足で集めた貴重な調査結果の報告であった。その当時のレジュメは残念ながら今見つからないが、実に驚くべき報告であったので記憶は今も鮮明である。

その内容というのは、今の子供のもっとも楽しい遊びの順位である。何と十年前にすでに「弱い子供をいじめて遊ぶ」が二位であり、「自殺ごっこ」がたしか四位か五位をしめていたのである。

先の二件の中学生の自殺の記事を見た瞬間、私はこの調査報告の対象となった小学生が今中、高校生になっていることを思い合わせて、あの時の恐怖感が現実となって表出してきたかと慨嘆せざるを得なかったのである。そして「シカトする」（口をきかないこと）いじめには悲しさを感じた。

昔から「いじめ」はあり、それに耐えてきたのだという人もある。たしかに昔から、いじめはあったと思うし、私も体験している。そのときのことを忘れることはできない。

しかし、現今、耳にし、実際に起こっているいじめは、たとえばコンパスの針でちくちく突いたという事実があるように、極めて陰湿であり、昔のそれとは質を異にしている。どこかが或いは何かが狂っている。私はそこに何か重大な問題が存在すると考える。

大人も含め「いじめ」も「子供の自殺」も年に総計三万人を超える自殺数が十数年も続いているという事実を今のこの日本社会が生み出した新しい大問題であることは確かであり、われわれは、この問題から逃れることはできない。もっと真剣に深く取り組まねばならない。なぜなら明日の日本は言うまでもなく今の子供が造る社会である。その手本が大人の生きざまであり大人の造った社会であるからである。子供に希望のない国に将来はない。

「校内暴力」「いじめ」「子供の自殺」と次々に事件が発生する。そうすると、これに関連して、すぐに即効的解決が求められたり、またそれに対して皮相的な対処策が論じられたりする。その中で目立つのは「どうしたらいじめられないか」といった方法論が多く、問題の本質に迫るものは少ない。

一例を挙げると、某教授は「家庭教育で、いじめられっ子はかなり直せる、いじめられっ子は、動作のにぶい子などに多く、親の注意で家庭でもかなり直すことができる」と。

またテレビやラジオでお馴染みの某教育評論家は「とにかく、かみつきなさい。しっぺ返しをしなさい」と言う。

たしかに今、現にいじめられ、苦しみ、自然に追い込まれるかもしれない子供やその親にとって、現実に対処するための、親と子の防衛策が救いの手である。しかし防衛策はどこまでも防衛策であり、見落とせないのは、いじめる側の理論からつくられた、いじめから逃れるための防衛策に過ぎないのである。しかも、それは「しかえし殺人」をいじめっ子にさせる原因となった。

私は小学四年生で運動会の行進ができなかった。右手と右足、左手と左足が揃って出てしまうのである。皆の前で校庭を一人で一周させられた、その時の恥ずかしさとくやしさは今も忘れられない。なぜ、手と足が揃ってはいけないのかと考えながら一周した。その校庭がどれほど広く思われたか、どれほどその時間が長く寂(さみ)しく感じられたことか。また、身だしなみもきちんとせず、袖をテカテカにしている子供であった。その子供の頃が今もなつかしい。でもこの行進が私の福祉を考える基(もと)に成ったかも知れない。

当然のことながら、人間は力や、形や、量や能率ではかることのできない存在でなければならない。ところが、いつか、どういうわけか、そこのところが違ってきたようである。

先に触れた二人の先生の輪の中には大切なものが欠落している。動作がにぶいなどはいじめの対象になっても仕方がないという前提の上に立っていることである。

つまり、どこまでも、いじめる子供の側の理論であり、そこから出てくるいじめられる側の防衛論であり、本質的問題の解決とはならないのである。

仙台市で「青少年の非行防止」の研修会があり、その講演の依頼を受けた。演題は「非行防止について」とのことであった。私はその講演はできませんとことわった。理由は何かと問われ、「非行」とは何をもって非行とするのか私には十分理解できないから、とこたえた。

結局「大人の責任」という演題で青少年の問題についての話をするはめになったのであるが、なぜ「大人の責任」というタイトルに私がこだわったのかというと、私はこの数年来現在の日本社会は、責任転嫁の天国になってきているように思えてならないからである。政治家・官僚が最たるものである。

自分の身の安全、すなわちノートライ、ノーエラーの生き方が最善ということになっている。

数年前、しばらくイギリスに滞在し、久し振りに帰国したときのこと、今はやっている流行語は何かと子供に聞いてみた。「赤信号、皆で渡ればこわくないだよ」とすぐに教えてくれた。

社会全体がそのことを非とする規範が整っているときは、これはブラックユーモア、逆説的表現としておもしろいかもしれない。ところがどうやら、子供も大人もすんなりと今でも「赤信号、皆で渡ればこわくない」が常識になってしまったように思える。

子供も大人も、一人では何もできず、多数になればどんな非道もまかり通るといった日本の新しい精神土壌がつくられつつある。

またネット上でさらに、多数を説得するために必ず貌(かお)はみせずスケープゴートをつくり出す社会になったことはさみしい。

多数の説得のためには歴史的にも、いけにえを必要としてきたと言えるかもしれない。なんだかこれも「いじめ」と無関係ではないように思う。

戦前、戦後の日本の過渡期のバリエーションの中にスケープゴートを立てることによって、責任転嫁がみごとに成功したと見ることもできる。日本を大戦へと導き滅ぼし、戦後はまた、物質的には大国となりながら、心の栄養不足に悩む国にしたのは責任転嫁から生ずる月給取り根性に他ならない。

私は戦後、小学校に入学した。私達はグループの力、大衆の力、社会の力の大切さ、偉大さを教えられてきた。そして大衆社会デモクラシーが確立したといわれている現在、今一度この大衆の力、メディアが伝えることが真の力かどうか、疑ってみなくてはならない時に来ているのではないかと考えている。

二十世紀に成立した大衆社会は、教養面、経済面においても十九世紀流の大衆概念ではあてはまらなくなっている。そこで現代の大衆というものをあらためて直視する必要があろう。

現代の日本の大衆社会「多数の力」「大衆の力」を過信しすぎている感がある。もっと個性の特質にも目を向けるべきである。大衆社会を構成している個人が、自己の拠って立つところを見失い、自己を振り返って疑ってみることを怠るとき、本来主役たるべき個人は大衆社会にその座をゆずる。その結果国民全体が伝統的固有の価値に視点を置くことを忘れ、大衆の創り出す大衆的価値に、縛られ、流される。

加うるに、大衆が責任を帯びた例を歴史の中で発見することは至難の業である。

先に、現在の日本は責任転嫁の天国と述べたが、フランスのトックビルの言葉を借りて日本を語るなら「大衆社会の天国」ということになろう。そしてスペインのオルティガ流に言えば現代はメディア、インターネットの力をかり覆面をし自己を振り返ることを忘れた大衆の支配する大衆社会ということになるかもしれない。

しかし、私達の生活する社会は大衆社会が前提である。それを構成する一人ひとりが現在の社会現象及び将来に対して、自己をみつめいかに責任を帯びるかが肝要と言える。

青少年が自ら生命を絶つような社会は異常な病理社会をいえる。人から夢を奪うなら、人は自ら死を選ぶのかもしれない。死をもって訴えている「自殺」の現実の奥に潜む社会が持つ病根に対して、いかに大人が責任をとるかが今後の問題であろう。精神的、経済的に追いつめられ死を選ぶ大人社会が子供にいかに不安を与えているかを考えねばならない。

戦後、力いっぱい大人は働き、子供は子供なりに教育の受難に合い、力いっぱい努力している。みんな力いっぱい走るには走ってきたが、「何の実現」をめざすのか、そのゴールが定まっていない。

競争のための競争の価値しか知らない現実の大衆社会にしたその責任が、今一人ひとりに問われている。

中高、永明塾、予備校。大学院の五十年余の教師生活の終りに大学四年生への最終講義は「常に自己を疑い、振り返り、そして常に責任を帯びよ」と結ばざるを得なかった。

それは他ならず、私自身への語りかけであったと、今思い出している。

夢と子供の死

「ハッピーでないのに、ハッピーの世界は語れない。リッチでないのに、リッチの世界は語れない。夢がないのに、夢を売ることはできない」

テレビCMの鬼才、杉山登志の遺言である。彼は、三十六歳で、自ら、この世を去った。人間を殺すに武器はいらぬ。人から夢を奪えば、人は死を選ぶのである。

日本における子供の自殺の数は、世界にその例をみない。数年前のことになるが、これからは、自殺が問題になる、と、社会動向に明るい記者である友人が、忘年会の席で語った。明けて三月、その年の一月の子供の自殺の集計が新聞の片隅に載っていた。何と、百三人もの子供の自殺があったのである。ここ日本では十数年、三万以上の自殺者が出ている事実には全く異常としかいえない。

古く昭和三十四年、五年は、自殺者の多い都市で騒がれたが、子供の自殺の例は珍しかった。しかし、一か月間で百人もの子供の自殺を出す今の日本は、いったい、どうなっているのであろうか。今年はついに昭和三十四年を上まわり最高数に達した。明日の日本を担う青少年の自殺は、日本の将来に不吉なものを感じさせる。

その年の四月、私は渡英した。イギリスで、子供の自殺の話をしたが、問題にされなかった。当時失業者、インフレデフレ等、イギリス病といわれ、大揺れに揺れているイギリスではあるが、子供の自殺は問題になっていない。

GDP 上位の富んだ日本は、GDP に比例して子供の自殺数を増やす国となったのである。ハイドパークで、リスと戯れる子供。子供のお菓子に群がるすずめ。夕日を背に浴びながら摘草をするイギリスの子供を見ると、塾通いの日本の子供が、かわいそうに見えてならなかった。

日本の子供は、学力、知識は十分、栄養も十分、しかし、心は栄養失調である。それを証明するのが青少年の自殺の数である。大人、老人は無論子供の自殺の数を見るだけでも、いかに、日本が、病的な国になっているかを診断するに足る。

特に子供は、直感でもって、未来に不安を抱くのである。

日本の今日の驚くべき経済成長は、便利な生活をもたらした。しかし、同時に、歪みを生みだした。十数年続いて三万人を超える自殺者がそれを証明している。

その一つは原発を含む公害問題である。公害は現代社会のクリップではあるが、ビイザブルポルーション（見える公害）とインビイザブルポリューション（見えない公害）に分けられていると考えている。

ビイザブルポリューションは、例えば、自動車の排気ガスの公害のように、科学技術の努力において、初めは不可能と言われながら、十分にその改良の成果がみられた。また、河に、アユ、サケ、マスが帰り、少しずつであるが自然を取り戻しつつある。

しかし、放射能に代表されるインビイザブルポリューションは、文字通り、見えない公害でもある。そして青少年の問題、教育の問題が見えない公害であり「心まで」蝕んでいく。

校内暴力、家庭内暴力についての記事は、アメリカでは、すでに、三十数年前に紙上を賑わしていた。その時、日本は他国のこととして捉えていたが、実は、日本では潜伏期間であったのである。

先日、アメリカのミシガン大学の心理学者、スティーブンソン教授と会う機会があった。共同研究後の会食でのことである。十数年前、あれだけ騒がれた校内暴力は、今、どうなっているかと、聞いてみた。すると、数字上では、今は、かなり落ち着いているとの答えが返ってきた。しかし、本当に解決したのかどうかは、わからないとのことであった。

さらに聞いてみた。どのような手段で、どのような解決をしたのかと。すると、驚くべき答えが返ってきた。各学校が自分の手で、主に元警察官を雇用して、問題を起こしそうな生徒は早めにチェックしている、とのことであった。今の日本はどうなっているか考えてみるべきである。

日本の公害問題を見て、外国は、「日本は世界のカナリアである」と言った。周知の通り、カナリアは、古くは、鉱山の有毒ガスや酸欠を知るのに使われていた。酸欠や有毒ガスが発生していると、カナリアはバタバタするのである。

アメリカで、今、沈静化の方向にあるとする校内暴力は、バタバタするカナリアを押さえつけ、縛り上げようとしているのかもしれない、と、スティーブンソン教授の話を聞きながら思った。

いや、もしかしたら、日本がやろうとしている青少年問題の解決も同じ方向になるのではなかろうか、と心配するのである。制度をどんなにいじくってみても、抜本的問題解決にはならない。

子供の自殺に代表されるインビイザブルポリューションを、いかに私達日本人が受け止めるかが、今、問われている。

校内暴力、家庭内暴力、親の子への暴力、そして子供の自殺等は、今日の社会病理に対して、「改良せよ」との全て警告のシグナルなのである。酸欠や有毒ガスをカナリアが伝えるように、日本の社会における有毒性の価値観や全て欠落しているものに対する、子供の警告に見えてならない。

先に触れたように、当時、イギリスに生活しながら、日本は問題である、との確信をますます強めることになった。

帰国後、学生の手を借り、新聞に報道された子供の自殺の事例を探した。すべてではないにしても多くの事例を見つけ出した。また次々に起こる子供の自殺に関するコメントが記事と併せて載せられていた。

子供の自殺に関して、その道の専門家は、「親の甘やかし」、「いじりすぎ」、「子供の忍耐力の欠如」を述べ、解決は「甘やかさない」、「いじらない」、「子供に忍耐力をつけさせる」が主であった。

これらのコメントは、確かに、正当性を持ち、その通りと言わざるを得ない。しかし、根本的な自殺の問題解決にはならないのである。

たとえるなら、最終的行為である自殺を火薬とすれば、導火線、トリッガー（引金）の安全装置の議論、コメントであり、火薬を取り除く議論はすべて欠落していると言っても過言でない。

そこで私は、子供の自殺という日本の抱えた大問題を火薬とし、火薬を取り除く方法を考えねばならないと思いはじめた。

自殺した子供の書き残した幼い作文を分析すると、三点の共通するものを見いだすことができた。その一つは、「生きる夢の欠落」であり、もう一つは「生と死」を体得していないことであり、自分の不満を弱きもの、動物にも向ける。さらにもう一つは、「人間とは社会的動物」であることの認識の欠落である。

知識としてではなく体得しているはずの、この三点の欠落が子供達を死に追いやり、また、他人のそして動物の命をも、簡単に奪ってしまう原因であることに確信をもつようになった。

心理学者の言葉を待つまでもなく、人間は自分の生活、生き方を規制するものは、生得のものより、学習という体験をもとに、体で学び取るものなのである。

事例の分析から見つけ出した第一の「夢の欠落」から考えてみたい。子供に夢が欠落している原因をまず考えてみると、子供というものは、いくら体が大きくても、子供は子供、ということを大人は十分認識していなくてはならない。子供にいくら夢を抱けと言っても、何の効果も期待できないであろう。子供にとっての夢とは、自分より年上の人の生活が子供の夢の“元”なのである。

昔は、早く大人になりたい、と思うのが子供であった。だから、正月に年をとるのが楽しみであった。

大人になればあんなものも手に入る。大人になればお父さんのように、一品多く食べられる、と思ったのが昔の子供ではなかろうか。今は、誕生日をよろこび、一学年上がるのを楽しみにしているのは小学校四年生までであり、中学に入学するのが心配でいっぱいの小学生が少なくない。

中学に入れば、「偏差値」、「いじめ」に、どう対応しようかと不安でいっぱいなのである。

本来、子供は自分より年上の兄や姉をみて、はやくそのようになりたい、と希望を持ったものだ。しかし、兄姉をみても希望はなく、偏差値をもとに親から、先生から、何かと言われるのが現実のすがたである。

子供が自分の将来に夢を抱くか否かは、その子供より年上の兄なり、姉なり、両親、祖父母の生活態度にかかっているのである。子供達が未知なる不安な未来を覗き得る唯一の鏡は、自分より年上の人たちの生活そのものなのである。

幼くして、自らの生命を絶った子供達の拙いながらも精いっぱい訴えている遺書の中に発見する第一は、やはり夢の欠落である。このことは全てに通ずると言える。

この責任は決して子供に転嫁してはならないことであり、大人が帯びなければならない責任である。

我々が子供たちに示さねばならないものは、何であろうか。それは能率と物質に片寄りすぎたことへの反省が原点であろう。大人達が力いっぱい生きてこなかったとは言わない。たしかに、みんな、「ご苦労さん」と言いたい。ただ、何の実現を目指して、力いっぱい歩んできたかを、今、振り返る時であろうと思うのである。大人は「生きるに値いする人生」とは何かと自問してみなければならない。

子供に夢を与えるのは、大人の夢であり、そしてその夢は、与えられるものではなく、未来に向かって、自らが働きかけ、創造するものであることを大人が自覚せねばならない。

しかるに、われわれはあまりに、能率と物質の現実に流され、ロマン・ユートピアを失っている。そして、そのつけが子供にまわされている。

今、自分が為し得ることは何であるかを振り返ることが、現実に生きる大人の責任である。子供に夢のない社会に明日はない。体に栄養が必要なように、心にも栄養が必要である。

あひるの子 ― 信じ、信じられること

どこかで拾った、枯れた二メートル近い竹の棒を左手に引きずりながら右手には封印された手紙をしっかりと握り、晩秋の「かぶ坂」を登っていた。夕空を見上げ物思いに耽るのは少年によくあることだ。

一年半前、母の元を後にしたこの九歳の少年は、津和野から約十キロ離れた山里の生家畑迫に向かっていた。陽はもう山に隠れようとしている。なぜ夕日はこんなにも美しくのか。……全てに「さよなら」と言っているからで……あろうか。

津和野は西周、森鴎外が多感な少年時代を過ごした町でもある。この山道を歩いている少年は私で、学校で問題を起こし担任にひどく怒られ、その旨の手紙を持ち帰らせられたのである。たわいもない悪戯であったが、そうはいかず悪質と思われ先生の怒りは心頭に達した。

近道である山道の頂上近くに、昭和初期に掘られた隧道がある。中はでこぼこの荒削りでごつごつした裸の岩が出っ張っている。昼間でも真っ暗である。時々コウモリがヒュ・と近くで風を切り、奇声を出して飛び交う。何とも心細い。

左手に引きずっている竹の棒が命綱となる。出口が確認できた時はもうすっかり陽は落ちていた。やっとトンネルを抜け、村の一軒・二軒と微かな明かりが目に入ったとき「救われた」と思った感激は今も忘れられない。

母の元への足は急に軽く速くなった。しかし家に近づくにつれて手紙のことが気になる。家に着くや、夜にも拘わらず家に帰された旨を簡単に伝え手紙を母、姉、義兄に素早く渡した。なぜか一言も怒られない。義兄から早く食事をし、風呂に入って寝るように言われた。

翌日母と一緒に町の小学校へ一便しかない早朝のバスに乗った。担任の先生に母は平謝りをした事を教えられたのはもう中学一年になってから

であった。母も姉も義兄も私を叱らなかった。信じられることは子供にとって何よりである。

生き、生かされる原点は「信じられることと、信じること」であり、それが子供の成長には特に必要であると今も確信している。

畑迫は津和野の中心から遠く離れ、イノシシや猿も出る全くの山里である。幼い私は裏山に一人で登る癖がついていた。山頂からは遠く雲に浮かぶ隣の山口県の徳佐（とくさ）が峯のつながりが見え、何か未知な別世界、夢の世界に浸っていた。動かぬ遠くの山、流れる雲、母なる海へと流れる曲がりくねった川、これらは少年の心に何かを植え付ける。山には大きいもの小さいものも全て生き合い、無駄なものは一切ない。

山川草木（さんせんそうもく） 悉皆成仏（しっかいじょうぶつ） 一切衆生（いっさいしゅじょう） 悉有仏性（しつうぶっしょう）

山頂から見下ろすと、バスがやっと通れる一本道が津和野の町へと繋がっている。家の長い石段を下ったところにバス停があった。私は毎朝バス停で、バスに乗るのではなくバスの発射するのを見送るのである。

それには理由があった。賑やかな津和野に行くのだという思いと、今では知る人も少ないがボンネットバスのマフラーから出る青い色をした何ともいえない「いい臭い」である。私が初めて科学技術文明を知った臭いであった。多くの人を乗せてあの賑やかな町に向かう、まさに文明の象徴に思えた。私はバスを見送ると一目散に裏山に登り、頂上から町に向かうバスを眺めながらすっかり自分がそのバスを運転している気持ちになっていた。

平素は山や野や川で遊び鶏やアヒル、ウサギ、山羊を飼う動物好きな少年であった。小学二年の時、アヒルに異常な関心を持った。町に向かうバスの窓からすいすいと津和野の川を自由に泳ぐアヒルの姿を見た。

どうしてもアヒルを飼ってみたくなり、私はそのアヒルの飼い主である町に近い鷲原（わしばら）の中村悟市さんの家を見つけ訪ねた。悟市さんは「そんなにアヒルを飼いたいのならアヒルの卵をあげるよ。でも坊の飼っている親鳥はどんな鶏か」と聞かれた。「よくわからないが、むしについた（卵を抱くこと）のは茶色の雑種です」と答えると、「たぶん孵る」と言って三つのアヒルの卵を下さった。悟市さんから次のような注意を受けた。二十六日か二十七日で孵るはずだから、鶏に頑張らせるようにと。

むしについた茶色の鶏に宝の三つの卵を抱かせた。私の鶏はしっかりと三つの羽の下でくるくる移動させながら抱いていた。学校に行く前や帰とすぐに鶏小屋に行き鶏を見守った。しかし二十日か二十一日過ぎに大変なことが起こった。

私の鶏が三つの卵を置いたまま私の作った藁の巣から離れている。すぐに鶏を捕まえ卵を抱かせる。するとまたしっかりと三つの卵を抱いたのでほっとした。

しかし次の日の朝、また巣から離れている。鶏を捕まえ温めさせる。でも手を離すと逃げだそうとする。学校に行く時間はもう過ぎている。でも私が側にいると鶏は大人しく大切な卵を温めてくれた。

母親に見つかり、休んだことも全てばれ、ひどく怒られる羽目になった。でも次の日も親鳥を見守る決意を既にしていた。朝、急いで鶏小屋の行ってみると、親鳥は巣を離れている。親鳥を捕まえ卵を抱かせた。学校に行かされたが勉強どころではない。学校が終わるや否や、鶏小屋に走った。やはり親鳥は巣から離れていた。また無理やり卵を抱かせる。この繰り返しにも限りがあった。

三日目であったと思う。学校から帰り、三つの卵に触れてみると冷たくなっていた。おそるおそる殻を割ってみた。驚いたことにアヒルのひよこの姿をしている。しかし冷たくなっていた。涙を抑えることは出来ず、為す術もなく鶏小屋に座り込んでいた。

家からロウソクと線香を持ってきて塔婆を建て、一人覚えたてのお経「舎利礼文」を三回読経した。ひよこになる前に冷たくなったアヒルの赤ちゃんをそっと土に帰した。死んだアヒルのひよこがそれから何度か夢に現れた。

アヒルを飼いたい思いは、三羽のアヒルの子を死なせたにも拘わらず日に日に強くなり、再び悟市さんを訪ねた。私は三つの大切な卵をだめにした顛末を詳しく話し、もう一度卵を下さいとお願いした。悟市さんは「坊、残念だったね。可哀想だったね。アヒルの赤ちゃんは…」と言い「その親鳥ではまた失敗するよ。チャボという小さい鶏を知っているね。チャボをまず育てなさい。そしてむしについたらまたおいで、卵をあげるから。今日はお帰り。」と優しく言われた。

その後の詳細は略すが、チャボを入手し、やがてチャボは卵の抱きに入った。悟市さんの所へ向かった。チャボは小さい鳥故、失敗しないために二つのアヒルの卵を頂き大切に持ち帰った。チャボには申し訳ないが、むしについた日から二日目に抱いている卵とアヒルの卵を取り替えた。数と大きさの解らぬチャボは自分の卵と思い、しっかりと大切に温めてくれた。

あっという間に二十日・二十一日の鶏の孵化する日は過ぎた。小さなチャボはしっかりと二つのアヒルの卵を抱いている。安心して学校に行けた。二十四日目も親鳥はしっかりと二つの卵を抱いている。私は好奇心からそっと卵を取り出し耳に当ててみた。温かい、動いた。そして太陽に透かしてみると、はっきりと大きいくちばしのアヒルのひよこらしき姿が確認できた。

二十六日目は一目散に学校から鶏小屋に行った。なんとかちょうど親鳥がしきりに卵を突っついている時だ。親が突くところに卵の中の生まれる寸前のひよこがくちばしをぴたりともっていくのが私にもはっきりと感じられる。親鳥と誕生する雛との、その共同作業は神秘的で生命の誕生の感動である。

アヒルの習性から私は雛に親と思われた。アヒルの場合、初めに目に入り動くものを親と思う習性が特に強い。かわいい雛はチャボと私を親と信じている。

元気な二羽のアヒルが無事にこの世に誕生した。親のチャボにもついて歩くが、私にもついて歩くのである。大きくなるにつれて私は益々親と思われるようになった。よくアヒルの子と連れ添って河原に行ったものだ。私の後をよちよちハの字型、そして十字をきりながら河原へ向かう様は近所の笑いものであったが、嬉しく愛しい思い出である。

私は三つの卵の失敗を通じ、命は二つないことを身にもって体験した。

卵を産ませる一般的な白色レグホンは卵を孵すためのむしにつかない。むしにつく雑種の鶏も二十一日か二十二日で卵を温めるのを諦める。鶏は卵を産ますために人間が長い生活の中で造りだした鳥である。名古屋コーチンやブルモースの鶏は多少野生を残しているが、チャボの残している鳥としての野生にはかなわない。

つまり鶏は人間によって造られた鳥である。アヒルも人間がガンやカモから長い年月をかけて家禽として造った水鳥である。人間によって造られた鶏も、アヒルも本来の本能・野生をいつしか失ったのである。人間も自然の摂理に習い学ばねば人間が人間でなくなってしまう。全ての教育の原点をここに考えさせられる。

レヴィストロースの「野生の思考」を読んだとき思ったが、造られすぎると人間が人間になれないのではなかろうか。人間の持つ古い皮質のリビドウ（燃える活力）を失いかけているのではなかろうか。チャボがしっかりと二十六日間黙々と卵を抱き、無事二つの卵から二羽のアヒルを誕生させたのは、まだチャボの内に本来野生の鳥の持つ大切な本質を残しているからに他ならない。

「たまごっち」に象徴された、ゲームに耽る現代っ子の環境は残念である。ディスプレイで活躍する人間も簡単にコントローラの操作で消せる。またゲームの中での人間は、たとえ死んでもリセットボタン一つ押せば生き返る。二度とない人生、かけがえのない命とは別の世界で子供は生かされている。

現代人はデジタルの世界に生きざるを得なくなっている。教室にもパソコンが置かれている。デジタルとはあらゆるものを「有と無」つまり「0と1」に置き換える。全てを0と1とに単純明快に分析し、今日十億分の一まで解明するナノ理論まで出てきた。しかし、そこには連続はない。

デジタルはどこまでも点であり連続ではない。連続は心の安心に関係する。生命の誕生は三十八億年前にさかのぼる。そして DNA を通じて今の私達がある。

人間の存在と実在の世界、そして「心」の世界を 0 と 1 で説明できるなら問題はない。今問われている人の心の世界を 0 といとで計れないことは、現代の物理学者・心理学者の説明を待つまでもない。

今、私達に課せられていることは、進みゆく科学技術へのブレーキではなく人間として生きる「智慧(ちえ)」の必要性である。知識はいくらふやしても知識であり、智慧には変化しないのである。0 と 1 つまりデジタルとアナログの世界・宇宙のみでなく、「有」と「無」と「時」を止観し、止揚する人間の力・智慧を信じたい。それを創る「場」を「感性の舞台」と私は言いたい。

カントそしてヘーゲルの積み残した課題は「感性の甦生」である。人間の本来持つ、生きる源である感性に目覚め、生きる智慧を生み出さねば生きるに値しない。

親チャボの力を借り六匹に増えた大きいアヒルを引き連れ、夏には私は家の前の川でアヒルと一緒に泳いだ。一羽一羽には大きさ・色も違い、特徴がある。それでもそれぞれ力一杯、水の上を滑るがごとく泳いでいる。

「ただ見れば 波も景もなき水鳥の 足に暇なき我が想いかな」（作者不明）の句と当時の事が重なる。

本来人間の持つ野性の感性を、大人も子供も老いも、もう一度甦らせ科学と感性の融合した智慧をめざさねばならぬと思う白頭の今である。

萎れゆく花の美しさ

かつて郷里に帰省して、町の成人式に招かれたことがあった。式のセレモニーが続いて、何人かの祝辞の最後は七十歳を過ぎた婦人会長であった。

「ここから、皆さんを見ると、まるで花が咲いたように美しい。私もできるものなら、もう一度皆さんのように若くなって…」

婦人会長の祝辞の後、司会者が「以上で式典を終ります」続いて「なお、萩野先生から、しばらくお話をいただきたい」というのである。

予期していなかったことであり、私は困り果ててしまった。といって逃げ出すわけにもいかない。止むなく壇に上って、成人を迎えた青年諸君を見ると、会場はまさしく花が咲いたように華やかである。ことに女性の衣装はひときわ、きれいである。

経験のある方もあろうが、とっさに話をさせられるときは、リレー戦争のように前の人の話を受け継げば、何とか切り抜けられるものである。そこで困ったあげく、婦人会長の「花が咲いたように美しい」という言葉から話をはじめることにした。

『花は、なぜ美しいのでしょうか』イギリスのエッセイスト、ロバート・リンドをヒントに私は次のように言っています。

『花は、萎(しお)れるがゆえに、美しい』と。

花を見ている刻々にも、その花が、「萎れていっている」ことを知っているがゆえに、詩人には、いっそう、その花が美しく見えるのであろう。

ホールに生けられた豪華な花をみて、誰でもまず美しいと思うのであろう。そして近寄ってみて、もしそれが造花であると知ったなら、どんな思いをするであろうか。

花を見て、「きれい」と「美しい」とは同じように思えるかもしれないが、私には違いがあるように思える。英語のプリティーとビューティフルは、二つともほとんど同意であるが、日本の風土の中での「きれい」と「美しい」には微妙な違いがある。

「きれいではなくても、美しく」

と私は常に学生に語っている。美しいという言葉には生命感がある。「名もなく貧しく美しく」のタイトルからだけでも、その映画の主人公の人生観が伝わってくる。

先日、益子焼の第一人者である人間国宝の岡島達三先生と会食し、話に花が咲いた。益子焼の美しさは、生活の中からにじみ出る美しさにある、ということになった。たしかに、「きれい」というより「美しい」のである。そこには、生活、土のにおいがし、生命の躍動がある。

関東以北の文化には、歴史の表面には表れない、けれども、歴史の深層において、力強く、生活に密着した土のかおり、生命のかおりが色濃く感じられる。

仙台発行の有力地方紙、河北新報の題号の由来にあるように、明治維新いらい東北地方は「白河以北一山百文」と軽視されていた。

しかし、その東北の風土から出る土のにおいと厳しい生活の中から生まれた文化には、華やかなきれいさではなく、ナイーブ（朴納）な力強い生活がベースにあることを知る

のである。はなばなしく歴史の表面でもてはやされることはなくても、力強く、重々しく大地に根差した生活にある生命の鼓動が、文化の根元なのである。

生きることへの愛、執着、人間の業、すべてけなげな日々の生活が土台である。そこから生まれる美しさが感動を呼ぶのである。東北で生活し、東北の「人と自然」に深く関わり接するほどに、しみじみと感じさせられるのである。

「きれいでなくても、美しく」と述べたが、「美しい」は「愛(うつく)しい」と古くから書かれており、本来、愛(うつく)しい、つまり「いとしい」の意味であることは辞典にもある。自分の生活の身近なもの、身近なことに、さ

らに、小さい、小さいものへの人間が抱く素朴な心、が「愛しく」「美しい」のである。室町時代に既に「愛しい」が「美しい」＝美という日本語に定着している。

小さな、小さなものへの愛、そしてそこに人間の感動を呼び起こすもの、これは一体どのようなときであろうか。他ならぬ小さなもの、身近なものの「生命」を「人間」が見つけ、それと一体となるときである。

「うつくしきもの …何も何もちひさきものはいとうつくし」（枕草子）

道端の一枚の葉に宿る朝露の一しずくの水玉にも、小さな命を見、小さな、小さなすみれの花にも美を直感するのが日本人の感性ではなかっただろうか。

病的日本を象徴する「いじめ」、「校内暴力」、「家庭内暴力」、「児童虐待」そして「子供の自殺」、青少年が自ら生命を絶つような社会は異常な病理社会である。日本は経済大国になり、体の栄養はとり過ぎの国になった。一方、心の栄養失調に悩む国という現状をつくってしまった。

国もやっと動き出し、「いじめ」についての緊急委員会がつくられた。しかし、過去行われたことは、いつも皮相的解決に終り、すでに触れたように、火薬と導火線にたとえるなら、導火線の論議の域を出ないのである。

「いじめ」に発する青少年問題はついに自殺の問題に至り、死をもって訴えている悲愴な言葉の断片から、私は三つの原因を掘りおこした。

その一つである「ゆめ」については、先に触れたが、ここではその二として、「生命」の欠落と命の重要性を、花のたとえを中心にここまで触れてきた。

この「生命」とは、小学生、中学生が理科や道徳の時間に教わるものではない。人は「生命」を学習を通じてのみ体得できるように創られているのである。現代人は、自然と人間、人間と科学、そして人間と人間などについて、もっと深く知り、体得する必要がある。

人間をパフォーマンス（自己表現）し、イグゾースト（燃えつくす）するのが人生である。残念ながら、パフォーマンスできず、イグゾーストせず、自ら生命を絶つ人間を出す代表国に日本はなったのである。大多数のコメントは、「甘え」、「柔弱者」とその子供にレッテルを貼るのである。

生きる力は何から生まれるのであろうか。人間は、死を見つめることにおいてのみ「生」を知るのである。人は常に永遠なるものを求めながら、永遠でない存在である。

花よ、美しく、永遠であってくれと願っても、萎れていく運命、宿命をもって、今の、このひとときを、力いっぱい咲いている。萎れていく運命が、無言のうちに、生きて在ることを、美しく具現してみせるのである。

人間の死へ向かっての歩みが、そのまま生の証(あかし)である。いくら長生きしても、人間は有限であり、生と死の刻々の間に、人生が展開されるのである。

芸術の世界で、シェイクスピアは、死を見つめての世界を悲劇の中に表し、それを忘れるために喜劇、ユーモア、ウイットを求めている。しかし彼の劇が人を感動させるのは、やはり、死の世界のゆえである。

人によっては、死へ向かっての歩みが一種の病気となり、人生を絶望的に捉える人もある。しかし、死へ向かって歩む自己をありのままに捉え、刻々の自己の存在を積極的に生に転換し、生きつくすところに人生が開かれるのである。

すなわち、死を知っていればこそ、現在を生き抜くことができるのである。

では、いったいどうすれば子供に、「生」と「死」を体得させられるであろうか。既に触れたように、理科や道徳の授業で数えられるものではない。子供自らに体得させる以外にはないのである。といって、現実は、余りに学習の場に乏しい環境である。野外学習がカリキュラムに取り入れられたり、体験学習への努力があちこちで試みられている。しかし学校で学習できることにはおのずから限界がある。要は私達大人が、一人でもできることがあるということ、さらに一人ひとりの力を合わせることにより、一（いち）たす一（いち）を三にも四にもできる、ということである。一人の力を地域の力へと広げることによって、最初の一歩が開けるだろう。

先日、ボランティア活動に携わっている人たちへの講演のあと、一人の老婦人から次のような質問を受けた。

「こんなに老いて、体も十分でない私にも、命の尊さを子供達に教える方法があるでしょうか。」

私は「あなたの家の前を子供が通りますか。」と問い返した。

「毎日たくさんの子供が家の前を通って、学校へ通います」

「家の前に季節の花を植えなさい。もしその場所がなければ、フラワーボックスに花を植えなさい」と私はこたえた。

「そうします」

と、ほほえんで老婦人は頷いておられた。

おそらく、その老婦人の家の前には、春には水仙やチューリップが、夏には朝顔が、また秋になるとコスモスが、力いっぱい、美しく咲いているに違いない。

通学の子供達は、つぼみの花に目を止め、やがて満開の花に心を奪われ、萎れる花に、散る花に、小さな、しかし大切な「いのち」を無意識に体得するであろう。

冒頭の「花は、なぜ美しいか」に戻るが、私は、はたちのおとめを前に次のように結んだ。

「先ほど婦人会長は、皆さんを見て『花のように美しい』と言われました。私は、皆さんが、婦人会長のように、間違いなく、おばあさんになることを知っているがゆえに、いっそう、皆さんがいとしく、美しく見えるのです」

一花は、萎れるがゆえに、美しい一

高齢社会に生きる

「老人」という言葉がよくないとの声にこたえて、別の呼び名を募集している、との記事を新聞で見た。おまけに懸賞つきというからあいた口も塞がらない。一億二千万を超える人口の日本では、それぞれ顔が違うように、見方、感じ方、考え方も違って当然であろう。

そのことに異論はないが、「老人」という言葉をかえたところで、本質の問題としての「老人社会」、「高齢社会」を捉えることなく、皮相的イメージチェンジをはかっただけでは、何の解決策にもならないと言えよう。

言うまでもなく、「老人」という言葉を何に置き換えようとも、人間すべてに平等で、唯一のこととして、みんなみんな年老いていくという、深遠にして尊厳なる、生きとし生けるものが従う摂理がそこに厳存するのである。

人間がうまれたということは、一本のローソクに火が灯(とも)されたと同じである。風が吹いて火が消えるように、若くしてこの世を去るものもある。たとえ、どんなに永く燃えても、永遠ではあり得ない。その有限性の中でこそ、人はドラマを展開し、それぞれが、一人ひとりの人生を芸術しているのである。

「老」という字のもつ意味は、中国では「老子」の略でもあり、「老人」とは、「老人星」という竜骨座の首星であり、別名、寿座とも言われ、尊ばれてきた。

また、「老師」とは「先生」の事で、僧侶の間では古くから「老大」という言葉が使われ、「老大宗師」といえば最高の尊称の一つである。

道元は生法眼蔵の渓声山色の中で次のように「老大」という言葉を用いている。

「大慈悲のふかく、公衆衛生の顔の老大なるには」とある。つまり大きく深い慈悲をもって社会・地球の福祉の現実を志す意志が十分に熱しているならば、と解されるであろう。

ここでの老大とは十分に円熟したという意であり、エクスペリエンスドマン・キャリヤーマンの意味も含まれている。

これからの時代は、「老人」をいかにリボーン・エクスペリエンドマン（新生経験人）として活用するかが社会の運命のカギとなる。

つまり、「経験」「体験」を主軸にし、知的能力が問われる時代となる。その担い手は高齢者であらねばならない。

65歳以上でも、85パーセントの労働力率を男性が確保している。さらに知的労働なら90パーセントは十分にフォローできるのである。

女性の労働率についての正確なデータはまだないが、何歳が女性の労働力のピークであるかということは明らかにされている。

私自身驚いたのであるが、皆さんは何歳がピークであると思われるだろうか。

なんと45歳から55歳がピークなのである。そのことから考えても、女性の60歳定年は間違いなく女性の労働力を完全に無駄にしていることになる。

女性なら60歳でも95パーセントの労働力率は十分に確保できる。いやそれ以上であるかもしれないと私は考えている。

私事で恐縮だが、私の姉は55歳で退職した。長年保母をやり、また園長もつとめた。55歳の姉は、最も油がのったところであり、保育にかけては今が一番円熟している時のように思えた。仕事に執着しながら定年退職した。

やっとあらゆる体験をし、

幼児保育に心身のすべてをかけることのできる年齢である。まったく社会的損失であると親近に考えさせられたことである。

人生 80 年時代といわれるが、まさにその通りで、さすれば、55 歳から 65 歳以下の人にはまだ 20 年以上残っている。この 20 年をいかに活用するかが高齢社会の雌雄を解決するであろう。

1970 年までの成長期時代は賃金の安い労働社会であった。しかし、1980 年以降は高齢者労働社会となる。つまり総合的トータル面を持った人材の必要な社会へと、たしかな、一つの社会変動が始まっている。それには経験豊富な高齢者が必要なのである。そこに私の提唱するリボーン・エクスペリエンスドマン（新生経験人）誕生の必然性があるのである。

しかし大切なことは、若年者と高齢者は当然、生理的にも明白な差があり、違いがあることを十分考慮しながら、高齢者層と若年層が有機的につながらなければならない。

たとえば「持続性」の問題である。やはり老人に過労は禁物である。しかし、インターバルさえ与えれば集中的パワーはむしろ若年以上でさえあるともいえる。

野球を考えてみよう。以前、優勝に導いた名選手江夏投手を思い出せば理解できると思う。

最後の 21 球が勝敗を分けたことはあまりにも有名である。あの一球一球は彼の経験、体験をベースに知的能力、精神力の結集以外の何ものでもなく、若手投手には真似できないのである。ただし、二回以上投げることはできない。

高齢の野球投手の場合と同じく、高齢者の活用にはインターバルが大切である。おりしも、企業をはじめ各組織が週休二日制に向かいつつあることは、高齢者にとって絶好のインターバルとなり得るだろう。スポーツでの活躍の期間は短いと言われる、しかし私事であるが東北福祉大学出身で教え子の金本友憲（広島・阪神）・斎藤隆（横浜・アメリカ大リーガー）・和田一浩（中日）君は四十歳を過ぎても今尚現役選手である。長い活躍を期待している。

やがてくる高齢社会では、自動的に、高齢化にともなう若年労働の負担を補う労働力が必要となる。

そのためには、雇用構造の転換という発想が必要である。すなわち 65 歳以上の高齢者を積極的に有効に活用することによって、若年層も共に益を得る方法を探すことである。

一例をあげるなら、今、女性が主に占めている職場としての、小・中学校教師を考えてみたい。

教師のひよ子を育てている大学教師の一人として常に悩むことは、この学生は教師にしたいと思っても職場が少ないのが現実である。特に小・中学校では産休のピンチヒッターを何年も待つ者さえいる。

私はかねがね次のような工夫をしたら、折角の女性の職場である小・中学校の教職の場が二重に利用できると考えている。

女性教師が出産した場合、なぜ大切な子供を産みながら学校を辞めないのであろうか。それは、もしかしたら、今の生活レベルを落としたくないのが本音かもしれないし、また一度去ると復職の可能性がなくなるからであろうか。いずれにしても、その被害者は生まれた教師の子供と、その先生に習う子供達である。産休後のヒステリックな先生の噂は後を断たない。

私は提案する。産休で数か月休むのではなく数年休めるようにすることである。そして希望教師には復職を保証するのである。その間の給与は当然ストップかそれに近い減額にする。

この政策を実施するならいくつかの利点を生み出す。

まず第一に、母として、出産した子供を安心して育てることができる。出生率も上る。

第二には、産休により、それまでに習っていた子供達にとって、途中で先生が変わることから生ずる弊害から逃れられる。

第三には、臨時採用ではなく、本採用の先生の採用が可能となる。

第四には、何年間か母親として体験し、学習した経験が再び教育の場に生かせることになる。教育資源の再生産であり、また、今、しきりに問われている人間教育を変える元になるかもしれない。

これからの日本が高齢社会に向けて真剣に取り組まねばならぬ重大な課題の一つは雇用構造の転換であろう。それも単に従前のいじくりではなく、思いきって発想を変えることである。

ここで最も大切なことは、すでに西欧諸国で問題となっている老人と若者との職場をめぐってのビジネス・ギャップである。私はロンドン滞在中、地下鉄の通路にたむろしている沢山の職のない若者を見た。

風土、文化、国によって、変われば変わるもので、イギリスでは既に完全な高齢社会であるにもかかわらず、若者の側から、まず職を失うのである。10％を超える西欧の失業者の大半は日本とはまったく異なり、20代の若者であることに驚かされ、考えさせられた。若者と高齢者とを、いかに有機的に結びつけ、両者を有効に生かし得るか否かが、これからの日本の課題である。もし、何らかの活路を見出すなら、西欧をはじめ、先進国と称せられる諸国の試金石となるであろう。

課題の解決のために、まず老人パワー資源の利用を考えなければならない。行政面からも、高齢者労働力と若年労働力を共に活用し、新たな労働資源を生み出すことである。労働資源開発計画雇用行政が思考されるべきときである。

西欧では老後のゆとりある生活をめざし努力してきた。そして確かに今、老後のゆとりある生活が実現されているのかもしれない。豪華船での海外旅行。ファーストクラスでの旅には、老人が目につく。日本も西欧の金持老人の光景に似てきた。日本は元来作務(さむ)が生きがいであった。

毎週末、私は仙台から東京に講義に出かけるが、東北新幹線は夕方ほとんど満席である。一日の仕事に疲れた身に、今日も席がないのかと、一層疲れを覚えるのである。

まだ老人に席を譲れる年齢でもあり、その気持ちはあるが、すでに新幹線の席は「御老人」で完全に占められている。

冒頭、老人という言葉が悪いイメージを与えているというので、旧厚生省がその呼び名を変えようとしていることを非難したが、その責任は「老人」自体にもあるのではないかと思えることすらある。長年、家族のため、国のために汗を流し、その苦労には敬老の念浅からぬものではあるが、だからといって、「老人」という深い意味での自己表現を、老人は現在なお果たしているのであろうか。

「余生を大切に」、「楽しみを大切に」の人生から、さらに現在日本の抱えた課題に目を凝らし「何を次の世代にバトンタッチするか」の気概を有し、最後まで生き尽くすことにおいて責任を帯びる人生を日本人は見せて欲しい。老いても、いつも青年の時の気高い心は決して失わないぞという気概をもとうではないか。「老いて学べば死しても朽ちず」の心意気を常に心に。それが、行き詰った西欧の福祉、日本の福祉を解くカギになるかもしれない。

戦後を振り返る時

些か極論であるが、日本民族は、このままでは、四百年か五百年で自然消滅するという見方をする人口統計学者も現に存在する。

たしかに、先進国の出生率は、周知のとおり、西ドイツ 1.3、イギリス 1.4、フランス 1.5 まで下がった。しかし現在はかなり上昇にある。日本はやがて 1.3 以下になろうとしている。何れにしても先進国と称される多くの国は二人を切っている。

高齢社会をつくり出す原因は明らかに文明国の出生率の低下である。

一 女性雇用職場の増大と経済自立との可能性。

二 自分の楽しみを大切にする女性の増大。

三 子供に十分な教育を受けさせる環境への不安から二人以上子供はいらない。

四 理想の結婚対象の男性が見つからない。

先に、この四点については、私なりの私見を含めて触れてきたのであるが。現に教鞭をとっている早稲田大学、東北福祉大学をはじめ、共立女子大学の女子学生から」とったアンケートを基に、新考察をしてみたい。

アンケートによると共立女子大学 1.3 人、東北福祉大学 2.0 人、そして早稲田大学 0.7 人であった。もし、このような出生率になれば、ヨーロッパ並の 1.3 を下回ることが近い将来おこり、四百年後には日本民族が滅びるという説も空論とは言い切れないであろう。

さて、今回の視点は私の知る限り、未だかつて考察されていないと思われる。些か極論になるかもしれないが、皆さんの率直な叱責をいただきたいと考えている。

出生率の低下はホモ、レズにも大きく関係している。意外にも思われるかもしれないが、この点について私は文明の進化と関数的関係があるのではないかと考えている。

かつて、私はロンドン滞在中、時おり気晴しに、ぶらりと歓楽街のソーホーに出かけたものである。すると、そこは何と白人のイギリスではなく、黒人、有色人のイギリスではないかと思わせられたものである。

イギリスの出生率は今のところ 1.4 を保持しているが、白人はすでに 0.6 以下に下っているとも、イギリス人から聞かされた。では、何故イギリスは 1.4 の出生率を保っているのであろうか。それは、黒人、有色人が出生率を高めているからである。

「チムチムニイ……」で有名な煙突掃除の子供の歌がある。昔、イギリスでは、アフリカに子供狩りに出かけた。冬の厳しいイギリスでは暖炉が必要である。夏でさえも、オーバーはいつでも出せるようにしている。彼らの生活に暖炉は欠かせず、従って煙突掃除はどうしてもなければならない。

しかし、あの狭い迷路の如く曲がりくねった煙突を掃除するには、大人では通り抜けることはできない。そこで、アフリカの黒人の子供狩りが行われ、その子供達が煙突掃除に使われたのである。ギザギザのついた着物をまとわされ、狭い煙突へと、幼い黒人の坊やは追い込まれたのである。真っ黒になった黒人の坊やが、暖炉から突然、貴婦人の寝室に飛び出す場面を描いたエッセイを学生の時代に私は読んだ。

あまりに非人間的、非人道的であると、当時イギリス社会で問題となり、ついに禁止法が成立し、黒人の子供達は辛うじて救われたのである。当時、黒人、有色人を人間として西欧では見なかったといっても過言ではない。

皮肉なもので、白人は東洋の香港に阿片を持ちこんだが、白人自ら文明という阿片を吸い過ぎ、ついには子供をつくらなくなったのである。

日本では、スキャンダルといえば、男性にとっては女性関係がとかく言われ、また女性にとっても男性関係がとかく言われる。しかし白人世界では、スキャンダルは男性と男性、女性と女性との関係なのである。もし、有名人が同性と二人でレストランやホテルで食事をすれば、変な目で見られるのである。白人社会では、つまり最大のスキャンダル、社会悪の一つは、ホモ、レズとも言われている。

些か予言的発言になるが、人間の及ばない世界から人類はコントロールされているのではないかとさえ思われる。アダム・スミスは自由主義経済世界の未来に対して、「見えざる手によってコントロールされる」と見てとった。

しかし、自由主義経済はかなりの修正を余儀なくされつつも今日の福祉国家と称される北の富ある国々をつくり出した。ところが、日本も例外ではないが白人を中心とする先進国にとって、どうすることもできない、出生率の低下という問題を自ら抱えてしまったのである。

人間にはどうすることもできない見えざる推理がどこかでコントロールしているのではないかと私には思えてならない。

今、アメリカ、西欧世界で最も問題になっているエイズという病気の原因は、周知のようにホモに大きい原因があるとも言われている。西欧化しつつある日本を考えると出生率の低下と煙突エイズの問題も他国の問題ではなくなるのではないかと思える。

第五として、出生率の低下の原因として考えられるものは、奇形児、障碍児(しょうがいじ)の出生への恐怖である。

サルの生態の観察によると、場所により異なるが30%以上が完全に奇形であると証明されている。原因は明らかに人間がつくり出した殺虫剤を始めとする薬品公害によるもの、そして放射能が加わるであろう。

昔から妊婦は、子供が五体満足に生まれてくれればと願った。しかし今日では、その危険性は増大の一途を辿っている。生まれながらに十字架を背負って生きているサリドマイド児が象徴するように、どれだけ今日の女性は放射能を含め生まれてくる子供に対して恐怖感を抱いているかは、はかりしれない。

科学的説によれば、動物というものは、正常に生まれることが不思議であり、障碍をもって生まれるものがあるのは当然と言われている。そこに、障碍者に対して人間社会では福祉という概念を再認識しなければならない必然性がある。今日の医学でも、女性が気付かぬ、染色体における異常現象による流産が最も多いと言われている。

この第五点として、私の掲げた奇形児、障碍児の出生の危険性が、子供を生まない、もうこれ以上子供はいらないと考えさせるのも当然のことに思えてならない。

以上、高齢社会の必然性と先進国の出生率の低下の原因を私なりに考察してきたのであるが、人が生まれれば必ず老いていくし、死んでいく。人が生まれるなら、必ず障碍を持った子供も生まれる。さらに人生の半ばにして障碍者になることがあることも当然のこととして受け止めなければならない。

深山に入って、考えさせることがある。

山には何か山の推理があり、その自然的摂理から生まれる霊感を感じさせられるのは、私だけではあるまい。

大きい大木もあれば、小さな、小さな灌木もある。その下には熊笹もあり、岩には苔も生きている。そして、さまざまな生きとし生ける植物も、動物も大自然の摂理に従って、力いっぱい生き、その種を保持しようと努力している。人間の目から見れば、残酷に見える世界もある。

それこそ、自然のありのままの摂理が生む、植物、動物、生きとし生けるものの、「道」なのである。

一つの山を見るとき、生きものはすべて、けなげに、大自然から与えられた役目を力いっぱい果たしながら、お互いがハーモニーを生み、お互いが種を守りながら、生き合っているのである。そこに生きとし生ける植物・動物そして山としての土を基としての大自然の摂理が存在する。その摂理こそ、大自然に生きるすべてをコントロールしているのである。

太陽が与える平等な光、空を与える雨、そして大地をベースに大自然のハーモニーがある。しかし、それを破壊している動物が一種だけ、この地球に存在する。それは紛れもなく人間なのである。

かつて、白人は黒人を人間として扱わなかった。いや決してまだこの問題は解決されてはいない。しかし、白人は自らの手でその出生率を下げ、日本もそれに従っている。見えざる手により、これまでの白人支配、文明力による支配に対する奢り（おごり）に天罰がくだっているように思える。

富める国、主として白人。貧しい国、主として黒人、有色人とのギャップは、経済を中心にますます大きくなることは明白である。何かが導火線となり、人類は滅びるかもしれない。少なくともその危険性は十分である。

日本は明治以来、世界に存在するために西欧から科学技術を導入し、どうにか植民地になることは免れてきた。しかし、数々の犠牲を払ったことも事実である。その最大なるものは第二次世界大戦であった。あの廃墟の中から今日の経済大国に立ち直った日本人の工夫力と努力は、すばらしいであろう。東北の未曾有の災害からも立ち上がってほしいし、そうしなければならない。

しかし、失い、また忘れてしまった大切なことも多くあることを銘記しよう。便利で能率的で豊かになれば幸せになれると、ひたすら走り続けた。しかし、便利で、能率的で豊かであることが本当に人間を幸せにするのか。原発、放射能を前にして戦後を今振り返る時と思う。

国際社会の荒波に浮かぶ日本

今の日本は国際社会の荒波に浮かぶ孤島であることわどれほど自覚しているのであろうか。

貿易摩擦に代表される国際社会、情報社会、高齢社会、エネルギー問題、放射能問題、と日本をはじめ先進国と称される国々は、このような課題に直面させられている。そして、いかにこれら諸課題に対応すべきかに当惑し試行錯誤している。資源に乏しく国土の狭い日本はその最たる国であり、国際社会の流れの中で、特に先に列挙した諸課題に対決させられている。

しかし、一面日本民族は世界の中でも工夫に富んだ民族だと言われている。すでにふれたが中国から「漢語」が」入れば、「平仮名」「片仮名」を」つくり出した民族であり、世界にこんな民族はない。工夫にかけては世界一であり、世界が不可能と思った自動車の排気ガス（マスキー法）の問題をクリアー出来たではないか。この潜在的能力を現代の国際社会に活かすことが肝要である。今こそ世界が日本を注目している。

ところが、これからの国際社会に生き、存在するには、単に「工夫」のみでは生きられない。何を加えなければならないであろうか。それは思い切った「意識の改革」である。ニューウェイズ・オブ・スィンキング、つまり「発想の転換」を持つべきである。

高齢社会に関しては、確実に高齢社会が到来するという「サイコロ」はすでに投げられている。そこで老人をリボーン・イクスペリエンスドマン（新生経験人）として人的資源の再利用に断固踏み込むことを私は提唱してきた。

「明るい農村」（NHK）という朝の番組が何十年という風光の中でついに消えていった。私は早起きなので、しばしばその番組を見た。生の農村の映像に接して考えさせられることが少なくなかった。しかし、もはや「明るい」ではなく、「暗い農村」というイメージを与えざるを得なくなったことが、この番組消滅の一因ではなかろうか。

現在東北に住居している私には、東北は他の地方に較べるとまだまだ自然が残っている。けれどもそこに住む住民、とくに農、山、漁村民にとっては、今回の大災害、特に放射能の万台をかかえ明日の生活に当惑し、限界に立たされているのが現実である。起こったことよりいかに立ち上がるかである。

そして失われようとしているものの「種」を絶えさせてはならない。この「種」には、何億、何万、何千年にわたって人間の自然の中で培われた歴史が厳然として存在することを忘れてはならない。そして日本自体が新時代に入ろうとしている今、しっかりと大地に根をはり「種」と「苗」を植えなければならない。過去の生活、風土から生まれた、「土」くさい、泥まみれの土根性でもって、転んでも只では起き上らない、ニューウェイズ・オブ・スィンキング（発想の転換）をはかって欲しい。

「失われたもの」「失われようとしているもの」を見据え、何を残すべきかをしっかり考える時である。同時に最も大切なことは「失われたもの」を嘆息するのではなく、まだ「残されているもの」、また「気付かない資源・役割」を生かすことである。二千年以上も前の蓮の実が多くの花を泥水にさかせているではないか。

また地方行政は三割自治だから、どうしようもないと嘆かれる声を地方に講演に出かけるとよく耳にする。いまだに中央集権的構造であると。地方行政官の人にとってはこれまで機関委任事務に追われる毎日であったことは同情に余りある。とはいえ地方には地方行政の役割があり、これからは地方政治「地方行政」こそ重大で、大切である。その地方の種を地方政治家と行政官がリーダーとなり勇気をもって育て、住民と共に考え、発想の転換をはかって欲しいと願うものである。その萌しは出始めている。

周知の通り憲法第九十二条には「地方公共団体の組織及び運営に関する事項は、地方自治の本旨に基づいて、法律でこれを定める」（傍点筆者）

とある。この地方自治の本旨こそ、今の日本にとって大切なことである。地方の本旨とは、地域に生きる住民の生の生活に立脚するものである。この本旨でもって地方自治体が本来の姿に甦り、日本を動かし変えると信じる。また地方自治体には簡潔に地方自治体の本旨に基づいて、住民とは区域内に住所を有する者との旨のみを定めているが、これは重要なことであり、今回の大災害を契機として行動に移さなければならない。

国政、国の舵取りの本当の担い手はどこまでも地域に生きる生身の住民の生の声であるということの自覚にある。地域の住民、地方自治体、そしてリーダーとしての地方行政官と地方政治家の責任と義務の自覚が求められる。日本もいずれ将来は道州制に向かうべきであり、それにつけても地方政治、地方行政は受け身である限り何の未来もないであろう。

日本の政治形態は一応民主主義である。しかし、その形成発展過程はヨーロッパとまったく異にしている。民主主義の原点は住民・市民の自律的個人でありこの力が国民をそして国家を動かすのである。

明治維新は理念をベースにしての改革ではなかった。「攘夷」であったと言える。言い換えれば「黒船」に驚き、畏怖したのである。そのため富国強兵をスローガンにし、科学においてもヨーロッパのように生成発展の過程において人間と結びついた歴史を有する科学や教育ではなく、単に効率、効力にのみ視点を置き、理念を欠いた、単なる科学技術としてとり入れてしまった。ここにも、今日のクリップ（ひずみ）を生む基がある。その反省のない改革は不毛であろう。

少しふれたがヨーロッパのデモクラシーは、全て上からでもなく、横からでもなく、自らをベースにして生成発展してきたのである。つまり、「自律的個人」「市民的自由」であり、「自己を意思する」ことが基本である。これを育ててきた土壌は何であったか。それは地域住民の生きる姿勢であり、生きざまであり、住民が責任を転嫁しない、己に対する厳しい生活の歴史であったことである。

一言で言うなら、与えられたものではなく、自らの生きる課題として血と汗で勝ちとったものが民主主義なのである。

先日、先に書いた私の「リボーン・イクスペリエンスドマン（新生経験人）」について話をするようにという依頼で岩手の山奥のある町を訪れた。時間がなくてゆっくり町を見てあるく時間がなかったのが残念だった。もう一度訪ねることを約束して日帰りした。

町長は次のように語った。「この町のエネルギーは、ここの町民の力に求める以外にないとわかったのです。住民がどう生きたいか、何をしたいか、主体的に捉えさせることが何よりも優先すると考え、住民意識の昂揚と住民自治の組織化に全力をあげています。」

また、この町では明日の町を担う子供や青年のために、特に国際化、情報化のために、すでにオーストラリアから二人の先生を招き国際交流を始めているのには驚いた。

山奥から新幹線の駅に送られる山道の中で、もう一度是非訪れよう、そしてもし私にできることがあれば協力したいと思った。

たとえ山奥であろうと、これからは東北を襲った津波のように国際経済社会の荒波は容赦なく押し寄せてくる。もっとも大切なことは、住民が目覚めることである。このために地方行政官・地方政治家は真剣に今こそ本当の力にならなければならない時である。古い殻を破り新しい発想による選挙でみられた大阪、名古屋での改革は日本国へのうねりと成ることと思う。この地方の勇気ある首長の大改革発想こそ未来を開くと信じる。

地域社会を、日本を駄目にするのはノーエラー・ノートライ、保身のみを考えるようになった月給泥棒、年俸泥棒である。

地方行政官も無論政治家も教育者も皆が皆、月給泥棒とは言わない。すばらしい理念・政策をもった首長も少なくない。私自身人を育てる教育者の一人として、何かの力になる自覚をせねばとひしひしとその責任を思うのである。

戦後六十数年のあゆみは東・西の支配秩序を念頭に置き、懸命に日本人特有の工夫の力でなんとか切り抜けてきた。具体的には、いずれかのブロックに取り込まれてゆくのをよしとする考えと、反覇権的平和の役割をすべきとの対立はあった。

六十年安保当時より今日、2000年代後半の日本の現実を俯瞰し、さらに日本の未来を見るなら、これからの歩み方はかなり変化せざるを得ないところに迫っている。想定外という発想では全てにおそい。

円高問題は貿易摩擦に加えて新しい問題を生むであろう。当面アメリカとの貿易摩擦はやがて西欧諸国との問題ともなるだろう。そしてこれからは中国との関係も大切になる。

日本政府は懸命に国際関係に取り組み始めた。しかし今のところ、誰が見ても、たとえば日米の貿易摩擦にしても解決の特効薬も処方箋も持ち合わせていない。

ただ、未来を見つめて考えなければならないことは、東西二極の対立として捉える過去の見方では解決はない。長期的にアジアの日本として、東洋的精神風土をもった日本人として、東西のみでなく新しい中国、そして南北の国際関係を無視して解決はない。すでに先をみている中小企業や地方自治体は独自で小回りで外国と深い関係を築いて成果をあげている

この問題は日本の住民一人ひとりの課題として国民も考えなければならない。地方政治、地方行政、地方住民の生活と国際社会はこれからは完全につながる。それはそのままわれわれ住民の生活であり、生存問題そのものであるからである。そして住民、国民の目覚めがやがて国を動かすことになるであろう。

新たな社会階級の出現

カール・マルクスは、歴史を社会科学的に考察し、資本家と労働者という社会構造を分析し、歴史的法則を示した。そこでは、明白に、資本労働者という“階級社会”を浮き彫りにしている。確かに、こうした見方は、一面これまでの資本主義社会を批判的に見る社会批判論の中では、論理的説得力をもつ合理的説明であった。仮にマルクスが現実をみるとしたら何というであろうか。

私も学生時代、「資本論」や「共産党宣言」を夢中になって読み、特に23章などに熱中した。青年の私にとって、何より説得力を持った社会批判論の一つであったことはたしかである。

マルクスをしてあのキャピタル（資本論）を書かせたのは、働けど働けど資本家に搾取される社会、経済構造を、当時、資本主義の最も発達したロンドンで、マルクス自身が、彼の目で見、体で体験した結果である。参考までに記しておくが、当時、エンクロージアが進み、工業化のために農地を追われ、一労働者とならざるを得なかった労務者の家庭の平均寿命は何と十五歳であった。

これに対して、資本家、貴族の平均寿命は五十歳以上であった。この事実からも、当時の階級社会の構造欠陥を、たとえマルクスでなくても、心ある人なら誰でも見抜くであろう。

マルクスが没し一世紀以上にならんとするが、未だに労働者のバイブルとして信じる者もいるし、また、現在でも有効な一面もあるかもしれない。しかし、時代は流れ、状況はこの数十年でドラスティックに変化した。ヨーロッパではマルクス、エンゲルスに代って、新たなユーロ・コミュニズムも台頭してきている。

些か予言的になると私自身感じているが、必ず近い将来、社会構造変動があると信じている一人である。近代先進国家が同じ道を歩む可能性が大きくなりつつある。

それは「新・社会階級の出現」である。ことわっておくが、カール・マルクスの捉えた、資本家対労働者という社会構造の捉え方ではなく、ここで言わんとする説は、現代社会の状況を前提とした、私論である。すでに触れたところであるが、マルクスが、もし、あのイギリス社会、特に、働けど働けど生計は楽にならない労働者の生活を見なかったなら、あの「資本論」は決して出現しなかったであろう。もし、マルクスが現在のロンドンに住み、現在の日本をまのあたりに見、また、アメリカ、ロシア等先進国と称される諸国を見るなら、彼は一体何を考え、どんな歴史科学的理論を展開するのであろうか。ロンドンでハイドパークを散歩しながら、私は、マルクスがもしかして休んだのではないかと思われるようなベンチに座りながら、現在の状況に思いを馳せるのである。
ヘーゲルではないが、まさに「時代は課題の提出者」という言葉が切実なものとして実感をもって響いてくる。哲学的には無論のこと、イデオロギー、制度、政策面からも、今一度、われわれが置かれている足元の状況を正確に把握し、そこに立脚した判断の必要性がわれわれ現代人の使命ではなかろうか。

先進国と称されるアメリカ、日本、ドイツ、ロシア、フランス等々、どの国も例外なく、天文学的数字の累積赤字を抱えている。アルゼンチンをはじめ、中南米諸国が、アメリカに借款を見直した。
つまり、中南米諸国は、アメリカに借りたお金を返そうとする気持ちがなくなっていたのである。分かり易く言えば、「いたみ分け」、つまり、貸した方にも責任があるという言い分が表面化している。果たしてアメリカは、どのように解決しようとしているのであろうか。

日本も決して例外ではない。いや例外どころか、累積赤字は減る傾向にはない。それに対し、美辞麗句、解決の処方箋らしきものは、歴代の総理、各省庁の大臣によって、国民に示される。

しかし、巨大化した行政組織を縮小することは容易ではない。行政・政治が金属疲労しているから過去にいくら土光敏夫（元経済団連合会長）

氏が言っても、からみにからんだしがらみによって、実行の気配は見えなかったと言っても過言ではあるまい。

選挙では市民の票を獲得するために、マニフェスト（宣言書）つまり「絵に描いた餅」は示される。しかし、絵に描いた餅は、絵に描いた餅である。つまり市民は、マニュプレート（操作）されている。市民のための国の進路は、どこまでも、目覚めた市民の目によって動かすのだという目覚めこそ、今、必要である。

日本においても、このままだと、累積赤字は天文学的数字になることは明らかである。たしかに、総理や財務大臣は、何年先には解消すると国民を納得させようとする。しかし、絵に描いたようには行くめどもないし、そんなにうまく行くはずもない。

累積赤字を解消するには、どう見ても、主たるものは二つしかないのである。その一つは増税であり、もう一つは行政改革である。このどちらかを、あるいは両方を押し進めるより他に解決策は見当たらない。

まず、増税であるが、即効的効果を求めるなら、直接税、つまりダイレクトに所得税から税収を得ることであろう。しかし、一般市民感情からは、重税であるという非難を受けることは明らかである。

そこで次には、間接税からの税収をはかる方法を考えるであろう。これはたしかに、直接には市民に重税とは感じさせないであろう。しかし、じわじわとその重みは生活にのしかかり、やがて見破られてしまう。市民はいつまでもだまってはいない。

いずれにしても、累積赤字の解消のために、増税に解決の道を求めなければならないと政治家、行政府が考えていることはたしかである。ただ、市民への刺戟を少なくするように、口先の表現を巧みに使い分けているにすぎない。

ある程度の月収なり年収を得ている人は、直接税に不服を感じるだろうし、低収入者は、間接税については目に見えないところで税をとられるゆえ、少し遅れて、やはり重税を肌で感じるであろう。となると、行革、政治改革こそ累積赤字解消のカギである。日本国の累積赤字は外国に頼っているのではなく大部分は苦しい国民が負担している。だからといいって安心ではないが、福祉・医療・教育・年金のための特別目的会計にし、行政、政治改革を行い、国民に完全にデスクロージャーした上で福祉目的税を考え一般会計でなく別にすべきである。このことは私は40年前から大学で一貫して言い続けてきた。やがて私の言う方向にすすむであろう。特に西欧に何度も訪れ、その考えはますます強くなっている。

先進国というものは、知らない間に無駄の制度化をしてしまっている。国の進歩に比例して無駄の制度化が進められるものである。イギリス、アメリカ、フランス等も常にその点は注意しながら、無駄の制度化にブレーキをかけて、今日に至っている。

ことわっておくが、決して、これらの諸国が、巧みに無駄の制度化にブレーキをかけているとは言わない。しかし、少なくとも日本よりははるかに注意を払っている。イギリスに滞在して感じたことであるが、断乎として、国のために何をなすべきか貫く首相の姿勢には学ぶところ少なくない。たとえ一部の市民から、どんな非難があろうとイギリスという国のために、何をなすべきかの筋が通っているからである。ブレーキのきかなかった国がギリシャで、その影響はイタリア・スペインと広がりEUを危うくしないとはけして言えない。でも協力をおしまないでほしいと言いたい。

イギリスは、電力、国鉄、鉱山を始め、主要企業を国営にすることにおいて、産業の社会化、平等化を進めた福祉国家のトップランナーであった。しかし、いまでは、これまでの国営から民営化にもっとも積極的に変えてきた国でもある。つまり国営は、月給泥棒を製造するものになることが、既にイギリスでも証明されているのである。

日本においても、電電公社、専売公社の民営化は実行されたし、国鉄の分割民営化も実行された。それらは当然のことであるし、むしろ遅すぎることである。大震災を機会に電力問題も真剣に考えるときである。

今朝も早くから、地方選挙にからんで、候補者の声が、ペンをとっている私の部屋にも聞こえてくる。耳を傾けると、選挙が済めば、あたかもバラ色のパラダイスの日本が約束されているかのようである。

ずばり言うなら、参議院の現代的価値を考え直す時である。現在の日本の無駄の制度化の代表こそ形骸化した参議院である。参考までに示すと、日本の倍以上の人口のアメリカで、しかも、日本以上の権限をもつ上院でさえ、議員数は百名である。衆議院の定数も大きく削減すべきである。

参議院の価値について理屈をつければ、いくつかの利点をかかげることができるかもしれない。しかし、現状の日本の国状、世界的視点に立ってみても今のままでは参議院の必要性が問われても仕方がない。

今、日本が苦しんでいる累積赤字、そして増税を考えるなら、先ず質の面からも参議院の存在の機能とその必要性の有無をそして衆議院の定数も考えるときである。

月給泥棒のパラダイスの代表国は、日本そのものである。この大災害を期に税を使うもの、税を払うものの階級闘争が必然的に起こるかもしれないことを、私は予言しておく。もうすでに起こり始めている。いずれにしても日本は変わらねばならない。EU のギリシャの問題は、国民四人に一人が税で食べる公務員である。

また何かと言うと一票の格差がメディアでも取り上げられるが、最高裁の違憲判決には、私は大きな疑問を持っている。判決に従えば全て東京・大阪・大都会中心の政治家によって日本国は動かされてしまう。日本は、山あり谷ありの狭い国である。北海道には熊や鮭、沖縄には沖縄の生きものと人間が自然と共に生きている。山川草木……の内に海に人間が生かされているということを忘れた政治は、日本を滅ぼすと私は思っている。アメリカのあの力をもつ上院の定数は、人口に比例せず、州の大小にかかわらず常に 2 名として全土の均衡なる発展を上院に大きく託している。その意味を参考にして哲学をもって考えるべきであると私は強調したい。イギリスをモデルにした小選挙区制も考え直さねばならない。政治は０と１のデジタルでは解決しないからである。

人生のしがらみを越えて

絶望とは希望の母である。

絶壁に立って初めて未来への曙光を人間は手探りで何とかつかむ。ニーチェもあのイタリアのジェノバの絶壁に立って、初めて自分自身を見抜いた。

「これが人生か、然らばもう一度」が、彼自身の新たな出発点であり、彼の人生を芸術するエネルギーの源であったと信じる。

ニーチェは当時の社会では、完全な異端児と見られ、大衆からも、エリートからも認められることは無論なかった。しかし、彼が求め、対決したものは他の誰でもない己自身であった。

ともすると、人は、虚弱で不安な自分自身との対決を避けようとしているのではなかろうか。しかし、忘れてはならないことは、弱さは本当の強さに転じることができるということ。ところが、私もそうであるが、人は真実との対決を回避しようとする。そこに人の弱さの根源がある。

たとえ、嘔吐しようと、発狂しようと、真実（リアリティ）との対決において、アイディンティティ（自己自身）の実現があるのである。

人はエッジ（瀬戸際）に立つことなしに本当の自己、自己の限界を知ることはない。そこで、なんとかなると思いたい願望を抱く。しかし、何とかなるだろうということは何ともならないことになる。

人誰しも、人生を何十年以上生きれば、このことは体験済みのはずである。もし、それを知らずにいるなら、それはハッピー・デライトフル・ピープル、おめでたい人生意であると言わざるを得ない。

真っ暗闇があるからこそ、どんな小さな明りも光となることができる。すなわち、闇の中にこそ明りが存在する。

ぬるま湯の人生は、所詮ぬるま湯の人生だ。ぬるま湯から上がれば風邪をひく。でも、ぬるま湯にずっと浸っていることは、苦痛そのものだ。

そうした人生を、当然として仕方なしに肯定する論者を見ないでもないが、私には積極的に肯定はできない。なぜなら、それは人生に対する自己の姿勢であり、人生は一度きりだからである。

自分の人生は、どこまでも自分の人生である。一体誰に遠慮して自分の人生の歴史を刻む必要があろうか。

歴史とは他人の造ったレールを走ることではない。歴史とは、当然、過去を背負いながら、未来・ロマンの世界に自分が生きることを根幹としている。歴史は人間そして自己が創り出すものである。

それでは、人を、見えない網で縛っているのは何であろうか。

それはしがらみである。

確かに、日々の生活はしがらみの繰り返しである。私は人間存在そのものが、最終的には、科学的に見ても遺伝子に至るように、自然のしがらみというものが、いかに人生を造り上げているかは百も承知している。しかし、それでいいのか、と自問自答することこそが、今の時代に生きる人、一人ひとりに求められている。

この人生のしがらみとの対決こそ、自分に課せられた人生の現実的課題であることを、実感として思わされる昨今である。前向きな生き方をと人は言う、しかし、頑張ることにも限界がある。仏陀も親鸞も道元も究極の絶望からの一歩である。人生とは、不安と絶望そのものであり、そこに人生の一歩が始まる。

毎日の生活が、しがらみの生活である。確かに真実である。それならば、しがらみという現実を、真実としていかに自分自身が受け止めるべきかが、人生の活路へのカギの一つになる。

私には、人、それぞれに、しがらみというさいが振られ、表われた数に従わざるを得ない日々を強要されているように思われる。皆、皆ごくろうさん、としか言いようがない現実の日々である。

個々の人間の集まりの最小単位がファミリーであり、ファミリーが社会の構造の単位である。この現実の社会のネックになっているものが、社会のしがらみであり、この社会的なしがらみもまた、事実であり、現実であり、真実である。

折角、組織社会の中で、活路を求め、何らかの新発想を考え出しても、しがらみ社会の中で後込み、苦杯をなめることも少なくない。

しがらみに絡み、しがらみにより、己の意思に反して後込みせざるを得ない体験を強いられる時、人は、いかなる道を歩むかの選択を迫られる。しがらみは、しがらみとして、現実に、現代に生きる人、一人一人に絡まっている。そして、それを簡単に振り切って生きられるのなら人生に苦はない。しかし、しがらみは、しがらみとして真実、リアリティであり続ける。

では、このどうしようもないしがらみという人生の真実の一面に親しみ、それを受け入れ、現実の生の生活の中で捉えて行くにはどうしたらよいのであろうか。

それは他でもなく、あなた自身、自分自身の人生の捉え方によって決すると思う。

人間は社会においてのみ、自己表現が可能である。それがゆえに、社会的しがらみにも常に振り回されるのである。そのために、しがらみ的人生航路は仕方なし、とする生き方に慣らされ、そうした生き方が、ともすると肯定される。日本では、太古からの風土の内にそのような精神構造が育ったのかもしれない。

そこで、しがらみを肯定する道徳・倫理が人間社会の内でおのずと造られる。私はそうした倫理観を完全に否定しようとするのではない。しかし、しがらみ的倫理観は、しがらみ的人生観の域を脱することはできない。それは諦観（あきらめ人生）的な風土の中で自然に造られ、自然に肯定された運命的人生観となる。

風土の内で慣らされたものは、民族の中に、また、個々の人々の心の中に潜在的なものとして存在する。その代表が、われわれアジアの日本人の心の深層的潜在意識かもしれない。

歴史的にも、例えばマルクスやエンゲルスが見たように、アジア人の自己表現は不可能なのかもしれない。しかし、彼らのそうした捉え方は、やはり、アジア的風土と異なる精神的風土の中で造られた尺度グローバリズム・アングロサクソン的観方一神教的な考え方で測った二元的な見方でもある。

一体何が真理であり、一体何が善であり悪であるかと人間は問い、決したがる。そして誰もがそれをあまりに早急に決めたがっているのではないだろうか。一枚の紙は、表と裏の二面で一体となって初めて一枚の紙である。表は表であり、裏は裏である。表だけでも、裏だけでも、紙はなり立たない。つまり裏表があってこそ、紙は紙となり得る。

同時に、表は表であり、裏はあくまで裏であることも真実である。

「生」があるから「死」があり、「死」があるからこそ「生」の意義が生まれる。「生」を真に見つめ尽くすことは、まさしく「死」を本当に見つめ尽くすことである。

自殺の問題が、日本の大きい社会病理として蔓延していると既にふれたが、「生死観」の欠落が大問題の根底にある。

草花も生えない、造花で飾られた公園。蝉も止まれない、セメントで造られたイミテーションの木々。そしてアスファルトで塗られた地面。冷たいセメントのすべり台。鉄のジャングルジム。すべて、草木のにおい、生き物の存在することのできない世界である。

その世界は「生」の欠落した「死」の世界である。そこに遊ぶ子供達は、どうして生きる人間としての「生死」を体得することができるだろうか。放射能で野山、川で遊べない子供達のことを思うと心が痛む。

現代を生き抜くということは、綱渡りをするということでもある。そして、大人も子供も自分の乗っている綱を広い道と錯覚したり、何とかなると自己暗示にかかって日々の生活を切り抜けている。しかし、少し冷静に現実社会を、現実の自己を見つめ直すならすでにぎりぎりのところに立たされていることをおのずと知るはずである。死をみつめての人生。

「絶望とは希望の母である」と、冒頭に触れた。絶望も希望も一枚の紙の裏表である。絶望を体験しない人に、希望の喜びを味わうことはない。

経験のまだ浅い私ではあるが、幾度か絶壁に立たされた。しかし、常に自分自身に絶望とは希望の母であると言いきかせて何とかここまで歩をひきずった。でも先は知る由もない。

道に厳しく生きようとすれば、とかく対立を生む。しがらみに生きれば、流される人生と化す。しかし、これも年とともに人生の裏表であり、一体であると思う時もある。

いずれにしても、生きるということは常に、自分自身との対決であることに変わりはない。どんなに強く、逞しく、希望を抱き、生きようとしても絶望がすぐ後から追いかけてくる。絶望と希望の戯れが人生のありのままの姿のようにも思える。

しかし、偉大な人の人生を繙(ひもと)くと、そこには必ず「ほっ」とさせられるものがある。それは他でもなく、偉業を残した人こそ、決して俗に言われる大往生ではなく、むしろその逆であるところに、安堵の心を、凡人の私は抱く。

「人生とはのたれ死に」とでも、己が悟ることが希望への虹の橋なのかも知れない。

ー 絶望とは希望の母である ー

信じ、行じ、祈ること「道元と親鸞」

皆様、おはようございます。どうぞお楽にしてください。きょう、久し振りに、なつかしく、ここにまいりました。学長の大河内先生とは、とても深いご縁があります。

なにしろご覧のとおり若僧でございまして、修行もしていると言っていただきましたが、みなさん方のような大先輩を前にしますと、恥ずかしいしだいです。

たしかに私、石州・石見の永明寺（ようめいじ）という禅の厳しい修行道場に七年半ほどいましたが、ある意味では、破戒僧でございます。大学では結局、「政治学」をやりました。

けれども、それを納めてきますと、どうしても哲学の方にいってしまう。また名論になりますと、ダーウィンの説とは逆で、“日の当たらないところに、日を当てていけるのが、人間である”というわけで、いつの間にか、東北福祉大学では政治講義は教え子にゆずり、福祉とか哲学の教員のなってしまっています。しかし、早稲田大学ではいまだに「現代政治と国際関係」「福祉と行政」「大衆社会と政治」とか、そういうたぐいの講義をされております。

きょうはどういうお話をしていいか、頭の中はすっからかんでございます。

道元禅師が中国から帰ってきたとき、すっからかんと言っています。「空手還郷（くうしゅげんきょう）」一カラの手で帰ってまいりましたと言った。それじゃ困るわけですね。京都にみんなが集まってきて、インタビューするんです。「何か一言お願いします。」ってな具合に。それで仕方なく道元禅師は何と言ったかというと、「眼横鼻直（がんのうびちょく）」一鼻は真っ直ぐで目は横にある。

先ほど私は政治学を勉強したと申しました。なぜ政治の方にいったかというと、私のいとこは皆医者で、そのいとこたちに相談したら、一日どんな一生懸命やっても、基礎医学は別として僅かるんだと言うので、私は方向転換したわけです。

それで、政治家になろうと思って大学に入ったがすぐに政治家が大嫌いになってしまいまして、結局成れの果てが、一体何かわからないようなものになっていました。

先刻、キャンパスをゆっくり見せてもらいましたが、秋っていうのは、本当に、なんとなく、しみじみと考えさせられますね。ことに武蔵野のこの大学の環境は羨ましい。前に着た時には、もう少し紅葉がきれいなような気がしましたけれど、今年は天候の加減でしょうか。でも、きれいなもみじもあります。ことに銀杏の葉なんか、きれいに散って絨毯が敷かれているようですね。

先日、群馬の館林に文化講演に呼ばれまして、行く前に支度を済ませ、一服してわが家に庭を見てたんです。庭といっても、猫の額ほど庭らしい庭なんて言えないのですが…。そこに、私とすれば、気に入った一本のもみじがあるのです。それが今年は非常にいい色になってくれたのです。仙台は風が強うございますから、目の前で、見る見るうちに散っていきまして、ヒョッとみたら、もう数えられるんです。たった九枚しかない。私が見ている間にも、その中の一枚、一枚が散って行くんです。そのままずっと見ていると、群馬に行くのに遅れてしまいますから…。

「うらみをみせておもてをみせて散るもみじ。」有名ですから、ご存じの句ですね。私も以前から髪は黒々でございました。それがご覧のように真白になりました。実はこれ、急に白くなったんです。三十五の時でした。円形脱毛症というものになりました。妻もつきあって円形脱毛症になりました。そんなことにつきあわなくてもいいのに…。（笑）

人生、生きているといろいろなことがありますよね。皆さんのそれぞれ人生を振り返ってみると、思い当たられると思います。五十年足らずの私でも「ああ、俺はもうこれでおしまいか」と思ったことが何回ヵあります。

壁にぶつかったら、どうしようもないんですね。「貧すりゃ鈍ずる」「泣き面に蜂」下痢の時、便所に行けば「人がハイットール」（笑）で、だんだんまずくなって、それで当時毎日のように、明治神宮―外苑は賑やかで野球をやったり、わいわいやっていますので、内苑のほうに行きますと、当時は殆ど人が来ておりませんでした。柵の中に入ってはいけないのですが、そんなに高い柵じゃない。これぐらいのものですから飛び越えて、誰も人が来ませんから、樹の下でひっくり返って、ニーチェの「ツァラトゥストラ」を読んでおりました。

そうしたら、上から葉っぱが、チラチラ、チラチラ落ちてきて、私の顔にあたる。顔にあたっても、ちゃんと最後に地面に落ちるんですね。私はその時、ほんとうに思いました。「俺は一体何をやっているのだろう」―もみじは散る前に真っ赤に燃えて、ちゃんと土にかえっていき、ちゃんと肥料になっている。それなのに、俺なんて…。根なし草みたいな生き方をその頃しておりましたから。

仙台のわが家のもみじを眺めながら、二十数年前のことをふっと思い起こしたりしておりました。

皆様方も、きょうここに入って来られて、落ち葉を眺めながら多分、いろいろなことをお考えになったと思います。まあ皆さん「がんばらず…」「あせらず…」「ゆっくりと…」「そのままでいい」「何とか生きてゆきましょうよ…。」

先ほど、「おはようございます」で始まって、今はもう時間が経って「こんにちは」の時間にかわっていますが、今朝も、そんなとき、「おはようございます」の後は、「いい天気ですね」とか言ってから話に入ります。そうように、大体、」日本人というのは挨拶のとき、「天気」のことを言います。

そんなことから私は、「こんにちは」を「きょうのお天道様はいかがでしょうか」って、勝手に解釈しているんですから。ことわっておきますが、きょうの私の話は、独断と偏見に満ち満ちておりまして、萩野勝手論でございますから、知識としては、あまり真面目に受け取らないでください。

外国に行きまして、「きょうはいい天気ですね」「イッツ・ベリー・ファイン・イズント・イット」なんて言ったって、挨拶にならないですね。

たとえば講演の始まり、きょうみたいだったら、「レディース・アンド・ジェントルマン・ナイス・ミーチュウ・アイム・ベリー・グラー・トゥ・ハブ・ジィス・オポテュニティー…」(皆さん、いかがですか)と必ず、ハウ・ドゥー・ユー・ドゥーが出ます。

ここにもう日本との大きな違いがあるんです。「ハウ・ドー・ユー・ドゥー」っていうのは、お前さん、きょうはどうなのか。きょうはどうなのか。きょうは生きていく気があるのか。もし、きょう戦争になったら、戦う気はあるのか。これは遊牧民から出ておるんですね。しかし、これは決して悪い意味じゃないです。これが精神的風土となって、一神教のキリスト教やイスラム教があると私は考えています。お互いに励まし合っているんです。「お前、きょう大丈夫か。お前、きょうは生きていく活力、気力を十分に持っているからこれは大事なことですよね。お互いに掛け声をかけ合いながら、共感し合っていく。きょう一日生きていく一人、一人のスタートなんですね。そして、それがまた人と人との出会いになってひろがっていく。今日でいえば、国際社会の荒波をのりこえる活力といえましょう。

それに比べて「こんにちは」は実にのんびりしていますよ。「きょうのお天道様はいかがですか」、それから、「寒いですね」「暖かいですね」「秋も深まりましたね」「もうお東北は冬です」「蔵王の上は白くなっています」、大体こういう具合に。俳句にも季語があるように、このことは生活はむろん「文化」や「宗教」にも大いに関わっていると思います。

「こんにちは」という言葉一つとってみても、日本人は自然と一体なんですね。一方ヨーロッパで、簡単に言えば、常に自然を開拓し、もっと悪い言葉では、「征服」すると言います。「月世界を征服した」と、かつて初めて人類が月に到着したときそう言っておりましたが、あれは間違っています。月に行きましたのは、これはたしか素晴らしい人間の英和でございました。しかしそれはあくまで大自然の法則を、もっと言うならば、大宇宙の摂理を、ほんの少し人間が知ることができて、そして、それに従った結果できたことなのです。これを忘れていかにも自然を征服したと思ったら、そこに大きな間違いが起こってくるんじゃないか。私はそう思っています。だから、われわれにとって大事なのは、自然—落葉一つでもそうです—、自然の摂理をかがみにして、その中から自らの生きる世界、現代風の言葉で言いますと「自己実現」をはかっていく。そして「生老病死」と一生を終る。それが東洋的なものの観方または人生観、死生観ではないでしょうか。

私は学校運営にも関わっておりますが、まあ、日々実に様々な問題が起こってまいります。また、家に帰れば、いままで息子なんかとうまくいっとっても、ある年になりますと、プッツンにもなります。なかなか思いどおりにはいかない。やはり、しがらみの中に生きていかなきゃならない。「情に棹させば流される、知にはたらけば角が立つ」で、現実には、みんなそういうしがらみのなかで、ほんとうに足を引き摺りながら生きているのが、お互いの毎日じゃないかと思います。

この間も私、ちょっと体の調子が良くなかった。その時、学生が「先生、体、気をつけてくださいよ」って言ってくれたんですけど、「死ぬ時には、みんなご苦労さんと言って、俺は死ぬよ」などと不埒なことを言ったんですが、実際に、小学生を見ても、中学生を見ても、受験生を見ても、大学生を見ても、壮年の方をみてもご老人を見ても、みんなみんなご苦労さんではないか、これは私の素朴ないまの感想であります。先刻、会で以前話をされた方々にならって、何か一つ書けと言われまして、「人生、絶望と夢の戯れ」なんて、恥ずかしいような言葉を書いたのですが、これが私の、まさに昨今の心境です。

私みたいなものは、絶壁に立った時に初めて、何かが見えてくる。これは西洋の哲学では、「実存的なものの見方」と言いますけれども、無理に「実存」という言葉を使わなくても、親鸞聖人もされていますし、道元禅師も、日蓮上人もみなされているんです。と言うのは、極限状況に立って、もうぎりぎりのところに立って、もっと言うならば、死を見詰めての人生というか、そういうところで、みんな何かを切り開いておられるように思います。だからこそ、そこから出てくる言葉がわれわれを引きつけ感動を与え、死をえらばず何んとかわれわれに生きる喜びを、活力を与えてくれるんじゃないかと思います。

特別に言うのではむろんないのですが、私は講義の時、「人生は二度ない、むろん命も二つないのだから、本当に困ったときには相談に来いよ」と言わずにはおれないのです。ここ何年かはありませんけれど、学生の中にも自殺をする者も出てくるんですね。「死ぬ前に、一度、話に来いよ」といったのに。

いよいよ困った時には、何かを信じ、念じ、言葉を換えるなら、祈る。きょう、皆さんと一緒に、私も念じさせていただきましたけれども、なんだかんだと言ったって、結局そんなことしかないんじゃないかと思います。私なんか、学術書を出したりすると、いかにも合理的な理論を展開したりしますけど、裸の自分になったら「信じ」「行じ」「念じ」「祈る」しかないんじゃないか。私も白髪になったり、円形脱毛症になったりしたときには、素直にそんな気持ちになりました。

先ほどから、思いつきのままに話させていただいておりますけれども…私は柳田国男の本が好きなんです。確か「山の人生」というのがございますね。

これは、あくまで、それを読んだときの私の感想で、間違っていたら教えてください。不確かですし、若干脚色もあります。「序に代えて」のところが、とっても印象に残っているんです。

山で木こりが、たしか、炭を焼いていたんだろうと思います。お嫁さんは死んでしまったんですね。子どもを二人抱えておる。木を伐って、そしてたしか、炭かどうか、私、ずっと昔読んだんですから…。

とにかく、それを町に売りに行くわけです。売れたお金で、細々と三人で生活しとったんですね。だけど、だんだんそれが売れなくなってきた。

その日も炭を売りに町に出た。でも売れなくて、またその重いのを抱えて山に帰ってくるんです。夕方になって、クタクタになって、そのお父さんはパタンと倒れて寝てしまったんです。疲れ果てて寝てしまった。

夕暮れになって、日が沈みそうになったときに、「スー、スー」と外で音がするのです。何の音だろう。何かものを研ぐ音がする。「何かな」と思ってみると…実は、子供が、男の子が、何を研いでいたかというと、ナタを研いでいた。

そのとき、そのお父さんが、フラフラッと目が覚めて、パッと見ると、障子が夕日で真っ赤である。夕日が真っ赤に山も障子も染めておったんです。

そのとき、二人の子供が、丸太の上に首を並べて、

「おっとう、これで殺してくれよ、」

そのときに、どうしたかというと、そのお父さんは、二人の子どもの首を跳ねてしまったんです。

夕日で障子が真っ赤に染まって、自分が起き上がって、フラフラとして…その時に、「おっとう、首をはねてくれよ」と言って…「跳ねた」。これだけなんです。そしてフラフラと町に下りて行って、そしてむろん警察に捕まるのです。

解説すればいくらだって…。精神分析者なら教育評論家だったら、ああだ、また心理学者は、こうだ、と言うでしょう。私は、こういう世界っていうのは、まあ、もしかしたら子供は、自分らが死んでやれば、おっとうがそんなに苦労しなくても済むだろうと単純に思ったかも知れない。これも外れているかもわからないです。じゃ、そのとき、首を跳ねてお父さんの心理状態はどうであったか、と心理学者にきいても、それはどこまでも解説ですね、そこにある世界というのは。ぼくなんかとて

も解説はつけられません。ただ…かたじけなしに涙こぼるる、涙こぼるる…。

だから、〝祈り〟と〝大信心〟。大きく信じる、という、そんなことしか言えないのではないか。子供も信じ、そして、首を跳ねたお父さんも信ずる。許すとか、許さないとか、そんな次元で、われわれがはかる問題ではないような気がするんですね。

日本にも、結構、とくに江戸時代なんかには立派な方がいます。本居宣長さんなんかもいますし、私は萩生徂徠さんなんかも好きなんです。それぞれ話をすればきりがなくなってしまいますが。江藤樹さんはこういうことを言っております。原文じゃなくて、分かり易く言います。

「ものと、ものとの関係がわかっても、分かったことにはならない。ものと、もんとの因果関係が分かったと言っても、そのもの自体が分かったことにならない」。

これは実に、厳しい言葉です。もとの関係が説明つけられても、また、あることが起こった原因は何かと言っても、本当にものが分かったことにはならない。これは、どこまでも合理の世界でございます。合理的な説明の世界なんですね。だから、そのもの自体というのは、ベルグソンの言葉を借りるならば、“直観（ちょっかん）”と言えましょう。東洋の言葉で言えば、“一如”というか“一体になる”というか、やはり、そういう世界が分からなければ、わからないんですよ。

いまの世の中は、ともすると、法律家とか学者とか、評論家とかが、ああですよ、こうですよと合理的な説明をうまくつけていく。これでそのもの全体が分かったことにはならないんです。

大河内先生から、「親鸞聖人の話もちょっとは入れてください」とのご注文ですので、柳田国男さんの話をすれば、どんどんそっちへ行ってしまいますから、この辺で止めます。

皆さん、どうぞもっと楽しみにしてください。おかしい時には笑ってください。疲れがとれますから。

親鸞聖人の言葉で、忘れることのできない言葉がいくつかあります。

「煩悩まなこをさえて」というのは、言葉を補ったほうがいいと思います。私なりの解釈を言いますと「煩悩によってまなこをさえてみたてまつらずといえども」－われわれは、どんなに迷い、苦しみ、七転八起、いろいろしても、大悲はいつも、われわれを関係なく照らしてくれているんだ。

下手をすると、親鸞聖人の言葉は、全く逆にとられることがよくあります。悪人も救われる、というんだから、幾ら悪いことをしてもいい、というように、一歩間違えると、そういうことにもなりますが、これはとんでもないことでございますね。

親鸞聖人の非常に深い言葉「親鸞聖人和讃」だったと思っています。私も大好きなのですが、もし良かったらお書き留めになったらいいと思います。短いですから。

「大信心」―さっき、私。禅寺に居ったと申しましたが、そのとき水平寺の禅師様が来て、私をパッと見て、「お前に号をつけてやる」と言われたんです。そして、その場で「大心」というのがついちゃったんです。あまりデカ過ぎて、私はいまだ小心で全然その境地に達してないんで、常に反省しておるんですけれども…。

話は戻りますが、「大信心は仏性なり」と言っておられます。

これはまた深いんですね。そのあとにもう一つ言葉があります。

「仏性は如来」こういうのは、もう私に解説は出来ません。私の力量では。

先ほど、中江藤樹の言葉を申しましたが、そんなもの、解説を使っちゃいけないと思います。

また、道元禅師の言葉を借りるならば、

「言葉もていふことなかれ 心もてはかることなかれ 言葉をも心をもはなち忘れて」

仏の心に飛び込むといいますかね。そういうところに、われわれの「信じる」「祈る」宇宙的・世界観が出てくるんだろうと思います。

親鸞にとっては、「だまされたら地獄の果てまでと信じ、ともに行きましょう」という法然上人との「出会い」「解逅」そこに新たな世界が生まれたのでしょう。そのときには、極限状況、絶壁、死を見詰めての人生、そこに立っていらっしゃったわけですね。だから、「大信心は仏性なり」「仏性は如来」…“大”というのは実に“大”という字を貰ったが故に、非常に苦しんでるんです（大心浩基）。全然大きくならない。ますます自分が小人へとなっていくようで、心を少しでも開かねばと思っています。

もう一つ、親鸞の言葉で好きなのですが、これは丹羽文雄さんもよく使っておられますし、大河内先生もよく言われる。—「自然法爾」—これは誰もよく使っている言葉です。これを学生に読ませてみると面白い読み方をするんです。

余談になりますが、近ごろは、日本史の入学試験なんていうのは、特に早稲田なんか、難しい問題、重箱の隅をつっつくようなのをいっぱい出すんです。だけど、心の問題なんかは出さないんです。古文では、「歎異抄」か「正法眼蔵」、この辺から出せば、日本の教育は大きく変わりますよ。大学生も変わってしまいますよ。私は、そう思っています。だけど残念ながら、あれを読める人がいないんですよ。「歎異抄」を本当に読める人は…。やはり、人のいたみの分かる者でないと読めないと思いますよ、「歎異抄」は。涙なくしては、人のいたみなくしては読めないでしょう。

また、道元の「正法眼蔵」を読むのに、私は大学で少しばかり仏教とインド哲学をやりました。また禅学をやりましたぐらいじゃ読めないんじゃないかと思います。

西洋でもニーチェの「ツァラトゥストラ」について、について、ヤスパースが言っていますが、

「自分がその境地に至らなければ一行たりとも読めない」—そのとおりなんですね。

「歎異抄」にしても「正法眼蔵」にしても、非常にいいものがたくさんあるんですね。

話を戻します。これを学生に読ませてみると「自然法爾(しぜんほうじ)」と読む。これは、ご承知のとおり「自然法爾(じねんほうに)」ですね。「言(こと)は言(こと)なり」。これも歴史的なものの観方、実に深い意味なんです。

こういうことを忘れて教育が行われているから、大学へ行ってもどうしようもない者が…。でも、これからは、いい時代が来ると思いますよ。大学のブランドでは人は決まりません。大学で一体なにを修めたか何を證したか、がものをいう時代になると思いますし、そうしなければなりません。

大体、一年の計っていうのは━私は講演で東北で感じたのですが、今から数年前、岩手に冷害がありましたでしょう。あの時、ちょうど行き合わせたんです。

「先生、ちょっとこの稲を見てください」というので見ましたら、全部黄色に色づいている。だけど、稲が立っているんです。私は学生時代にいつも言われました。早稲田のマークは稲穂です。ぼくらが生意気を言うと、「萩野、実れば実るほど垂れる稲穂かな、だろう」今でも頭が痛いですけれど、吉村正先生によく言われたものです。冷害の時の稲穂は実らないから、垂れなくて立つんですよね。

話を戻しますけど、一年の計というのは、米のでき具合で決まったんです。先ほどの「こんにちは」というのとも関連があるのです。お天道様が要る、そして雨期にはちゃんと雨が降らなきゃならない。そういう中で、みんな生きてきた。だけど、冷害はくるんです。そして大きい津波もくるんです。東北なんかは、東京とは違うんです。

ですから、子供を売ったり、間引きしたり、姥捨てとか、いろいろ悲惨なことが過去にはあったのです。

「一年の計は米の出来具合にある」だけど、十年、二十年先、今は時代が変わっていますが、ちなみに十年のことを「デイケイド」といいます。これに“s”をつけて、「デイケイズ」にしますと、まあ二十年くらいの計画は、娘が産まれれば桐の木を植えて、タンスを持たせよう。また男の子が産まれれば、二十年以上経てば、木を伐ってやれるから、植樹でもしておこう。

そういうふうに、十年、二十年の計は、山に木を植えるのもいいでしょう。じゃ五十年、百年の計はどうするか。これは国に人を植えなければダメなんです。いまの政治家がいくら七転八倒しても、どうしようもないんです。国をどうするか、それには、「人を植え」なきゃならない。

だから私は国会での政治活動を諦めて、教育に専念しようと…でも決して政治の志を裏切ったことでてないと思っています。歴史的な一つの長い観方をするということで…。

これからは教育が非常に大事だと思います。日本は子供の自殺が非常に多いんです。世界でトップなんです。老人の自殺は三位です。その原因は子供に未来がないのです。子供たちにとって、子供たちの先輩が未来への窓なんです。大人が未来に心の窓を開ける責任を感じてなりません。

お兄ちゃん、お姉ちゃんが学校へ行くのを嫌がったりするような学校には、行きたくなくなりますよ。お父さん、お母さんが愚痴ばかり言っとったら…まあ、一生懸命働いてはおるが、なにが悪い、かにが悪いと言っている。おじいちゃん、おばあちゃんになると、早くお迎えが来ればいい。ぽっくりいけば幸せだ。でもお迎えが来ないのに死んじゃいけないですよ。来るときには来るんですから。われわれみんなに平等なことは、私だって皆さんだって—きょう、私は帰りに交通事故に遭うかもわかりません。私も九死に一生の大変な事故にあったことがあります。お互い気をつけましょう。一寸先は分からない。ただ確かなことは、みんな死んでいくということですね。

だから、ご年配のかたも若者たちに一体何をバトンタッチしていくかという。そのためには、死ぬまで、棺桶に入るまで常に学習、修業だろうと思います。何も机に向かって学習するんじゃない。自然を見るのも学習、修業です。私はそのように考えております。

話があちこち飛ぶようですが、「自然法爾」、これはいま私が話したようなことなんです。こんな大問題を、ここにはそれぞれの分野の大先生がいらっしゃいますから、私はくどくど言いません。

先ほどちょっと言いましたが、私は約七年、僧堂で過ごしました。

「坐禅」は、慣れまして、むしろ、好きになっちゃいました。朝のお勤めなんていうのはたかが知れています。

「作務（さむ）」といって仕事をする、掃除したりする。これも知れたことです。

私はなにもお坊さんになりたかったのではなくて、ただ町の学校に行きたいという軽い理由で、僧堂に行っただけなのです。

私は島根県の津和野（西周（あまね）・森林太郎先生【森鴎外】の生れた山陰の小京都）というところで生まれたんですが、父がお坊さん修行道場を開いていたんです。私はもっと山の奥の寺にいたんです。「坊主になんて、ヘモなるもんか」と思っていた。でも町には行きたかった。

父親の寺には檀家がないんです。四十ヶ寺も末寺のある由緒はある寺なんだけれども、殿様は廃仏毀釈で神様に替わっちゃたんですね。だから寺はつぶれかけている。それでも、雲水―修行僧が集まってきて修行をする禅寺でした。これをインドでは「サンガ」と言います。これはインドの言葉です。こちらでは「僧舎」とかいろいろな呼び方をしています。ある意味では「コミューン」（共同体）ですね。

檀家がないから、お葬式や法事では食べられない。だから、“乞食（こつじき）”をしなきゃならないわけです。

父親のところに住まわせてもらうために、私に、三つのデューティが課せられたんです。

一つは 坐禅 をすること。坐禅はお経とくっついています。坐禅のあとにお経を読むこと。

つぎに 作務（さむ） これは掃除をすること。

三つ目 托鉢 ぼくは托鉢なんてやったことがなかったんです。面白そうだと、その時は思いました。九月、小学四年生で転校しようとしたんですけど、夏休みに体験学習のようなことをしてみました。夏休みに入るとその永明寺に行ったんです。坐禅は別に大したことはない。朝のお経だって、田舎の寺で読んだ方が長いくらいです。掃除も田舎にいたときの方がもっと大変だった。「これなら楽だ。これでうまくいく」と思いました。

九月に入りまして、「どうやら本気らしい、あれだけ居たがっているのだから…ということで、やっと天候の手続きとなったんです。

そして、いよいよ僧堂生活が始まってしまったんです。そのうち、週一回でいいのですが、その托鉢の日がきたんです。

わらじを履いて出たんです。まだ子供ですから、山門までは平気で出ていったんです。ところが、いよいよ町中に入った。そうしたら、もう足が進まない。とうとう一番うしろになって…そしたら村上観道維那和尚さんという人がぼくをやさしく連れて行こうとされました。

ちいさい私をみて町の人は喜んで…一休さんみたいのが新しく出てきたというんで、わざわざ私のところでくれるんですよ。米やお金や野菜を…。もらいますと、「願わくはこの功徳をもって、あまねく一切におよぼし、われらと衆生とみなともに仏道を證ぜんことを」これを言わなきゃならんわけです。これを一回やったら、たまらなくなって、私は、とうとう途中で走って寺に帰っちゃいました。

それで、「たのむから、他は何でもやる。もっと沢山、用事を言いつけていい、だから托鉢だけは許してくれ」って父に言ったんです。

父も然る者、ひっかくものじゃないですけれど、何を言ったかというと、「あとは全部しなくていい。朝、お経は読まずともいい、坐禅もしなくてもいい、掃除もいい、ただし托鉢だけはしろ」

まったく参ったです。二日間悩んだ挙句、本当に悩んだです。そうしているうちに、また次の週が来て…いったん青空の志を立てて、山奥から出てきた以上、どの面さげて帰るわけにいかず、友達にも言ってきたし、それに町には惹きつけられるものがありましたから、とうとういやいやながら托鉢をやりました。次第に慣れてきましたが、やはり、最後まで托鉢はいやでした。

父は早く死にました。しかたなく奨学金とアルバイトで高校・大学と全て自分でやりくりしました。だから、父親はぼくが一体何になったか全然知りません。

先ほどお話しましたような理由で、私は大学は始めは仏教に関係ないところに行きました。われわれが卒業する時は、最高に景気のよいときでした。就職はひっぱりだこです。学術調査隊で外国にも出ていましたから、私も好きなところに行ける状況でした。

だけど私の中に、何かひっかかるものがあるわけです。それを解決しなければ—勉強を続けるにしても、会社に入るにしても、公官庁に行くにしても、先へ進めない。「なぜ父は、托鉢に固執したのか」「何のための人生か」なんて、もうそのころはボチボチ考えますからね。

迷ったあげく、増永霊鳳先生—先生は私の父の弟子みたいに父について修行をしたインド哲学の大家なんですけれど、その先生の門を叩いたわけです。それで、印度哲学をやったわけです。その時のことを一つだけお話します。

大体、私は皮肉な見方をするのです。というのは、早大の政経の政治学科に行ったものですから、社会科学として、経済学だとか政治家だとか、そういう分野からあらゆるものを見るわけです。増永先生は哲学者です。同じ文献を読むにしても、パーリー語とサンスクリット語で読んでいくんですけれども、私は見方が違うんです。

「仏陀のサンガは、どのようにして経済を成り立たせておったか」とか、すぐそういう見方をする。「霞を食っちゃ生きられなかった筈だ」などとね。武者小路さんの“新しき村”ですか、あれは自給自足ですよね。「サンガの人たちは、自給自足でもないのに一体、どうやってめしを喰っていたんだろうか」―調べてみたら、米も作ってないんです。"乞食"をしているわけです。「道のために、道を歩む」、さらに言うなれば、"仏"をつけてもいいです。「仏道のために、仏道を歩む」んです。「道のために死んでも悔いなし。」

これがわかったわけです。経典を繙いてゆくうちに―「これだ。」と。仏法のために仏法を修しているから、恥ずかしくないんですよ。だから"喜捨(きしゃ)"が受けられるわけです。

芸術家の生涯っていうのはみんなそうです。ゴッホは絵のために絵を描きながら"のたれ死に"していきました。モジリアニもそうですよ。絵のために絵を描きながら、ぼくはモジリアニの絵が好きなんですが…。モーツァルトもそうですね。音楽のために音楽を歩む…そして"のたれ死に"です。あの人の墓はないわけです。亡くなったときは、ゴミ捨て場みたいな共同墓地にみんな一緒に捨てられていたんですね。石灰をかけられて…。

"人生を芸術した人"の生涯というのは、「道のために道を歩む」、仏教で言えば「仏道のために仏道を歩む」という生き方に尽きるのだ。それに思い至ったとき、私は「これに極まりそうろう。もう哲学を学するのは止めた」と…。

そのころ増永先生から、印哲をやるのだったら君と同じ島根の中村元先生が友人だから東大に行って勉強したらどうかと勧められていたのですが、「私は野人としての政治家になろうと、もともと決めていたのだから早稲田の大学院に帰ります。そして政治家の中に生かして行きたいと思います」ということで、増永先生とお別れしました。間もなく先生は残念ながらお亡くなりになりましたが…。

その後、いろいろな人と様々な出会いがありましたが、もう一つ、きょうのお話と関わりそうですので、故入江俊郎先生を想い起こしております。入江先生というのは、最高裁の判事を一番長くやられましたし、日本国憲法制定の時、法制局長官で、マッカーサーと交渉に当てられた方です。

その先生のもとで私は一時期、法学を学びました。先生は仏教徒だったのですが、突然、クリスチャンになられました。あとになってわかったのですが、先生のお嬢様がまだ大学生の若さで自ら亡くなられ、それが一つの契機で。私がお会いしたとき、先生は熱心なクリスチャンになっておられました。

ある時、先生はガンに罹られまして、その時に私に言われました。

「自分はむろん神でも仏でもない。その私が、人を裁いてはいけないんだ。だけど、最高裁の判事である以上、裁かざるを得ない。自分は常に罪をおかしてきたんだ。だから、荻野君、嘘は言わんでいい。私は「ガン」だとわかっている。やっと、大宇宙、大自然の摂理がぼくを裁き、葬ってくれる。だから喜んでくれ。」

亡くなる日の朝、奥様に紙を持ってこさせて書かれたのが、

「大海に泡一つ消えしがごとく　わが亡きのちの世はありぬべし」

大海に泡が一つ、ポツンと…、自分が死ぬのは消えゆくようなものだ。自分が死んだからといって、大自然の摂理は微動だにしない。

やはり、「大信念」ですよ。「大信心」ですよ。

今まで、私はいろんな人からいろんなことを教えてもらいました。いまだに、学ばせてもらっているばかりですけれどもね。

最後に、親鸞聖人の「自然法爾」の世界を逆に、道元禅師の言葉の中から辿ってみたらどうでしょう。

アーノルド・トインビーという歴史学者は、「あらゆる宗教の共通点は、振り返ることである」と言っています。なぜ、皆さん、ああやって“合掌”するんでしょう。これも私の勝手な解釈ですが、こうやって手を合わすのは、フォールド・アップの姿勢です。自分を捨ててしまうのです。「暴力をふるいません」というのです。ガンジーの“無抵抗の抵抗”ですよね。

イギリスに行ったときですが、「何か日本を代表する言葉はありませんか」と問われたんです。しかし、そんなこと、私みたいな浅学には言えません。それでもあまり言われるものですから、「捨ててこそ浮かぶ瀬もあれ」って言ったのですが、これ、なかなか通じないんです。しかたないから、一生懸命説明したんです。

泳げない人間が海でボートから落ちたとする。泳ごう、泳ごうとバタバタすれば、必ず水を飲んで溺れて死ぬんです。「俺は泳げないんだ」と身も心も捨てて、投げ出してしまえば、自ずと浮かび上がってくるんですね。

道元禅師はこういうことを言っていますね。

「仏道を習ふといふは自己を習ふなり」実に分かり易いです。仏道を習うというのは、もっと、もっと自分を振り返り、自分を学びなさい。

「自己を習ふといふは、自己を忘るるなり」一そんな小さい、ちっぽけな自分は、捨ててしまいなさい。その後が大事なんです。

「自己を忘るるといふは万法(ばんぽう)に證(しょう)せらるるなり」

この"法"親鸞のそれと同じです。あらゆる大宇宙の摂理です。「万法に證せらるるなり」一照らされ、証明されていくんです。

また、こう言っています。これは「正法眼蔵」(現成公案)一節ですが、

「自己を運びて万法を修證(しゅしょう)するは迷ひなり」

自分を尺度にして世の中をはかる—自分のちっぽけなものさしで、自然とか大宇宙をはかり、世の中を見ていくなら、あなたは迷いますよ。って言うんです。続いて、

「万法をすすみて自己を修證するは悟りなり」

「修證」という言葉を使っています。やっぱり修行しなきゃいけない。つぎに注目してください。

「自己を修證するは悟りなり」大宇宙、大自然の摂理の中から自分を照らし出せば、そこには、悟りの世界が開かれてきますよ、心豊かになれますよ、と言っています。

―これも「自然法爾」です。これは親鸞と全く同じ世界なのです。

親鸞聖人のその深い意味のことを、道元禅師の世界から言ってみたんですが、ある意味では全く同じなんですね。やはりこれだけ極めた人には共通点があることは嬉しいですね。

きょうの話の最初に戻りますが、いずれにしても、われわれは生きていかなきゃならない。生きるには、やはり夢が大事だろうと思います。殊に私など福祉にかかわる者からして、生きる意志のない者は、死んでしまいます。気力がなくなったら、ボケます。死にます。悩みがあれば立派なんです。悩んでいる人はなかなかボケません。悩ませてもらうのは有難いことなのかも知れません。生きるには「生きようという気力」が必要です。ニーチェの言葉を借りるなら、「自己を意志して」生きる。ヨーロッパ風にいえば、「自律的個人」などと言います。ここでいう「生きる」ということには、何か自力的強さみたいなものがあるでしょう。生きようとする意志Where there is a will, there is a way.(意志あるところに道がある)というようなことです。これは、さっき申しました西洋的なパイオニアの精神、フロンティア精神かも知れませんね。

でも、これだけでは、どうしようもないのです。これは一枚の紙です。こちらから見ても紙、こちらから見ても紙です。うら、おもてがなかったら紙にならないのです。そうでしょう、紙といえないでしょう。

一枚の紙が成り立つには、必ずうら、おもてがあるわけで、生きるということを、トコトン考えたら、――紙のおもて側を考えた人は、同時にうら側を考えています。うら側を考えた人は、同時におもて側を考えています。これが“生かされる”です。生と死も実は一体ですね。

みなさんがきょう、ここに来られたんだって、私がいま、こうしていられるのも、そうなんです。こういうことは分かり切ったことですね。私いつも学生に言うんです。難しい哲学書を読んだりする必要はない。一番大事で、一番難しいこと、それは、一番やさしいことの中にある。チルチル・ミチルじゃないですけどね。幸せの鳥、追い求めてみたら、どこにもありはしない。最後は自分の隣、よく考えてみたら自分の心の中でしょう。これと同じように、やさしい言葉の中に深い意味がある。「生きる」ということは、「生かされる」ということ、これを「他力」と言うんです。ほかの力、他人の力です。これを単純に、親鸞は他力本願、道元は自力本願である、という人がいます。しかし、自力も他力も表裏一体だと私は思っています。ですから私は親鸞様もこの上なく有り難く、生きるエネルギーにさせてもらっています。

もう時間がきましたけれども、この自力、他力二つのことをもとにして、われわれは生きていかなければならない。歩んでいかなければならないんですね。しがらみの中で、…私など、どちらに多く負っているかというと、自力といえるものが一パーセントとすれば、生かされる方が九十九パーセントです。だから、私自身のことを申し上げれば、これからいままで受けたものを、ほんの少しでも還してゆきたいと思っています。

窓の外では、あんなにもみじが散っています。うらをみせ おもてをみせて…。

長い時間お付合い下さりありがとうございました。お体をお大切に…。

（平成元年十一月一九日武蔵野大学にての講演速記より）

沖縄の真実ー戦争は教える

「戦争は絶対にいけません…。先生、先生と同じ、もし生きているなら、同じ歳になる男の子が私にも…でも、その子をこの手で…この手で…」

その後は言葉にならず、ただ太い涙が頬を伝わっていた。

それは、沖縄婦人大会の記念講演でのできごとである。

講演を終え、降壇しようとした時、舞台の裾からどうみても七十歳を越えた老婦人が一直線に私のところに歩み寄っての言葉である。

先年仙台で行われた全国地域婦人大会で講演した縁で沖縄での講演の依頼を受けた。けれども正直なところ複雑な気持ちが交錯して心の整理がつかず承諾を躊躇していた。

沖縄の歴史を、殊に沖縄では戦争と切り離して話はできないこと。また以前ある人から沖縄で婦人に講演をするほど大変なことはない、特に老婦人が含まれているなら致命的であるとも聞かされていた。

私自身戦時はまだ幼く、生半可な共感や知識、人生体験で沖縄の人々の前に立つことは、たちまち見透かされてしまうばかりか、不快感を起こさせてしまうかもしれない身の程知らずの振舞いと思えたからである。

しかし主催者古里悦会長から「沖縄に来れない理由を」と責められ、また中に立った人の手前止むを得ず引き受けるはめになってしまった。

話しているうちに、意外にも沖縄の婦人の何かを感じることができ、共感を感じながら何とか無事に役目を終えた直後のことであった。

「私はその子を、この手で…」

それは、私などには想像を絶する戦争という極限状況の中で不条理な生きざまをさせられた人間の紛れもない「告白」であった。

貝の如く口を閉じ、自らの生きざまをさらして生きなければならない多くの人がまだ沖縄にはおられる。戦争の傷は沖縄では永遠に消えることはないであろう。いや消してはならない私にとってのリアリティである。

その老婦人は、その後の行事に参加せず、私に次のような伝言を残し名前も言わず帰宅されたのである。

「血で血を洗う戦争ほど悪はない。学生さんに、また講演で、皆さんに私のような人間を再び出さないように伝えて欲しい。」

第二次大戦のとき、私の母校は軍事教練を拒否する学生の目立った大学であったと恩師から聞かされていた。しかし本土決戦の色が濃くなると、最も戦争に否定的な学生が志願し、人間魚雷に、また特攻隊として沖縄近海に散ったのである。

志願し出陣する先輩の言葉は次のようであったと聞く。

「たとえ平和を願い、戦争を否定しても、私には、目の前で竹槍を持ち倒れていく女子や子供を黙って見ているわけにはいきません」

このような言葉を残して散っていった先輩の行動に残念ながら私にはコメントする力も資格も有していない。

もしかしたら、永遠にコメントはつけられないと思っている。今はただ厳粛にして確然たる先輩の死の真実を正面から受け止め、未来への平和の糧とせねばならない義務と責任を感じるだけである。

この原稿を書いている今日は六月十九日である。沖縄が落ちる数日前の最も悲惨な不条理な生きざまを余儀なくされた修羅の場であった沖縄を思うとき、書かずにおれずペンを取っている。——忘れてはならないから——である。戦争の歴史と現在の平和、未来の平和とは決して切り離せるものではない。過去の歴史は現在の中にあり、その歴史を未来へも背負って生きるところに、人間としての歴史的生き方がある。

また中国残留孤児の方々は私と同じ年頃である。このことと先の老婦人の告白、先輩の死、これらがいつも重なり合って、わが事としての思いを拭うことはできないのである。

沖縄から帰った直後のことである。ゼミの学生から次のような、一見平凡な質問が出された。

「いったい、何がこの世で一番悪なのですか」

「血で血を洗う戦争ほどの悪はない」

「働こうとする者に、働く場のない社会は悪である」

と咄嗟にこたえていた。沖縄での興奮さめやらぬ咄嗟の答えとはいえ、間違ってはいなかったと今でもますます思うようになっている。

戦後の日本の教育を考えるとき、不鮮明で理解に苦しむものがある。その一つは、あれだけの犠牲という代償を払った戦争という事実の扱いである。

戦争とは自然現象ではない。明らかに人間のつくりだした歴史上の事実である。戦争の歴史から学ぶものは未来への平和のためのものであるはずである。しかるに戦争体験をもつ大人は戦争体験のない若者に戦争という歴史をどのように捉えて欲しいのかの姿勢が曖昧である。

既にふれたが、日本民族は「工夫」に特にすぐれた民族であると言われる。たとえば漢字が中国から入れば仮名文字を造り出す優(すぐ)れた能力ともいえる力をもつ民族であり、他に例を見出せないところである。こうした潜在的能力をもっているがゆえに、あの廃墟と化した敗戦から今日の日本を再建させ得たのであろう。皮肉な見方をすれば「敗戦」をいつの間にか「終戦」に置きかえてしまう妙な感覚を持った民族である。

しかし、心しなくてはならないことは、長所はまた短所にもなることである。あの廃墟と化した敗戦国からだれが現在の日本を想像できたであろう。ひたすらに、ひたすらに走り続けてきた。そしてこれまで触れてきたように、物理的なビイザブルポルーション（見える公害）も精神的なインビイザブルポルーション（見えない公害）も共に生み出す国になったのである。

日本は今やあらゆる面において「峠」に立たされている。日本の活路、未来への希望は「峠」に立ってこれまでを「振り返って」みること以外にない。そして明日を担う若者に何をバトンタッチし何を託すかを真剣に考える時である。東日本の未曾有の地震の津波・放射能の大災害を決して無駄にしない歴史を創り出すときである。

バトンタッチしていないものの一つは第二次世界大戦の歴史である。戦争の真実の悲惨なすがたを若者に伝えようとしなかったことである。

沖縄の本当の悲惨なすがたは、どこまで若者に伝えられているであろうか。広島・長崎の原爆の悲惨さは久しく教科書から姿を消していた。

イギリス滞在中、反核の集会に出会った。子供を連れた主婦の手にそして子供の手にも「オイロシマ（EUROSHIMA）」と書いたプラカードがしっかりと握られていた。核の恐怖はイデオロギー以前の問題として市民の意識の中に西欧では存在しているのである。弾丸に倒れたジョン・レノンは無意識で反戦の歌を歌っていたと告白している。

平和、戦争、核の問題を日本人はあまりにもイデオロギー的に捉えすぎて問題の本質を見失っているのではなかろうか。

西欧では日本と異なり人間の生存の問題として捉えているのである。日本では到底想像できないが、ホワイトハウスからのひとことの発言、クレムリンからのひとことの発言に市民が敏感に反応するのを肌で感じさせられた。

その差は教育にあると考えさせられる。ドイツをはじめ西欧ではイデオロギーに関係なく、広島、長崎の原爆の恐ろしさ、愚かさは幼いころから十分教えられているのである。

日本も平和と戦争と核の問題は大人の責任において、イデオロギーと無関係に人間存在の基本的問題として子供達に伝えるべきである。

過去の過ち、戦争の悲惨さはなるべく子供や若者に知らせないことにおいて平和の心を築こうと私達はしてきたのではなかろうか。もしそうであるなら重大な倫理的欠陥がそこに存在している。

戦争の真実の悲惨さ邪悪さを知らされず、無知のままに教育された若者が、どうして戦争を避け、平和を築く力を生み出すことができるであろうか。

人間はたとえ嘔吐をしようと、発狂しそうであろうと、真実と直面し、その中で生き、正しく真実と対決することにおいてのみ正義の倫理感が創られるのである。

もし真実との対決を避け、無知において教育をしようとするなら倫理的弱さの表われ以外の何ものでもない。

戦争の真実の悲惨さ、邪悪さは正しく若者に伝える義務が大人にある。それが子供の、若者の平和に向かって歩む力の源泉となるからである。

すべての悲惨な戦争の歴史が人間に伝えることは何であろうか。

戦争のツケは決して戦争を起こした人、戦った者、戦争を支援した者にはいかない。戦争のツケはいつも極限状況の不条理な世界で、残酷にも最も弱い者に回されることは戦争の歴史が教える真実である。

沖縄の老婦人の「私はその子を、この手で…」という言葉が耳から離れないまま、私は空港に向かい、空の人となった。

思わず沖縄の海に散った先輩の御霊(みたま)に、そして亡くなられた数えきれない御霊(みたま)に合掌をしていた。

上空から見る沖縄の母なる海は、淡いうえにも淡く、エメラルド色を見せ、緑におおわれた沖縄の大地をやさしく包んでいた。

日本的なものを考える

“春は花 夏ほととぎす 秋は月 冬 雪さえてすずしかりけり”（道元・傘松道詠）

日本を離れて特に感じるのであるが、日本ほど四季感のある風土は世界のどこにも見出せない。その風土から生まれるこころが、日本人の無意識の深層に潜むものであろう。

私達はそのこころを後世にどのように伝えようとしているのであろうか。伝えるものをなくしているのか。また伝えるものを見失っているのか。いずれにしても、日本の風土が与えてくれた自然の心を摑みとる感性を弱めているように思えてならない。

前にもふれたが川端康成はストックホルムでのノーベル賞受賞記念講演で、「春は花 夏ほととぎす 秋は月…」の出だしで日本人の心のベースを語ろうとした。

日本人は挨拶の中で、「よい天気ですね」とか、「生憎の雨ですね」、「久し振りのおしめりですね」と常に天候をおりこんで挨拶をし合うのである。これが古代から、日本人のコミュニケーションの媒体となっている。英語では、ハウ・ドウ・ユウ・ドウである。それは「あなた自身は今、どうですか」という意味であり、どこまでも主体としての自己が表に露骨に出ている。

また英文と日本文を比較するとき、特に気付くところは、日本文は著しく主語が欠落している。英語で話すとき、どうしても私自身主語を意識するようになる。

英国でのことであるが、「日本の心、日本人の生き方を代表する言葉を教えていただけませんか」という困った質問を受けたことがあった。私は咄嗟に次の言葉を伝えた。

「捨ててこそ浮かぶ瀬もあり…」

今思い起こしても、咄嗟とはいえ、その通りだと思っている。捨ててこそ浮かぶ瀬もあり、とはまさしく日本人の代表的生き方であろう。

東洋と西洋を大胆な分け方をしてみると次のようなことが言えるのではなかろうか。つまり西洋はファイ（Why？）の生き方であり、東洋とくに日本などはハウ・トウ（How to？）の生き方であるように思える。

「ファイ」は「どうして」ということであり、この「どうして」が人間をして物事を探求させ、やがて今日の科学技術文明を生むもとになったとも言えよう。

それに対してハウ・トウとはどんな生き方なのであろうか。人生とはさいころが振られたようなものである。すでに一は一、二は二と、まさに賽は投げられているのである。そこにおいて、人間の生きる道、方法は、「どうして」ではなく、「いかに生きるか」に比重が置かれる。それが東洋人の生活の智慧である。

どちらの生き方が正しく、また間違いであるとはいえない。それぞれ、自然の風土の中で人間が生きる智慧として培ってきたものである。これからの日本人が国際人として生きるには、この両方を摑む必要がある。そこにこそ日本人が国際社会の中で日本人として果たす役割が浮き彫りにされると思う。

明治以後、あまりにも日本的なものを見棄てることにおいて、日本の存在を明らかにしようとしたのではなかろうか。もう一度日本的なものに素直に目を向け見直してみる必要があると思えてならない。

たしかに日本は、近代化を敏速に遂行し、多々の試練をくぐり抜け、今日の経済的基盤を確立した。しかしそこで見失うか、あるいは見失いつつあるものに気付かねば、日本の未来はないと私はあらゆるものを見るとき感じるのである。

「捨ててこそ浮かぶ瀬もあり…」既に前にもふれたが、この日本の格言からは、ともすると投げ遣り的な人生が想像されるかもしれない。しかし静かに、素直にこの言葉に触れ直してみると、実に新たな世界を想像することができる。

泳げない人が大海に投げ出されたと仮定してみよう。人はたとえ泳げなくても、なんとか泳ごうとするであろう。しかし、結果は冷酷である。泳げない人が、泳ごうとして、ばたばたすればするほど、水を飲み、やがて沈んでしまう。

では、泳げない人にとって、大海に投げ出されたときの活路はないであろうか。活路はあるのである。その活路は、素直に泳げないことに従うのである。人間には、どうすることもできないものがある。絶対に完全でない人間——であることを悟ることが活路への道筋である。

泳げないことを悟っているなら、その人のからだは、大海におのずと浮き上がるのである。泳げないのに泳ごうとするから、おのずと溺れ、やがて沈むのは自然の摂理である。

日本の自然の風土から、自然に出てきた、誰が造ったかわからない「捨ててこそ浮かぶ瀬もあり…」という格言は、行き詰まり、壁にぶちあたった人生、或いは組織の中の自分、また日本の社会の活路の道しるべになるのかもしれない。

自分を尺度として、社会を世界を自然をはかろうとしても、そのキャパシティ（容量）にはおのずと限界がある。自分の限界を超えるものをはかるには、自己を捨ててこそはじめてはかれるのである。その世界は、自分を超越し、自分でない他から照らし出される自分である。そこに、おのれの活路がある。

「捨ててこそ浮かぶ瀬もあり…」の格言は、考えてみれば実に深遠である。自然の風土から与えられ、その中で培った、日本人の生きようとする、生きる智慧の発露である。決して投げ遣りの人生でもなく、どうにでもなれの生活でもない。そこにあるものは、たとえはなばなしくなくても、強く生きる意思であり、泥臭い、ただでは死なない、ただでは起きない、日本的精神風土の生んだ宝語である。地震、津波、放射能にも負けず絶望的極限の中で何とか「生きよう」とする何万人もの人を私は知っている。

一「自己をはこびて万法(ばんぽう)を修證(しゅしょう)するを迷とす 万法をすすみて自己を修證するはさとりなり」道元一

「自分を尺度にして全てを観ようとすれば迷の道を生きることになる。大自然・大宇宙から自分を照らして観れば生きる道がおのずと観えてくる。」

先に西洋の生き方はファイ（Why？）の人生であると述べたが、こうした「なぜ、なぜ」の人生観もやはりその根底は風土からくる思惟方法に帰因している。西洋では、自然と自己とは対立の関係、つまり、自然とは人間が開拓し、征服するものなのである。

今日の科学技術文明の母は、このフロンティア精神である。たしかに科学技術のお陰で、私達の生活様式は加速度的に変化し、便利で豊かになった。しかし、そこにおける充実感のベースは、「量」と「能率」である。そこに欠落しているものは「質」的価値である。0と1のデジタル世界では、見えないものにも目を向けるべきであろう。そこに「感性が出る舞台」がある。

量や能率でははかれない質的価値に気付くことが肝要である。これから21世紀が人間のための時代になるか否かは、質的価値にいかに比重を置くかによって決まるであろう。

ファイ（Why？）の人生感はたしかに科学技術を進歩させ、豊かな今日の生活様式を生み出した。しかし、科学における説明、解説、理解には限界がある。

科学において、どんなに精巧に物を見、どんなに究明し説明しても、それはどこまでも、物と物との関係の説明であって、物自体の説明にはならない。

西洋でも、物自体を見る見方に到達するにはかなりの歴史を要したのである。ベルグソンにおいて初めてそうした見方がなされ、今でも実存哲学の中に生きている。けれども、人間の精神文化の歴史の中で見るなら、ほんの二世紀足らずである。

しかし、東洋においてはどうであろうか、物自体を見抜く直観的捉え方は生活の内におのずとあったように思えてならない。
物自体と一体となる見方は、古くインドで思惟(しい)され培われた。東洋の風土が、生きる生活の智慧として、われわれに授けたもののようにも思える。この感性ともいうべき宝を今の私たちは曇らせているのではなかろうか。

直感でものを捉えるとは、物自体を体で体得することともいえる。現代人はともすると体で学習する機会から阻害されつつある。IT 時代の"新人類"という言葉が流行しているが、まさしく直観的感性の欠落した現代を象徴する言葉である。

直観的感性を生み出すベースはどこにあるのであろうか。それは、われわれを取り巻く自然環境、そしてその中で培われた精神風土の中において初めて育つのである。

知識社会、情報社会といわれる。しかし、知識をどんなに多量に集めても知識は知識である。特にこれからの時代、知識の役割はコンピュータ、インターネットが人間にとって代わる。しかし智慧のないもの知り学者は 21 世紀には無用の長物と化すであろう。

知識中心的考えは、まず、物を見るとき、おのずと量に目が向き、やがて能率に比重を置くようになる。政治経済においても同じことがいえる。これが現代のひずみでもある。

知識で捉えるのではなく、智慧で捉える感性こそ今必要と思える。たしかに現代は情報社会であるし、情報は必要である。しかし、情報に振り回され、自分の拠って立つところを見失ってはならない。

日本人の継承してきた感性の源は、やはり、日本の風土の中で培われたものであろう。それは、自然との対立、自然の征服ではなく、自然に抱かれ、自然と調和し、同化するこころをベースにしている。

「春は花　夏ほととぎす　秋は月　冬　雪さえてすずしかりけり…」一今一度、日本の風土の中で培われた伝統的な感性を、現代の生活の中で生かし世界に発信することを考えてみる必要がある。

東洋 ―その精神的風土

人間はひとしく自らその意思に従って、自由に、思いのままに生きたいという望みを抱いている。別の言い方をすれば、自己を意思して生きることの望みを、多かれ少なかれ抱いていると言える。つまり、他から制約、制限されず、支配されることなく、自己の意思に従って生きることを望んでいるのである。

しかし、反面このように自己の意思のまま、自己の希望のままでは、生きてゆけないように人間はつくられている。

その理由は、人間は一人では生きられないようにつくられているという宿命を負っているからだ。

すなわち、人間は、社会の中においてのみ生きることができ、幸せも、自由も、希望も初めて達成し得る。幸せの実現には必ず社会性を要するものである。

ここに、人間というものは、社会的に捉えて初めて、正しく捉えられるとした、アリストテレスの命題が存在する所以である。

自由に生きたいと望む自律的個人とその自律的個人の集まりである社会との関係こそ重大であると言える。

しかし、それに加えて、さらに重要なことが一つある。それは、個人や社会をつくっている要因として、環境、風土を見逃すことができない、ということである。地震も津波も台風も日本の風土である。

自然環境が人間に与える影響は、はかりしれない。さらに、その人間社会と自然環境との相互関係から生まれる精神的風土を見逃すことはできない。

精神的風土の中で人間は生まれ、幸せを実現してゆくとも言える。言い換えれば、精神的風土を無視して人間は幸せを実現することはできないのである。

私的体験で恐縮だが、学生時代に東南アジアの学術調査に行ったときのことである。マレイフェデレイションで農夫が夕日を背に浴びながら、力一杯、田を耕しているのを見た。そのとき、ふと、私の生まれた田舎に帰っているような錯覚にとらわれた。マルクス、エンゲルス、ウェーバー達の指摘した東洋の非歴史性、停滞性も学んだ私であるが、素朴な次のような疑問にかられた。この東洋にも、何千年、何万年、いやもっと以前から、人間が生きているのだ。その人間の歴史には、それなりの意味が必ずあるはずだ。たとえ、西洋のように、便利で、能率的で、近代化への歩みはなくても、人間の生き方、人間の幸せの実現の仕方があるはずであると、当時二十歳の私はしみじみと感じたのである。

たとえ、はなばなしく、歴史の表面に出なくとも、歴史の深層において、脈々として生きているものが必ずあるはずだ。それは、百年、二百年の歴史で簡単につくられたものではなく、また、百年、二百年で変わるものでもなかろう。

こうした歴史の深層に潜む精神的風土こそ土に生まれ、土に帰っていく人間が生みだす幸せの源泉ではなかろうか。

現代はともすると、ただ利便で能率的で豊かであれば、幸せが実現するかの如く思っている。千年に一度の未曾有の大災害、放射能問題も含めこれを機に考えを変えねばとの思いを深くする日々である。

先に触れたように、幸せを実現しようとするなら、一人で勝手に実現することはできないように人間はつくられているのである。コミュニティの中において、社会の中において、幸せは実現できるのであり、そして、その基礎は、長い歴史の中で生きつづけてきた精神的風土であろう。その精神的風土を基礎にしながら、現代に生きる私たちは、現実の課題に取り組み、まず、コミュニティを通じて、いかにして、より効果的に個々に幸せを実現してゆくかを求め、実践せねばならない時である。

このことは、私たちの幸せを実現すると同時に、より豊かな精神的風土を次の世代に譲り渡すことであり、より豊かな精神的風土の発展につながると言えよう。

コミュニティの考えを、最近、いろいろな方法で地域社会の中に取り入れる努力がなされている。しかし、コミュニティの捉え方の源流に遡ると大別して二分できるようである。無論、雑な分け方であるかもしれないが、人類が歩んできた発達のルーツを、西洋的なものと、東洋的なものとに仮に分けて考えてみたい。

西洋的なもののコミュニティのルーツを探るとき、その代表的な生活様式は、遊牧の生活が考えられる。

すなわち、人間が大自然の環境の中で、生きてゆく方法として遊牧の生活が考えられる。自然に生えている植物を羊に食べさせ、その羊が人間の大切な主食、エネルギー源であった。つまり一定の土地に羊に必要な植物がなくなれば、次の土地に移るステップ生活である。羊とは、人間の動く冷蔵庫であったとも考えられる。

自然と人間との関係は、自然とは征服する対象なのである。そして一定の土地に定まって生活しないため、土と人間との関係は、後に比較する東洋ほど深くつながっていない。

しかし、他の遊牧民とのぶつかり合いを仮定するとき、そのとき、生存を可能にする決定的要素は、武力であるため、強力なる武力の保持のために技術の発達は十分促されたであろう。また他の民族との接触も考えられる。そこにはおのずと物物交換、やがて商業貿易を促す原理が育ったと思慮される。

今日、世界の平和の保持原理として、現実には、バランス・オブ・パワーズ（勢力均衡）が最も有効であるのは、やはり人類の始期と同じことを文明人も行っているのかもしれない。

遊牧民に発する、自然と人間、天と人間、人間（民族）対人間（民族）の相対的、二元的な捉え方こそ、西洋に脈々と流れるものであり、今日の科学文明の社会をつくり出す原動力が、風土の中で培われた精神と言えよう。

それに対して、東洋的な生活様式の代表はモンスーン地帯の稲作中心の民族であろう。

遊牧民と比較すると、まさにその反対と考えられる。すなわち、稲作の民族は、一定の土地に定まって生活するのである。
土から生まれ、土地に帰ってゆく土地の文化とも言えよう。

自然を征服してゆくのではなく、自然に同化しながら生活してきた歴史であると言える。東洋では相対的、二元的にものごとを捉える姿勢においては、緩慢である。しかし対立ではなく同化・同事の世界観が東洋に育ったとも言える。

西洋と比較するとき、科学文明の発達は遅いにしても、人間を内から内へみる目は決して弱いとは言えない。

一例として、病院の誕生を考えてみたい。世界最古の病院として、コンスタンティノープルのキリスト教の病院が取り上げられるが、東洋では紀元前二百年代にすでにアショーカの政策により世界最古の病院が作られたのである。

しかし、この病院は「二種の病院」cikichaと言われていた。というのは、manusacikichaすなわち「人間病院」とpasucikichaという「動物病院」が同居しているので、二種の病院と呼ばれていたのである。
このアショーカの建てた病院は、動物と人間の区別が明確でないとして、世界最古の病院としては、コンスタンティノープルのキリスト教の病院が挙げられている。

動物は手段であり、人間が主体であるという意識は西洋的精神風土の中での捉え方であろう。目的と手段が明確でないのが東洋的精神風土の中での捉え方でもある。放射能のため犠牲にされた家畜のことを思うと耐えられない。

自然と一体になって生きる生き方は、手段と目的を区別しない東洋的直観である。生きとし生けるものに対する生命感は逆に西洋より東洋の方が深かったとも言える。

福祉にたいする新たな見方が必要とされてきた。福祉に、今こそ必要なものは、健常と障碍者とのボーダレス、人類の一体観、自然との一体観である。健常に生れ、健常であることが奇跡であり、障碍とはその人の特質とむしろとらえるべきであろう。この限られた地球にいずれにしても人類が共栄共存しなければならないのである。限られた空間に人類は共存しなければならない現実と未来を考えるとき、東洋的精神風土が見直され、重視する必要があるのではなかろうか。

「発想の転換」──アブの話

民族は、それぞれの風土からくる文化を背景に、特色を持っている。

一 創造に秀れた民族

二 模倣と工夫に秀れた民族

三 創造、模倣、工夫のいずれにも劣る民族

大胆な分け方であり、異論もあると思うが、敢えて分類するならば、われわれ日本民族は、これら三つの中のどれに属するであろうか。

今日、世界の産業社会のトップクラスに位置するものの中で、日本のものを挙げるのに苦労はない。自動車産業をはじめ、時計、電子機器、セラミック、バイオテクノロジーと拾い上げたらきりがない。しかし、残念なことに、日本が独自に開発した分野はまだ少なく、これらは模倣と工夫の産業に他ならない。この点において、既にふれたが日本民族は模倣と工夫に秀れた民族ということになるのかもしれない。

工夫には強くても、全く新しいものを創造することにおいては西欧に劣る日本民族は、つまり、発想の転換に弱い民族であるとは言えないだろうか。

たとえば、自動車という「概念」があり、それを工夫することには素晴しい能力を発揮するが、自動車というものを発想する能力に欠けているということではないだろうか。周知の通り、日本人の発明は人力車であった。この人力車も外国人の発明と後で教えられた。

飛行機は科学技術の発達を示す好例であるが、それは、大空を鳥のように飛びたいと思うことから始まった。幼い頃、鳥のように大空を舞う夢を見たのは、私ばかりではあるまい。今では国内、国外へとよく飛行機を利用するが、少年時代の夢をたびたび上空で思い出す。また、ヨーロッパへ向かう際の、地上一万数千メートルの上空から見る北極の白夜は、神秘の世界であり、自己の存在を疑わせる。

このような今日の科学技術の進歩の母は、他ならぬ「イデア」である。空を飛びたいというロマン、イデアが飛行機を生んだのである。

そこで、真似や工夫に強い日本民族が、新しい発想に弱い理由を考える時、おのずとその背景に日本の、そして東洋の風土というものが浮かび上がってくる。

マルクスやエンゲルスが指摘したように、東洋の非歴史性、停滞性は、西洋と比較する時、肯定せざるを得ない面を持っているのである。

しかし、GDP 世界高位を誇る日本の存在は、今や一アジアの日本ではない。貿易摩擦に象徴されるように、グローバルな世界の中において初めて日本は日本として存在することを忘れてはならない。とすれば、われわれ日本民族の姿勢は、このままでよいのであろうか。

英語のことわざの中に「意思のあるところに道がある」(Where there is a will, there is a way.) という言葉がある。これにはヨーロッパ人の深い意志がにじみ出ている。

それは、何かを生み出す時に、必ず強い意志 (a will) が前提としてあるということである。

明治維新は、たしかに維新ではある。しかし、ピューリタン革命、フランス革命、ロシア革命とは全く異なっている。その違いは何であろうか。私は「イデア」(理念) の不在ではなかったかと
考える。黒船に対する攘夷論は、黒船というものに対応する、その場しのぎの工夫論であり、極論すれば、そこに「理想」「理念」は不明確であったと言わざるを得ない。

また、戦後の民主主義六十年を考えてみる時、残念ながらそれは根づいているとは思えない。

なぜなら、民主主義の大切な前提は、自律的個人、市民的自由を各人が体得しているということであるからだ。そして、人間が人間として存在するに何を前提とするか問われるなら、私は「自己を意思して生きること」とこたえる。

ヨーロッパ人が、命をかけて手に入れたデモクラシーは、「自己を意思して生きる」ことを人間
の理想像にして勝ち得たものである。日本のデモクラシーは、自らの手で勝ち得たものであろうか。戦後六十年の歴史を振り返る時、民主主義が、うわべだけで語られているのではないかと疑ってみる必要がある。

すでに述べたように、日本民族は、工夫に長けた民族である。それゆえデモクラシーにしても、その本質を忘れ、日本流にアレンジしてしまっているのではないだろうか。

しかし、デモクラシーの本質は変化するものではない。もし、その本質の変化を許す者があれば自ら犠牲の人生を選ぶことになるであろう。

「自己を意思して生きる」ことは、自己に対する苛烈な直視と責任を要求する。フロムが言っているように、人間は、自由を求めると同時に、同じだけ支配されることを求めているのかもしれない。

けれども、それは民主主義に反するのである。どこまでも、理念として「自己を意思して生きる」ことが民主主義のベースである。自律的個人、市民的自由、そして人間としてのデイグニティ（尊厳）が守られなければならない。

すなわち、0をいくら足しても0は0で、0をいくらかけても0は0なのである。個人の目覚めなくしては、デモクラシーは存在しない。

工夫に強く、新しい発想に弱い、われわれ日本民族は、21世紀を、模倣と工夫だけでは切り抜けられないであろう。

エネルギー問題、人口問題、環境汚染問題、高齢問題、放射能問題、そして前に私の造語した「見えない公害としての教育の荒廃」（インビイザブルポルーション）と、まさに時代は課題の提出者である。また、地方の時代というキャッチフレーズは広まっているが、その内容の実現は寂しいものである。若者の都市集中には一向に歯止めがかからない。

今こそ日本が必要とするものは、「発想の転換」であると思える。

まず、エネルギー問題を考えてみよう。石油を例にとるならば、それは当然ながら、有効資源である。現在、日本では、石油の価額は安定して

いるように見える。そして石油は、今日のあらゆる製品の原料である。つまり、今は石油を原料としているものが「安いもの」なのである。しかし、それは、一時の工夫に頼っているだけなのである。石油の埋蔵量は有限であるがゆえ、必ず、その価額は上がるのである。今日の安い石油は、中近東に支えられているだけである。その安い石油を基盤に、今日の産業構造ができあがっているのであるが、その有限な石油の価額の上昇とともに、需要に変化が起こり、産業構造自体が変化せざるを得ない事態が起こるであろう。効率が良いとして、最終処理の不明な原発にたよった日本のエネルギーは、現に放射能問題を世界にばらまき、安全で安いとされた神話は、もろくも崩れてしまった。

以前、オイルショックの時、政府が中心になり、省エネ運動が展開された。たしかに若干の効果はあったと思われる。しかし、それは一時のしのぎであり、すぐまた深夜放送も再開し、大型自家用車も増えている。われわれは、のどもと過ぎれば熱さを忘れるのである。

こういった一時しのぎの工夫は、根本的問題解決にはならず、かえって問題を深刻にするだけである。考慮すべきは石油を一つとっても、それを原料としているか否かによって、近い将来、現在の「高い製品」と「安い製品」とが、必ず逆転するということである。それはすなわち、エネルギー問題を考えるにしても、今の日本には、「発想の転換」が必要であるということである。工夫の能力に秀でているがゆえに、日本人は、目先の問題に囚われ、将来への展望に欠けるところがある。二度と起こしてはならない原発の放射能の体験を未来にしっかりと生かさねばならない。

「意思のあるところに道はある」これは、たしかに苦しい現実の状況に生きる人にとっては希望であり、信じたいことである。しかし、それが苦しい茨の道であることに変わりはない。

一つの古い例を挙げてみよう。江戸時代のことである。大阪の勝野という大商人が、商売に、そして人生に完全に行き詰まった。思い詰めたあげく、最後の決意をし、風外禅師を訪ねたのである。

風外禅師は、破れた屋根の下の、破れ障子の一室で、一心に山水画を描いておられた。

勝野商人は、もしこの高僧に尋ねても解決できなければ死以外にないと思い、何刻にも渡ってすべて告白し、道を尋ねた。

風外禅師は長時間黙って聞いておられた。やがて次のように言われた。「すみません、あなたの前に、悩みの相談の先客があり、まだその人に道を示してあげていないので、あなたの話は耳に入りませんでした。すみません」商人はかんかんに怒ったのである。

それもそのはず、商人のあとにも先にも客はなく、商人一人と僧侶だけであったからである。

「禅師！誰も先客なんかおられないではありませんか。私に死ねということですか」と憮然とした。その時商人は、死を覚悟したのである。

すると、禅師は静かにこたえたのである。「ほら、ごらんなさい。そこの破れ障子の、破れていないただ一つの角で、お客が悩みをまだ訴えています」。それは一匹のブンブンしている「アブ」であった。

禅師は静かに立ち上がり、まわりの破れ障子から広い自由な世界にその「アブ」を飛ばしたのである。

商人は、ただただひれふし、「私は救われました」と頭を下げるばかりであった。

小細工でなく、心の窓を大きく開けよう。そして思い切って「発想の転換」をはかろう。

もし、「アブ」がいなければ、アブない人生であったのである。

東洋と西洋

合理的、二元的捉え方では語れない、説明できないものがある。本当に伝えたいものは言葉も、説明も、心をも超えたものかもしれない。言語活動は、文化の違いとも大きく関係していると思われる。

元来東洋人、特に日本人は議論、論戦が得意な民族ではないのかもしれない。そのことはすでにふれてきたが、民族の生きてきた風土が大きく影響しているように思える。

外に対しての考察力と内に向かっての考察力を比較するとき、東洋は内に向かっての考察力であり、西洋は外に向かっての考察力に特徴があるといえよう。アングロサクソンと東洋人の大きな違いがそこにある。

何故そのような特徴が生じたのであろうか。それは風土の違いが大きな決定要素になっているように思えてならない。

季節風の吹くモンスーン地帯で稲作中心の農業で生きてきた民族にはその思惟(しい)方法にも大きい特徴が表れている。

稲作中心の農業では、一定の土地、地域に定着して生きるところに第一の特徴がある。稲作は何千年連作しても米ができる。この米の連作技術は素晴らしい生活の知恵の所産である。そこでモンスーン地帯の民族はある時は山を削り、棚田を作り田に定着して生きることにした。

このようなモンスーン地帯の東洋的な思惟方法により生まれた生き方としては仏教、ジャイナ教、ヒンズー教、儒教、道教、そして日本ではアイヌの生き方、神道にも表れている。

東洋的思惟方法の特徴の一つに直観的(Intuitive)捉え方がある。合理的説明の世界でどんなに物と物の因果関係が立証されたにしても、それは物と物との関係、またそこにおける構造・状況の説明であり、その限界を超えられない。つまり対象自体を本当に認知・体得したことにはならない。

そこで自己と他を一体、一如として捉え、対象そのもの自体に入り込む方法、即ち東洋的思惟力法として「直観的哲学」が深められた。このことは内へ向かっての思考力を深めるものとなったのである。

西洋哲学はギリシャ哲学からヘーゲルに至るまで多くの変遷を経た。周知の通りヘーゲルの哲学の総括後に生まれたものが実存哲学である。それは行き詰まった人間疎外の閉塞状況から脱出への営みでもある。

実存哲学者を思い浮かべると、キルケゴール・ハイデッガー・ヤスパース・サルトル・ボーボアールそしてニーチェ・カールマルクスなどが主に浮かぶ。そしてその後の機能構造論的な見方の元となったレビイ・ストロースや現代を批判的に捉えたマルクーゼ、そしてさらに脱構築主義等々が挙げられるが、これらは新しい哲学としてはまだ十分確立していない。そこでここでは実存に限って考えてみたい。

実存哲学者の代表とともに言えるハイデッカー(M. Heidegger)はアナクシマンドロス（紀元前約 7 世紀）からニーチェまで求められたものは「人間存在」そのものであり、また「生きるに価値する人生とは何か」であったとの趣旨のことを語っている。

さらに、ハイデッガーは「人生のよって立つところ」、つまり人生の生きる根拠を彼なりに追求したのである。しかし、従来の哲学的追求は対象的思惟（ホリシテレンデスデンケン）の域を出ることはできず、対象の分析・説明に終始していて、その対象自体、そのもの自体には入り込めないという限界を彼は悟ったと思える。

そこで、ハイデッガーは従来の哲学の反省に立って「対象的思惟」から「即自的思惟」（アンデンケンデスデンケン）に転換がなければ人間の生きざまのそのものの根元に迫ることは出来ないと思考したと思える。そこで対象自体に入る方法を思考した。しかし、そこにはまだ歴然として対象自体には入れない限界は残っていた。つまり、思考の域は出られなかったのである。そこで東洋的思惟に関心が移っていったと思える。

彼は例をもって説明している。木は葉と枝と幹によって成り立っているが、人は葉と枝からなる木のみを見て大切な根を見ていないのではないかと彼は指摘している。彼は葉も枝も幹も根も本来一体であり、そして特に見えない根こそ大切であると言いたいのである。さらにその見えない根の大切さは言葉では説明できないと言っている。西洋哲学の限界を示したとも言える。

東洋は西洋に比べ内に向かっての見方が強いと述べたが、それは自然との一体感、説明を超えた世界、見えるものよりも見えない根の世界に初めから重きをおいているからである。つまり見えないものを含めた「循環系体系（システム）」の世界観・宇宙観を求めた。

花も葉も枝によって支えられ、枝は幹によって支えられ、幹は根によって支えられている。しかし根はその姿を見せず土深く根を張り全てを支えている。

見えるものより見えないものより聞こえないものに心を傾けて観よう。「不立文字（ふりゅうもんじ）」「教外別伝（きょうげべつでん）」と仏教（禅）の深い言葉がある。

近代から現代の哲学者達は等しく道に行き詰まると、新世界への活路を求めた。彼らの目指した方向は東洋・オリエント（Orient）であったのは周知のところである。それはある種の憧れと救いを東洋に求めたからかもしれない。実存哲学者達の追求したものの到着点は東洋の文化遺産ともいえる仏教、そして禅に類似性が多いのには驚く。ロマンロラン・ヘルマンヘッセなどの小説家も東洋に目を向けたのであった。ロランの終りの傑作は「周航」であり、ヘッセの「シッダルタ」に彼らのオリエントへの深い思いを知る。

しかし、実存哲学と仏教哲学との大きな違いは、実存哲学が合理的、理性的、論理的に徹底した事故の研究に重きを置いたのに対して、仏教・禅は実践的、体験的な体得に重きを置いている。この点に気づき比較論究したものは少ない。

二十世紀の激動の中で自己疎外に陥った多くの悩める知識人を実存哲学は救ったであろう。実存哲学によって自己表現できる人には、実存哲学は確かに今でも十分有効である。

いささか極論ではあるが、本も読めず、理解できない知的障碍を持った人にとって実存哲学はどこまで有効でありうるであろうか。人は知能に関係なく本来その人なりに自己表現できなくてはならないはずである。道元は座禅の心をもって安心（あんじん）を得たし、親鸞は念仏をもって自然法爾（じねんほうに）の安心に至った。

なぜなら、自己実現こそ全ての人間が共存する「生き甲斐」の源泉であるからである。大きく綺麗な牡丹（ぼたん）の花と、野に咲く小さな一輪の菫（すみれ）を比べてみよう。

花の大きさには歴然として差がある。しかし、大きい牡丹の花と菫の花の『美しさ』には差はない。この差のない『美しさ』を知る感性こそ大切なものである。そして『差のない美しさ』こそ、人間の価値を計る公分母（コモン・デイノミネイター）である。それは「人間をどう捉える」かであり福祉の原点であると私は言いたい。

たとえ合理的、理性的、論理的に理解できなくても、実践、学習、体験を通して感性的に自己実現の道を開くのが東洋的直観を主にした仏教なり禅なりであるのかもしれない。生き甲斐とは、どんな人でもどんな状況にあっても、感動ある自己実現を通して生まれるのである。

人が壁につき当たるとき、活路を求めるなら、今一度立ち止まって自己を振り返り自己を見つめることが必要である。

十数年にわたり三万人以上の自殺を出している日本、肥大化した生活の負の面の露呈。最終処理の不明な原子力エネルギー。限界を超えた環境破壊の進行。血で血を洗う戦争は今日もどこかで続けられている。不安を抱きながら、信じるに価するものを探し求め現代人は喧騒の中でもがき、何とか生きている。

便利で能率的、且つ生活が物的に豊かになれば「幸」がくると信じ、みんなマラソン競争に参加させられている。

しかし、みんなゴールは知らない。ゴールは確かに聞いてくれと言いながらみんなは走り続ける。誰かが終わりのないマラソンレースをみんなに知らせねばならない。

ゲーム的金融操作にマニュプレートされる経済界に身を任せる世界。知識で頭でっかちであればいいと思った世界。お金の為ならば何でもありの世界。法律と物理的強制力に頼る世界。自我と欲望の実現のためなら他を犠牲にする世界。

地球全体を墓場にしかねない人間中心主義の世界。

みんあ汗を流しながら走ってはいるが、ゴールは見えずたどりつけない。テレビやインターネットなどのマスメディアの情報過多という、目に見えないムチであおられているようである。何故あなたはそんなにも走るのかと聞かれれば、みんなが走っているからと答えるであろう。

実はみんな目指すゴールを知らず、走る目的も知らないのである。目的価値と手段価値の違いが解からなくなってきている。それは競争のための競争の価値しか知らないからである。

立ち止まり、振り返る勇気を誰かが持たなければマラソン競争は永遠に終わらないであろう。

二十一世紀はこの限られた惑星地球の上に人類は異なった風土の中で生まれえたそれぞれの文化を持ちながらも異なる文化の融合に進まなければならない世紀である。今日の科学技術文明社会を産んだアングロサクソン流の二元的、合理的論のみでは限界が生じるように思えてならない。

トインビー（A. J. Toynbee）は「歴史の研究」（A Study of History）の中で次のように述べている。「キリスト教が勝者になるか、それとも中国文明世界やインド文明世界のように共存に甘んじるかのどちらかである…西欧化しつつある世界は結果に無頓着ではいられない…過去に置いてユダヤ教系（一神教）の高等宗教が競争にさらされる場合、不寛容が支配し、これに反してインド文明的気質が優勢な場合には共存共栄が行われるのが通則であった。」つまり、トインビーは東洋の特質として「寛容」を見いだしたのである。

彼らはさらに「西洋化しつつある世界の精神的前途に対して不吉な前兆をみる。人間の魂に与える精神的機会の増大に向かうことを願う歴史的観察者からすれば、最も注目すべき重要な文明は第二大文明（東洋）の文明であることを知った。」とはっきり告白している。

東洋のなかの日本が果たすべき役は何であろうか。日本人は縄文以前から自然の流れ、自然の摂理に深い畏敬の念を抱き生きていた。こうした精神文明は簡単に崩れてしまうものでもなく、また崩してはならないものである。また日本は東洋ではいち早く西洋の合理的な思惟方法を取り入れ輝かしい科学技術文明社会を実現した。

発達した科学技術文明を前に、その進歩を否定し、ブレーキをかけようとする人もいる。しかし、ブレーキをかけるのではなく、人類の歴史的遺産である科学技術文明の発達を、人類に、人生に正しく結びつける「智慧」が今こそ求められるべきである。このとき、これまで顧みられる事の少ない東洋的信念体系から生まれる世界観、宇宙観が二十一世紀に「生きる智慧」の基礎になるかもしれない。

そこにあるものは、西洋との対立ではなく調和、同化、融合という工夫の智慧の所産であり、寛容の心をもって平和に深くつながるものであろう。

二十一世紀はこれまでの西洋の進歩主主義的な思潮と、たとえ表面に出なくても、歴史の深層に脈々と流れている東洋の思潮との合流の内に、もし活路を見いだせるならば見いだすであろう。二十一世紀に日本の果たす役割は大きい。

人類は核分裂を原爆という形で戦争についに使用し、悲惨な傷跡を残したのが二十世紀であった。そして今なお、ピストルを胸に向けあっているように、原爆を保持している。キューバ危機にみられたような核の脅しの平和には限界がある。バランス・オブ・パワーズ（勢力均衡論）に頼る平和では永久に平和は訪れないであろう。原発から出た放射能のように、またいつ自然からの仕返しが下されるかもわからない。

しかし、核自体に善悪はない。それを人類のために使うも、殺すも人間の智慧である。

ところで、話は一変するがどうしてもここで触れなくてはならないことがある。

現実に目を転ずるとき地震・津波で起きた原発問題を契機にエネルギー問題を真剣に考えねばならない。原発のエネルギー効率は、全てにおいて最高である。しかし、最終処理を考えると処理方法は未だ確立されていない。放射能の完全廃棄には十万年とか二十万年かかるともいわれている。地下に埋めるといっても数百メートルでも済むはずもないし、かといって太陽系外の宇宙に廃棄することが可能であろうか。しかし現に日本は電力の三十パーセントを原発に頼っていることも事実である。とはいえ人は即座に原始生活に帰れるものでもない。

耳の痛いことをあえて言わせてもらうなら、福島原発は全てといっていいほど東京に、そして女川原発もその電力は、大部分が東京を中心に送電されていた事実をどれだけの人が知っているだろうか。確かに地域にはそれなりの経済的恩恵を受けていたことは否定しない。私は多くの人から「原発が本当に安全なら東京近辺に造ったら」との声をたびたび聴く。

日本にとっても世界の多くの国にとってもエネルギー問題は、避けることのできない最大課題である。原発は CO_2を出さず、安全で環境にやさしいという神話はもろくも完全に崩れた現実を直視し、真剣に未来にこの悲しい残酷な経験を生かさねばならない。今日の豊かさは原発の恩恵が多であるが、未来の子供にそのつけを決して残してはならない。

再生可能な自然エネルギーへの軟着陸にこそ国をあげて全精力を注がねばならない。たとえコストは当面高くついても、地熱、風力、水力、太陽電池、そして海の波力、さらに蓄電池の飛躍的な開発や水の電気分解による水素の製造、そして現に工場の製品製造過程からである水素にも目を向けるべきである。また石炭もガス化して他との合成利用、バイオにより微生物、菜種等からの石油やアルコールの製造。日本は森林国ゆえに木材ペレットの使用、そして節電と経済効果を上げるピークカットのためにスマートメーターの導入も考えられる。国はこれらの開発に本腰で力を入れなくてはならない。

今、最も大事なことは明白な国策として経済効果もふまえ、まず、超電導方式の導入や関東、関西のヘルツ（五十・六十）の統一を含めた送電政策を抜本的に変えること。これらの諸々の国策は確実に未来への社会・国家の大資本となる。

この大災害をバネにして工夫においては鑑たる日本がクリーンで再生可能な自然エネルギーの世界的先駆者にならねばならない責任をおびている。大震災で亡くなられた方々、未だ不明の方々、今なお放射能で苦境にある方々の切なる思いをひとつひとつ未来に生かす義務が私達に課せられていることを緊ひしと思い知らされる。

既にふれたが客員教授で海外に行った時に「最も東洋的であり日本的なことわざは何か」と学生から聞かれた。

「捨ててこそ浮かぶ瀬もあり」と。咄嗟のこととはいえ、今でも自分では納得している。

泳げない人が泳ごうとしてバタバタすれば、ますます海水を飲み溺れるだけである。自分は泳げないことを悟れば身体は自然と母なる大海に浮かぶのが自然の摂理である。無力からの生。

人は誰でも壁に突き当たり、絶望に陥る。その時の活路は自己を振り返り、自己を見つめ、その極限状況の中で生きる力としての智慧を見いだすのであろう。

考えても、愚痴っても、どうしようもないぎりぎりの極限のところで、初めて新たな生きる活路を見つけだすのかもしれない。日本は今こそ表現を直視して叡智と智慧を出すときである。

「絶望とは希望の母」である。

知識のみではなく、身体で感性により直観的に悟る力を「知恵」よりももっと深く「智慧」と私は呼んでいる。

しかし、その前提は狭い自己からではなく、大自然の流れに、大宇宙の摂理に謙虚に耳を傾ける「寛容な心」である。そうすれば逆に小さな事故が大自然、大宇宙の摂理の鏡に写し出され生きる活路が観えてくる。日本は東西古今の潮の合流地点であり東西文化・文明を統合する使命が課せられていると思えてならない。

西洋の知恵の「ウィズダム」(Wisdom)「インテリジェンス」(Intelligence)に加え、東洋の「智慧」を二十一世紀は求めている。

すでに示した正法眼蔵の『自己を運びて万法を修證するは悟りなり』は、ともすると忘れている東洋が地球に生きる人間に示しうる、視座、『生きる智慧』ではなかろうか。

ものの本質にせまる

知識（ノレッジ）をいくら集めても、知識は知識に過ぎず、質（クオリティ）への変化はなく、智慧にはならないと、くどく語ってきた。

現代は情報社会と言われ、知識の量がそのベースになっている。日本はある時代においては、情報をいち早く感知し、素早く舵取りをはかった。またある時は、情報不足で、日本の運命を死に追いやったこともある。

現代は、はやくから「知識社会」であると言いはやされ、東西を問わず、知識は判断、意思決定（ディスイジョン・メイキング）の基となっていた。

しかし、知識を売り物にする知識人が歴史の決定、流れの中で、果たして本当に決定的役割を演じてきたのであろうか。私は疑問を抱かずにはいられない。「ペンは剣より強し」とは、歴史的には誤りに近い。

知識人とは、時代の権力のサーバントまたはオーナメント（飾り）に過ぎず、情報・知識を過信するとき、個人としての人間、集団としての組織、国家は決定的な過ちを犯してきた。情報化・知識社会を翻って考えてみることが、情報を本当に生かす道と思う。ノーエラー・ノートライでなく勇気ある行動力・実践こそ本質である。

アメリカでは二十年前、州立大学も危機に立たされ、大学は次々に潰れ変わっていった。そして日本に目を向け始めた。日本でも、地方私立大学の三十五パーセントは十数年後には完全に潰れる計算になる。

地方の活性化と言われるが、地方のための地方活性化とは何かを見失っている。地方には地方の特質なり、その風土をベースにした他にない価値を持っている。しかし、単なる量、能率を価値尺度として、怪しい情報にふりまわされ、目先的政策を行う自治体を見るのは残念でならない。特色ある自活、自治こそが生きる道である。まさにサバイバルである。

しかし目覚め始めた自治体が現れ始めた。それはやがて国を動かすことにつながるであろう。

量をいくら加えても、量は量的価値しか生まれない。決して質的変化は起らない。前に、「スモール・イズ・ビューティフル」（小さいことは美しい）と書いたが、大きいことはよいことだとする反省として今、考えてみるべきである。

現代を生きるためには情報量が重要な手段である。しかし繰り返すが、情報の基は知識である。知識はいくら貯え、増やしても知識（ノレッジ）であり、本質的にインテリジェンス（智慧）には変化し得ない。

ある社会現象、社会的事件が発生する。その現象に対して、説明にかけては、いわゆる知識人、たとえば評論家、大学教授、ジャーナリストのお喋りには、旧式の職人は適わない。何とか、もっともらしい説明なり正当性を評論家達はつけてくれる。ハッピーピープルはそれを信じ行動し、やがて大衆の流れと化す。そして、最終的には大衆的価値が時代を迷わす。

私も大学人の一人であるが、新学期、開口一番、学生に次のようにいつも言っている。「私の講義は出席をとらない」「出たい者だけ出ろ」「諸君は、大学と専門学校の違いをはっきり認識して欲しい。大学とは決して知識をひけらかす場ではない。インテリジェンス（智慧）を培う場であることを忘れないでくれ」「私は、諸君に決して知識を売るような講義はしない。私は、職人だ」「インテリジェンスとは、無尽蔵に湧き出ずる智慧である」「贈る徳の無きことは退化を予測する…」と。

はじめは生徒諸君も、あまりに異質であり戸惑うようであるが、次の週は友達を他大学からも連れてくる。やはり鈍った大人より、感性を持っている学生を私は信じ、職人講義を続けている。何百人中の一人でもよい。いや半人でもよい。今、何を考え、何を為すべきかを、感性的に捉えるなら、それでもよい、と自分に言い聞かせている。

怪しい情報、知識が氾濫すると、人間は危険を察し後込みをはじめる。ノーエラー・ノートライである。挑戦しなければ失敗しない。そのようにして、住宅ローンを払い、一生を費やそうとしているのであろうか。いやそんなことはない。皆、このままではと焦っている。しかし、現実はシビアである。残念なことは、しがらみも現実に飼い慣らされてしまう。中年のアルコール中毒、ストレスからくる体の変調、知らぬ間に体が駄目になるのは私だけではあるまい。思うに知識は増えれば量としてコンピュータにインプットされ、そして必要な情報をその中からコンピュータが引き出し、明確に与えてくれる。しかし、いかに正確な情報としての知識といえども、知識は知識であり、量の大小である。そこに付随する価値は、せめて、能率的価値である。

この量と能率にあまりに日本人は固執し過ぎたのではなかろうか。既にふれたが、この歪みが社会病理を生んでいる。そして現代日本社会が垂れ流すインビイザブル・ポルーション（見えない公害）は、その社会のもっとも弱きものに回されるのである。子供のいじめを私は「大人社会の縮図」と大手新聞で定義した。放射能で遊び場を失った子供たち。われわれはここで何らかの転換をはからねばならない瀬戸際に立たされている。量的価値、能率的価値の限界を知るとき、はじめて新たな発想が浮ぶであろう。地震・津波・放射能を現実としてとらえ未来への歴史を創り出すときである。なぜなら歴史とは自然現象でなく人間一人ひとりが創り出すものである。

英訳の必要にせまられ、「発想の転換」をどのように言うかを、オックスフォード辞典、ウェブスター辞典を調べたが見あたらない。英国人にしても、アメリカ人にしても、「生きる」ということは、「日々これ戦い」「日々これ発想の転換」である。彼らの字引にないことは考えてみると当然である。ニュー・ウェイズ・オブ・スィンキング（“New ways of thinking”）とW・スティーブンス教授の力を借りやっと訳した。これが外国人に受けたのは意外であった。今こそ日本人は、これまでの量的価値、能率的価値から思い切って発想を転換すべき感性を甦らせるべきだ。

私の書斎で、今能率の悪い手作りの三極真空管のアンプとタンノイ社のやはり手作りのスピーカーが、ベートーベンの弦楽四重奏第十四番を静かに奏でている。その弦の音色は何とも言葉ではいい尽くせない。

今やソリッドで精巧なI・Cデジタルの時代だというのに、何故非能率の三極真空管なのか。それは紛れもなく明治よりある2A3という三極真空管である。この三極真空管の味は、どこまでも素朴であり、押しつけるところがない。それでいて底力のあるダンピングファクターを何故か持っている。

この旧式真空管が、なぜこんなに私を惹きつけ、魅惑するのであろうか。ある種の空間、時間、遊びの「間」をもっているからである。それは、単なるパワー、単なる能率とは異なる文化である。価値あるものは、やはり職人の創り出すクラフトマンシップによるものである。それは現代科学をもってしては、はかれない。

職人が創り出すものは、量・能率を超越し、そのもの自体の本質に迫る。知識はいくら増やしても、量・能率的価値の域を超えることはない。つまり知識が智慧には所詮変化しないのである。

量から質への変換と、しきりに言われているが、どこまで本当の意味がわかっているのであろうか。寡黙な職人の、クラフトマンシップの真価に耳を傾けるときである。

弦の音色は、物理的弦の音を超えて私には聞こえる。ローソクの明りにも似た直熱式真空管の明りは、炉端の明りにも似ている。秋はすでに深く、きびしい東北の冬の訪れは間近い。

3・11・14時46分への思い

「津波は憎いけれど、この海を見るとどうしても怨む気にはなれない…どうしてでしょうか。」と身内、家、船…全てを失った初老の漁師はポツリと…語った。

津波で命を奪われた方、また九死に一命をとりとめた方、放射線で強制避難を強いられ病弱で搬送中に亡くなられた方、全てに失望し自死された方も少なくない。農地を失い家畜を死に追いやった、絶望のどん底で生きる意味を見失った人々を前にして、何を言えばいいのか。

「あきらめないでください」「希望を捨てないで下さい」「前向きに生きて下さい」いわんや「がんばって下さい」などと軽々しく無責任なことは言えない。

亡くなられた方、他人を助けるために一命をなくされた方、未だ不明の方々、放射能に苦しむ被災者を含め先の見えない悲痛な叫び、その思いを深く心に一つ一つしっかりと刻まねばと思うだけである。

大川小学校(石巻市立)には、4回いや何回訪れたかはっきりしない。1回目のときは茫然自失で、まだ水があり遠くからただ合掌しかできなかった。

この地区には500名ほどの人が住んでおられた。その内193名が死亡または不明である。当日大川小学校には校内に、児童108名、教職員11名がいた。校長先生は出張中であった。

74名の児童と教職員の9名が亡くなり1名は未だ行方不明である。お1人だけ生き残られた先生が、「山に行きましょうと、もっと強く言っていればと思うと悔やまれて、胸が張り裂けそうです。」と語っている。全て苦しく気の毒な事実である。生き残った方も亡くなった方も…。

大災害の数日後、被災地に向かう私の乗った車は、厳しい検問にも関わらずどうしたことか「お疲れさま」と言われ通ることができた。瓦礫の山の間をくぐり南三陸町海岸でやっとのことでたどり着いた。まだ、自衛隊をはじめ多くの方が、腰まで冷たい水につかりながら行方不明者捜索にあたっていた。そのありさまはとても言葉では言えない、ただ慟哭（どうこく）するのみである。最も多くの方が亡くなられた志津川病院まで行こうとしたが、水が深く困難だと分かり引き返さざるをえなかった。遥（はる）かにお経を黙読し合掌する。

3月11日の地震・大津波は1000年に1回の想定外の災害という人もあるが、平安・江戸・明治・大正・昭和の初め、そして最近ではチリ津波もあった。その記録は残っている。

九死に一命をとりとめた人の多くは「油断があった。」という人決して少なくない。それにしても、過去の悲惨な多くの経験が生かされてなかったことは、思うにつけて残念でしかたがない。

地震も津波も、また台風・火山噴火・異常気象は、全て自然現象であり、天災となりうる。では、自然現象としての天災と歴史とは、どう異なるのであろうか。

歴史とは人間が創りだすものである。避けられない自然現象としての天災に遭遇したとき、如何に人間がそれに対応するかが歴史的人間行動であり、歴史である。

ところで福島での原発事故は想定外の天災と言う人もいるが、とんでもない。人災であり、歴史的大災害以外の何ものでもない。宮城の女川原発にしても、非常用の冷却装置は2台あり、内1台は破壊された。もう1台は間一髪で福島のような災害は逃れたに過ぎない。

使用済みウランを再利用するプルトニウムの実験は行われた。その先の更に濃縮された放射性物質の処理方法は、皆目されていない。

地下数千、また1万メートルに埋めるか、それとも太陽系外の宇宙にロケットで飛ばすしか方法は今のところ無いと言われている。それにかかるコストはどうであろうか、本当に可能であろうか。本当のコストとは何かを考えねばならない。

放射能を出す放射性物質が完全に治まるには、10万年とも20万年とも言われている3・11の原発事故と同様なことが、世界の何処かで何時起こってもおかしくない。

とは言え、たやすく人は原始生活に帰れるものでない。原発は便利でクリーンで、今日の経済産業発展に貢献した。しかし地球環境から見ても、いつまでも原子力に頼ることは危険である。

核エネルギーによる原発は、効率的で安全であるという神話はもろくも崩れた。そこで再生可能な自然エネルギー開発を国策として真剣に取り組まなければならない。

水力、風力、地熱、波力、天然ガス(地下に凍結したものも含む)、木からのペレット等の利用、太陽エネルギー、そしてより性能の良い蓄電池の開発をすることが急務である。

更に電力会社の独占は考え直し、そして一切ロスのない超伝導による送電を考える時が現に来ている。

これらの現実は未来において国家、いや世界的資源となる。日本はこの悲惨な原発事故を反省の原点とし、工夫をもって世界に再生可能な自然エネルギーを新たに強く発信する責任と義務が課せられた。

「今、私が生きているのは不思議で奇跡だ。皆と同じ死が当然であったのに。」これはこの大災害で九死に一命をとりとめた一女性の言葉である。大宇宙からすれば今回の地震は、私たちの住む地球の中での1回のくしゃみにすぎないのかもしれない。しかし生きとし生けるものにとって命は二つとはない。しかも有限性の世界の中での生であり、限りある命である。有限・無常の中であるゆえ「一刻の生」「一刻の死」である。生きる中では驚き打ちのめされることも起こる。まさに「死を見つめての人生」であろう。いずれにしても人は皆、死においてのみしか平等でない。

どんなに残酷非情で無情な極限状況であっても、救いは個人の内にしかないのかもしれない。しかし今、あなたも私も生きていることは紛れもない確かである。

厳しいことをいうことになるが、苦しい極限状態にあって自暴自棄（じぼうじき）になるなら、あなたの歴史はそれまでの歴史である。歴史とはあなたが、人間が、どこまでも創り生み出すことでありその重大性を自覚して欲しい。

今、あなたは全てにおいて絶望的状態にあるかもしれない。私自信弱い人間ゆえ何度か絶望の極みに至ったことを告白しておく。これから先も大変なことが決して起こりえないとは言えない。故に信じ、祈るしかすべはないときもある。

しかし今の一刻一刻を刻む心臓は血液を流し、確かに私の心に無関係に時を刻んでいる。体は生きている。もう一度「心」を生かそうではないか。

生きているということは数十億年前から、時間と空間のクロス店が命であり、かけがえない「生」である。この世の中で、無駄なものは神も仏も創ってはいない。たとえ障碍があろうと、病があろうと老いて弱く働けなくなろうと…。「生きる」とは、尊厳とかけがえのない尊さがある。

3・11の事は全てにおいて「心」をリセットし、「勇気を持て！」との死者の悲痛な叫びに聞こえてならない。それはどんな小さな、か弱い勇気であっても、その種火を消してはならない。**勇気を失うは全てを失う**、勇気とは自分で**自分を励ます**ことである。

初めにふれた多くの方の亡くなった志津川病院にひかれ、何ヶ月振りかに訪れた。人影はほとんど見られず、一軒の小さなプレハブの店が、全て荒野と化した真ん中にポツリとあった。

病院の周りは瓦礫の山で流された船も何もかもそのままであったが、病院内はかなり片（かた）されていた。自衛隊のヘリで翌々日、何人かが救出されたその屋上に、何とか上がれた。

近くに見える海は何もなかったかのように、青々と静かに小さな細波（さざなみ）を打っていた。山に目を転ずると山々は、深い緑に覆われていた。

粗末ではあるが心のこもった小さな祭壇が入口と１階の奥にあり、そこには瓶に生けられた花が供えられていた。線香もローソクもあったので、ポケットからライターを取り出し小さな灯をともした。

祭壇の周りには人影が無いので、大きな声でお経をしばらく唱えた。お経を終えて振り返ると、それほど遠くない所に年老いた一人の女性が合掌しておられた。気がつくと白いハンカチを取り出し涙を拭い、私のほうに合掌して去られた。

未だに見つからぬ我が子を、身内を捜す方々が、沿岸にはまだたくさんおられると教えられたのは、車に乗ってからであった。それでもどこかに、どこかに…と。

「何事のおわしますをは 知らねども、かたじけなさに涙こぼるる」…思わず合掌していた。

終わりに

東日本大震災で、今なお手がかりもない方を含めると二万人近い人が犠牲になられた。二つとない自らの命を犠牲にし他人を救った人、一人ひとりの切なる思い。全てを失ったが九死に一命をとりとめた被災者方を前にして「頑張って下さい。希望を持って下さい。前を向いて生きて下さい。春のこない冬はない。」などと無責任なことは到底言えない。また、生きとし生けるものまで巻き込んだ放射能のことを思うとなおさらである。「心もて計ることなかれ、言葉もていうことなかれ」（道元）の心境である。

極限のマイナス状況から死ぬにも死ねない日々をおくる人がどれだけおられるであろうか。まさしく仏陀の言う、子供を産む母親も苦しいが、生まれる子供はもっと苦しみを背負い、泣いて生きていかねばならない。老いていく生身と先への不安、体だけでなく心まで萎え崩れゆく病い、そして死をどのように受け入れればいいのか･･･。生老病死の四文字、四苦八苦の四文字が生身の人間そのものであろう。

本稿の執筆中にあった未曾有の過酷な大災害により、卒業式を含め全ての行事を断念せざるを得なかった。卒業証書に次のような言葉（一部）を同封した。

「卒業予定者や、老人施設での実習中に、二つとない命をもって多くの命を救った学生、まだ安否の分らない学生や数知れない不明の人が現におられるという事実と、その一人ひとりの思いを心に深く刻み込み明日をみつめて今を生きて下さい。地震や津波の自然現象と人間の創る歴史とは異なる。放射能の課題は歴史の人災である。歴史とは未来に向けて一人ひとりが創り出すものである。

私を含め人間とは、実に弱く悩み多く苦しみの中の存在です。しかし極限状況の中にこそ新たな力が宿ります。勇気を失うは全てを失う。勇気、それは自分で自分を励ますことです。」・・・と。

多くの尊い命が失われた三陸の海辺に今立ってみると、瓦礫(がれき)の山と傷跡はあるものの、何もなかったかのように母なる豊饒(ほうじょう)の海は寄せては返し波を浜に打ち寄せている。目を山に転ずれば不動の山がそこにある。生きとし生けるものを羽包(はぐく)み育てる山川草木(さんせんそうもく)・自然法爾(じねんほうに)の大地、母なる海は確かに今も生きている。

人間とは何か、生きるに価する人生とは何か、未来はどうなるのか、卑小(ひしょう)な私には何も言えないが、今、この時を生き、生かされていることは確かである。

ひとり生まれ、ひとりで人は死んでゆく、一刻の生、一刻の死。人生“絶望とゆめとの戯れ”と思う昨今である。

ー塩水、泥水に無惨に洗われたー

瓦礫(がれき)なか タンポポ一本 咲きいずる 一 合掌

감성의 시간

초판인쇄 | 2012년 11월 20일
초판발행 | 2012년 11월 26일
저 자 | 하기노 고키
역 자 | 윤영수
발 행 인 | 노건일
발 행 처 | 한림대학교 출판부
인 쇄 | 한국학술정보(주)
주 소 | 강원도 춘천시 한림대학길 1
출판등록 | 제48호(1983.3.10)
전 화 | 033-248-2875~6
팩 스 | 033-248-2879
e-mail | press@hallym.ac.kr
정 가 | 15,000원
I S B N | 978-89-6402-028-9 03150